인생의 언어가
필요한 순간

인생의 언어가
필요한 순간

흔들리는 · 나를 위한 · 라틴어 문장들

니콜라 가르디니 지음 · 전경훈 옮김

윌북

추천의 말

✣

나는 이 책에 반해버렸다. 첫 장부터 저자는 언어에 대한 통찰, 문학과 인문학, 교양의 가치에 대한 열정적 변론으로 나를 매료했다. 이 책은 무척 재미있기도 한데, 어린 시절에 읽은 글을 성인이 되어 다시 읽었을 때를 비교하는 대목이 특히 마음을 울렸다. 저자가 라틴어 원문을 직접 인용하며 짚어주는 각 문필가의 특징도 매우 인상적이다. 라틴어 문학사가 자연스레 정리된다. 라틴어 고전에서 파생된 현대 작품과 어휘를 소개하는 대목도 흥미롭다.

고전 교양에 입문하는 사람들이 길잡이로 삼을 만한 책이고, 전공자들도 책상머리에 놓아두고 되풀이해서 읽어볼 만한 책이다. 이 책에 인용된 작품 중에는 아직 국내에 번역되지 않은 작품이 많다. 나부터 분발해서 이 보물들을 국내 독자들과 더 풍성히 나누고 싶다.

◊ 강대진 ㅣ 서양고전학자, 『그리스 로마 서사시』 저자

『나보코프의 러시아 문학 강의』와 나란히 놓일 책이다. 니콜라 가르디니는 뛰어난 학식과 라틴어에 대한 경외, 흠잡을 데 없는 정밀한 독해로 어원학과 시 사이에, 통사론과 사회 사이에 놓인 점들을 연결한다. 고대 로마에서 태어난 이 신비롭고 장엄한 언어는 여전히 우리 모두와 연결되어 있다.

◊ 줌파 라히리 ㅣ 퓰리처상 수상자, 『축복받은 집』 저자

라틴어를 향한 사랑의 편지! 독자들을 매혹하고 그들의 마음에 빛을 비추는 책이다. 이 책을 읽고 나면 라틴어가 죽은 언어라거나 쓸모없는 언어라고 말하지 못할 것이다.

◊ 데이비드 크리스털 | 언어학자, 『언어의 역사』 저자

우리가 누구인지 이해할 수 있게 해주는 책.

◊ 에바 칸타렐라 | 밀라노대학교 그리스·로마법 교수

사람들이 죽었다고 생각하는 언어가 살아 있을 뿐 아니라 여전히 세계에서 가장 영향력 있는 언어라는 사실을 일깨워주는 명석한 책.

◊ 해리 마운트 | 작가이자 언론인, 『카르페 디엠: 당신의 삶에 약간의 라틴어를Carpe Diem: Put a Little Latin in Your Life』 저자

위대한 라틴어 작가들의 글에 담긴 매력을 조명하면서, 예상 밖의 즐거움에 눈뜨게 한다.

◊ 니컬러스 오슬러 | 언어학자, 『말의 제국들Empires of the Word』 저자

『인생의 언어가 필요한 순간』은 영광스러운 라틴어 문학에 관한 해박한 강좌일 뿐만 아니라 라틴어가 왜 여전히 중요한지 논리적으로 증명한다. 라틴어에 조금이라도 관심 있다면 이 열정적이고 현명하고 기품 있는 책을 꼭 읽어야 한다.

◊ 앤 패티 | 포세이돈 프레스 창립자, 『죽은 언어와 함께하는 삶Living with a Dead Language』 저자

일러두기

- 이 책은 『Viva Il Latino』의 영문판인 『Long Live Latin』을 번역한 것이다.
- 하단의 주석은 모두 옮긴이 주로서 본문에 ◇로 표기했다.
- 인명은 외래어 표기법을 따랐으나, 일부는 라틴어 표기를 반영해 예외로 두었다.
- 본문의 드러냄표(˚)는 저자가 강조한 부분이며, 인용문 중 [ ] 안의 글은 설명을 돕기 위해 저자가 덧붙인 글이다.

차례

쓸모없는 언어에 바치는 찬가

많은 이가 라틴어는 쓸모없는 언어라고 한다. '쓸모'는 여러 세기에 걸쳐 형성된 여러 변이와 층위가 겹친 복잡한 말로, 무엇이 쓸모 있다 혹은 없다고 제대로 말하려면 책 한 권은 족히 필요할 것이다. 나는 이 책에서 쓸모의 의미를 논하고 싶지 않지만, 사람들이 이 말을 지나치게 교육이나 자기 계발에 관해서만 사용할 때 슬퍼지곤(그리고 위험하다는 생각이 들곤) 한다.

쓸모를 중시한다는 이들이 놓치는 것이 있는데, 실용적인 목적에 부합하고 노하우로 활용할 수 있는 것만 '쓸모 있는 지식'이라고 보기 때문이다. 만약 그것이 사실이라면 '쓸모 있는 지식'은 거의 없을 것이다. 실제로 활용할 수 없는 지식이나 특별한 목적이 없는 지식은 '쓸모 없어지기' 때문이다. 인공지능과 기계가 점점 더 인간의 일을 대신하는 현실을 고려하면, 인간이 전문 지식을 갖고 할 일은 외과 의사와 배관공 말고는 남지 않을 테고, 결국엔 그마저도 사라질 것이다. 그리고 이것이 지식의 숙명이라면, 즉 지식이 기계에(더 익숙한 말로는 기술에) 굴복해야 한다면 도대체 인간이 배워야 할 것이 있기는 할까? 우리는 결국 기계를 만들고 작동시키는 법과 쓸모없어진 기계를 처리하고 새 기계를 사용하는 법이나 배워야 할 것이다. 간단히 말해, 기계와 관련된 지식만이 유용하다는 것이다.

하지만 그렇다고 그 밖의 것들은 다 버려야 할까? 즉각적이지 않고, 실질적이지 않으며, 물질적이지 않지만 그만큼 절박한 욕구들은 어떻게 해야 할까? 이를테면 영靈, 상상력, 사고력, 창의성, 복합성은? 그리고 과학, 철학, 심리학, 예술을 비롯하여 다양한 영역에 공통적으로 필요한 더 근본적인 질문들은 어떻게 해야 할까? '이건 언제 어디에서 시작됐는가?' '나는 누구이며, 너는 누구인가?' '사회란 무엇인가?' '역사란 무엇이며 시간이란 무엇인가?' '언어란 무엇인가?' '인생이란 무엇인가?' '느낌이란 무엇인가?' '누가 외부인인가?' '내가 말하고 생각하는 것은 무엇인가?' '의미란 무엇인가?' 이 모든 질문은 해석의 문제다. 해석 없이는 자유도 없고, 자유 없이는 행복도 없다. 해석이 없으면 끊임없이 외부의 거짓된 욕구에 흔들리는 암묵적인 수용자가 되어, 정치와 시장의 노예가 된다.

아주 소수지만, 라틴어가 쓸모 있다는 사람들이 있다. 그들은 라틴어가 다른 데도 활용할 수 있는, 원리를 추론하고 대입하는 법을 가르쳐준다고 한다. 라틴어는 마치 수학과 같다는 것이다. 나도 이런 말을 얼마나 많이 들었는지 모른다. 이런 주장을 하는 사람들은 라틴어에도 다른 학문들의 이점이 있다며 라틴어를 옹호하지만, 정작 라틴어 고유의 장점은 무시한다. 라틴어가 제공할 수 없는 것을 수학이 제공해주듯이, 수학이 제공할 수 없는 무언가를 라틴어가 제공한다는 사실은 무시하는 것이다.

라틴어가 쓸모 있다는 쪽이나 쓸모없다는 쪽 모두 라틴어를 향한 사랑을 키워주지 못했다. 라틴어가 쓸모 있다고 주장하는 이들은 흔히 라틴어의 다채로운 형태를 외우며 기억력을 단련할 수 있으며, 라틴어 문장구조는 연역적 추론 능력을 자극한다고 주장했다. 이는 모두 사실이다. 그러나 그저 정신을 단련하기 위한 것이라면 라틴어가 아니라 독일어, 러시아어, 아랍어, 중국어같이 복잡한 다른 언어를 공부해도 된다. 이 언어들은 지금도 사용되고 있으니 훨씬 실리가 있다. 수학 또한 기억력과 논리적 추론 능력을 강화하는 데 도움이 되지 않겠는가? 아니면 물리학이나 화학은 어떠한가? 사실, 추리소설 한 편도 같은 효과를 낼 수 있다!

쓸모 있음을 주장하는 쪽의 연약한 근거는 라틴어를 교육용으로 남겨두는 데 도움이 되었으나, 결국 쓸모없음을 주장하는 쪽에 기름을 부어주는 것밖에 되지 않았다. 이런 식으로 라틴어에 관심을 유지하려는 구도는 더 유지될 수 없다. 라틴어 공부는 (까다롭고 어렵고 피곤하지만, 산행처럼 그 자체로나 그것을 통해서나 원기를 회복시켜주는) 인지적 극기 훈련처럼 다루어서는 안 된다. 그것은 시력을 회복하려고 미술관에 가거나 청력을 향상하려고 연주회에 가는 것과 같다. 다이버와 발레리나의 육체는 아름답지만, 그들이 그런 몸을 만든 것은 다이빙하고 춤을 추기 위한 것이지, 거울에 자기 모습을 비춰 보기 위해서는 아니다.

라틴어 공부도 마찬가지다. 라틴어만이 선사할 수 있는 지적 세계가 있다. 라틴어를 공부하는 것은, 라틴어가 한 문명의 언어이기 때문이다. 서구 세계는 라틴어를 토대로 창조되었다. 즉 서구 문명의 가장 깊은 기억들이 라틴어로 새겨져 있고, 그 기억에 접근하는 방법이 라틴어이기 때문에 라틴어를 공부한다.

라틴어가 쓸모 있다는 사람들과 쓸모없다는 사람들이 공통적으로 하는 말이 있는데, 라틴어가 아름답다는 것이다. 이 사실이야말로 라틴어 공부를 이야기하는 이유다. 아름다움은 곧 자유다. 자유 속에서만 아름다움이 나오고, 반대로 자유가 박탈당했을 때는 추醜밖에 남지 않는다. 역사적으로 모든 전체주의 정권은 공통적으로 그 추함을 증명해왔다.

라틴어가 '아름답다'고 하는 이유는 라틴어가 다채롭고 유연하며 자유로이 바뀌고, 쉽고도 어려우며, 단순하고도 복잡하며, 규칙적이고도 불규칙적이며, 명확하고도 모호하며, 상황이나 대상에 따라 수없이 다양하게 변화하며, 수천 가지 문체가 있고, 오랜 역사와 많은 이야깃거리가 있기 때문이다. 아름다움 앞에서 왜 쓸모라는 핑계를 대야 할까? 이해理解에 관한 거짓된 주장들로 왜 우리 자신을 방해해야 하는 걸까? 왜 우리는 즉각적인 연결, 과정보다 중요한 결과, 버튼 한 번 누르면 나오는 해답에 매여 줄어드는 집중력과 시간 강박에 시달리며 살아야만 하는 걸까? "라틴어가 대체 무슨 소용인가?"라는 질문은 아무리 정중하게 한다 해도, 그 뒤에는 폭력과 오만이 있기 마련이다. 그 질문에는 세상의 풍요로움과 인간 지성의 위대함에 대한 공격이 담겨 있다.

나는 사어死語라는 말에 대해서도 다시 생각해봤으면 한다. 사어라는 개념은 언어의 생사에 관한 잘못된 인식과 문어와 구어의 불분명한 구분에서 생겨난다. 즉 구어로 사용되는 언어만 살아 있다는 것이다. 그러나 이는 편견이다. 라틴어는 구어로 더는 사용되지 않지만 놀라울 정도로 많은 글이 현존한다. 글, 특히 문학적인 글은 다른 어떤 구어보다도 오래 살아남는다. 문학을 통해 라틴어가 계속 살아 있는데도 그것이 죽었다고 선언하는 것은 터무니없는 일이 아닐까?

라틴어는 살아 있다. 우리가 카페에서 친구와 이야기하거나 연인과 통화하면서 주고받는, 아무런 흔적도 남기지 않는 말보다 더욱 생생하게 살아 있다. 이걸 전 세계적인 규모로 생각해보자. 바로 이 순간에도 전 세계 사람들은 셀 수 없이 많은 말을 쏟아내고 있다. 하지만 그 말들의 무더기는 이미 사라지고 있으며, 한순간에 사라질 또 다른 말들의 무더기가 쏟아지고 있다.

말하는 이가 살아 있다는 것만으로 어느 언어가 살아 있다고 할 수는 없다. 살아 있는 언어란 지속되면서 다른 언어에 영향을 미치는 언어이며, 라틴어야말로 바로 그런 언어다. 나는 로망스어군 언어들◇이 라틴어에서 파생했다거나, 라틴어가 영어 어휘에 엄청나게 기여했다는 사실을 말하는 게 아니다.

내가 말하려는 것은 라틴어 문학이 다른 문학, 즉 다른 언어로 쓰인 작품들의 탄생에 영감을 주었으며, 그런 면에서 아주 특별하다는 것이다. 다른 고대 언어들은 글로 쓰인 기록이 남아 있다 해도, 그것이 쓰인 그 페이지 위에서 죽어 있다. 어떠한 식으로도 다른 언어들의 본

◇ 이탈리아어, 스페인어, 포르투갈어, 프랑스어, 루마니아어 등.

보기가 되지 못했기 때문이다. 『아이네이스』라는 본보기가 없었더라면 단테는 『신곡』을 쓰지 못했을 것이고 밀턴도 『실낙원』을 쓰지 못했을 것이다. 리비우스의 역사서가 없었더라면 마키아벨리는 『티투스 리비우스의 처음 열 권에 대한 논고(로마사 논고)』를 쓰지 못했을 것이다. 키케로의 『웅변가에 관하여』라는 전형이 존재하지 않았더라면 카스틸리오네의 『궁정론』도 없었을 것이며, 오비디우스의 『변신 이야기』가 없었더라면 셰익스피어는 이렇게 사랑받을 수 없었을 것이다.

라틴어 작품들은 자기만의 목소리를 가지고 후세와 대화해왔다. 마키아벨리는 친구 베토리에게 보낸 편지에서 라틴어의 이런 대화 능력을 감동적으로 이야기한다. 정치계에서 추방당한 마키아벨리는 고대 문헌을 읽으며 위안을 받았다. 읽는다는 것은 독자와 저자 사이의 커뮤니케이션, 즉 대화이며, 이 대화는 물리적인 만남만큼이나 강렬하다. 그 책들은 까마득한 시간을 뛰어넘어 건재하며, 서재는 일종의 의례가 펼쳐지는 마법적 공간이 된다. 마키아벨리는 이렇게 말한다.

나는 옷을 차려입고 고대인의 오래된 궁정으로 걸어 들어간다. 총애받는 손님이 된 나는 오직 나를 위해 준비된 음식으로 양분을 섭취한다. … 고대인에게 왜 그렇게 행동했는지 묻는다. 그러면 그들은 인성人性으로 내게 응답한다. 네 시간 동안 그곳에 머무르지만 지루할 새가 전혀 없다. 그곳에서 나는 현실의 걱정거리를 전혀 생각하지 않으며, 가난을 두려워하지 않고, 죽음에 동요되지 않았다. 나는 그들에게 온전히 전이된다.

「프란체스코 베토리에게 보내는 편지」, 1513년 12월 10일.

마키아벨리는 고대인과 만날 때 거기에 맞는 복장까지 갖췄다. 이 만남을 공적인 의례로 봤기 때문이다. 동시에 마키아벨리가 이 만남을 '대화'라고 불렀다는 사실을 주목해야 한다. 이는 물론 은유지만, 실제로 그는 침묵 속에서 고대인의 목소리를 들었을 것이다. 그 대화에는 온전한 힘이 있고, 고대인의 목소리는 살아서 울려 퍼진다.

마키아벨리의 '대화'가 아주 특별해 보이기는 하지만, 우리도 고전을 읽을 때 그와 비슷한 경험을 하게 된다. 전통의 확장에 참여하는 것이다. 고전을 읽을 때 우리는 여러 세기에 걸쳐 이어진 문화 전달에 참여하게 된다. 고전을 읽음으로써 단지 오늘에만 사는 것이 아니라 역사 안에 살게 된다. 훨씬 더 넓은 시간의 흐름에 들어가는 것이다.

우리는 또한 마키아벨리가 활동했던 르네상스가 근본적으로 라틴어 문화였음을 기억해야 한다.[1] 르네상스는 라틴어 고전이 부활한 결과였다. 결과적으로 유럽 각지의 토착어들이 부흥하게 되었지만, 르네상스는 라틴어 문헌의 재발견으로 시작되었다.

라틴어는 르네상스 이전에도 토착어 문학 발전에 중대한 역할을 했다. 페트라르카◇ 이전 중세에도 라틴어 고전들이 살아나기 시작했다고 주장하는 이들도 있다. 단테가 대표적인 예다. 단테가 베르길리우스를 작품 속 자신의 안내자로 삼지 않았다면 『신곡』은 절대 쓰이지 못했을 것이다.

단테는 그 시대의 예외적인 존재였고, 그는 엄혹한 교회의 검열 아래서 라틴어 고전과 관계를 맺을 수밖에 없었다. 하지만 그럼에도, 유럽 문학의 아버지가 자신의 시를 라틴어 서사시에 동반되는 작품으

◇ 14세기 이탈리아 르네상스를 대표하는 시인. 다양한 주제의 라틴어 작품을 남겼으며, 유럽 전역의 시인들에게 큰 영향을 끼쳤다.

로 구상했다는 사실은 변함이 없다. 『신곡』이 보여주는 고대와 현재의 장엄한 융합은 오늘날 우리에게도 깊은 인상을 남긴다.

15~16세기 과학의 영향력이 점점 커졌다. 사회에 대한 종교의 통제력은 약해졌으며, 여전히 엄혹한 교회의 지배에도 불구하고 고대에 관한 탐험과 재발견이 활발해졌다. 라틴어 문헌의 재발견이 자연스레 교육에 관한 생각과 문학에 관한 취향을 변화시켰고, 문법은 학문들의 학문으로 격상되었다. 로렌초 일 마니피코◇의 예술가 지원이나 알도 마누치오◇◇의 편집 작업은 고대 그리스-로마 문화의 연장선상이었다.

인간적인 새로운 종교가 세상을 휩쓸었다. 텍스트의 정밀성을 추구하며, 인간 실존의 궤적을 숭배하는 종교였다. 대학과 도서관, 개인 서재가 성소聖所의 반열에 올랐다. 텍스트는 꼼꼼하게 분석되고 주석되었으며, 저자의 가장 희미한 의미까지도 샅샅이 발견되었다. 해석자는 저자의 복잡성을 존중하며 저자의 목소리가 다시 세상에 울려 퍼지도록 애썼다.

유럽이 배출한 가장 명석한 지성으로 꼽히는 아뇰로 폴리치아노◇◇◇의 강의들이 대표적이다(그의 강의는 국제적인 찬사를 받았으며, 에라스뮈스처럼 명망 있는 인물들도 감탄했다). 폴리치아노는 페르시우스의 『풍자』나 베르길리우스의 『농경시』를 주석하면서 모든 단어와 표현을 세밀하게 살피고 정확한 의미와 원문의 형태를 살려내려 했다. 그러기 위해서 폴리치아노는 작품의 요소를 저자와 시간적으로 멀리

◇ 피렌체의 르네상스를 꽃피운 것으로 유명한 메디치 가문의 로렌초. 피렌체 공화국의 실질적 통치자로서 막강한 권력을 휘둘렀고 보티첼리와 미켈란젤로 등 많은 예술가를 후원한 것으로 유명하다.

◇◇ 베네치아에서 활동한 인문주의 학자로, 고대 그리스 문헌 보존 및 연구에 몰두한 것으로 유명하며 출판업의 선구자로 높이 평가받는다.

떨어진 이들의 작품까지 포함해 고대 작품들에 비추어 보는 방식을 선택했다. 그는 단어 하나를 분석할 때도 네트워크나 문명, 전통 안에서 살펴보려고 숙고했다. 그 맥락 안에서만 그 단어의 참된 의미를 찾을 수 있기 때문이다.

폴리치아노의 고전 해석은 베르길리우스가 얼마나 그리스도교적이었는지 규명하려 했던 단테와는 완전히 달랐다. 그는 자신이 다루는 저자가 참으로 그리고 구체적으로 어떤 인물인지 규명하고, 자신이 다루는 라틴어 어휘들이 고대 문화 안에서 어떤 의미가 있는지 알아내고자 했다. 상대 안에서 자기를 찾으려는 것이 아니라, 상대를 타자로서, 즉 완벽하고 아름다운 하나의 역사적 산물로서 살펴보려는 것이다. 존 키츠의 말을 빌리자면, 아름다움과 참됨이 하나가 되는 것이다.

마키아벨리는 베토리에게 보낸 편지에서, 고대인들에 대해 폴리치아노와 유사한 존경심을 드러내며 지식을 생명의 원천인 음식 또는 양분으로 묘사한다. 그러나 앞에서 인용한 편지에서 가장 주목해야 할 단어는 동사 transferire전이하다이다. 고대인들의 세계로 들어가려는 욕구는 그들을 현시대로 끌어오려는 욕망과 반대된다. 고대인들과 만남에 몰입하려면 자기 자신의 전이轉移가 필요하다. 이 의미는 라틴어 전치사 trans가 명확히 보여준다.

전이란 상대를 이해하려는 노력, 자신의 정체성에서 벗어나 상대에게 다가가려는 노력이다. 그렇게 할 때 과거에서 의미를 찾고 즐거움을 맛볼 수 있다. 이는 현재에서 도피하려는 과거주의와는 다르다. 같은 편지의 다음 단락에서 마키아벨리는 오늘날까지도 대단히 혁신

◇◇◇ 이탈리아의 시인으로, 라틴어 고전을 인용한 아름다운 작품을 남긴 것으로 유명하다. 피렌체 대학의 교수로 학생들을 가르쳤다.

적인 문헌으로 꼽히는 『군주론』 집필에 대해 이야기한다. 그는 이 글을 통해 당대의 위기에 해결책을 제시하고 현실에 개입하려고 했다.

르네상스는 고대의 언어와 문헌을 과학적으로 연구하려는 시도에서 태어났다. 르네상스는 또한 과거와 같은 파괴적인 흐름에 휩쓸렸다고 느낀 이들이 내놓은 응답이기도 하다. 그 흐름이란 라틴어가 맞서고자 했고 부분적으로나마 벗어난 것과 동일한 사멸성이다. 인류는 과거를 열정적으로 연구함으로써 역사를 발견하고 시간의 파괴적인 힘에 대항하고자 애쓴다.

구어로서 라틴어가 완전히 사라졌다는 것은 사실이 아니다. 가톨릭교회에서는 여전히 라틴어로 말한다. 2013년 베네딕토 16세는 교황직 사임을 라틴어로 발표했다. 사람들의 이목을 끌 중대한 발표임을 고려한다면, 교황은 청중이 라틴어를 잘 알아들을 것이라고 상정한 게 분명하다. 라틴어는 또한 국제회의에서 사용되기도 하고, 온갖 지역 출신의 열렬한 라틴어 애호가들 사이에서 통용되기도 한다. 나는 이탈리아는 물론 다른 곳에서도 라틴어를 모국어처럼 사용하는 의사와 엔지니어를 만난 적이 있다. 또한 회계사 친구와 라틴어 메일을 주고받곤 한다. 핀란드에는 라틴어로만 뉴스 프로그램을 진행하는 라디오 방송도 있다.

그러나 무엇보다도 라틴어는 우리가 읽고 번역하는 활동에서, 학교와 대학에서 배우고 연구하는 활동 안에 살아 있다. 문학적 라틴어는 구어였던 적이 없다. 키케로와 동시대를 살았던 이들 중에 글을 쓰듯 말했던 사람이 있었을까? 아무도 없었다. 모든 연설을 주의 깊게 검토했던 키케로조차 글을 쓰듯 말하지 않았다. 헨리 제임스나 버지니아 울프 같은 현대 작가들은 어떨까? 그들의 문장으로 말하는 현대인을 상상할 수 있을까?

언어란 반드시 말해져야 한다는 기준을 들이대는 한 모든 문학은 죽은 것이 된다. 왜냐하면 문학은 예술이며, 음악이나 회화처럼 구성된 것이고 계산된 것이며 양식화된 것이기 때문이다. 음계와 색채는 우리 주변 어디에나 있지만, 베토벤의 〈9번 교향곡〉과 시스티나 성당은 한 개인이 계획에 따라 각 요소를 선택하고 정렬함으로써 얻어진 독특한 조합이다. 고전문학이든 현대문학이든 모든 문학도 마찬가지다. 어느 누가 프랑스어 구어와 전혀 다르다는 이유로 프루스트를 읽는 것에 반대하겠는가?

어떤 이들은 문학이 일상의 대화로 가득하다는 반대론을 편다. 하지만 문학 속 대화가 실생활 속의 대화와 정말 같을까? 문학 속 대화는 현실의 발화를 가장한 것이다. 발화 또는 구어 표현은 예술적 글쓰기의 영역으로 들어가는 순간 양식樣式이 되며, 더는 즉흥적인 일상의 언어 표현이 아니다. 문학 속 대화는 개성을 더할 수도 있고, 반어적일 수도 있으며, 현실의 환영을 보여줄 수도 있다. 그러나 그것은 경험적 의미에서든 사회사적 의미에서든 일상의 발화가 아니다.

문학은 살아 있다. 독자들이 있고, 해석이 존재하며 그로 인해 더 많은 글쓰기가 이어지기 때문이다. 해석이란 단어와 생각 사이의 대화이며, 여러 시대 사이의 대화다. 이 대화는 덧없는 시간의 흐름을 속에서 영속하고자 하는 우리의 잠재력을 자극한다. 글로 쓰여 있지만 더는 발화되지 않는 언어에 사어라는 이름표를 붙이는 것은 읽기의 힘을 부정하는 것이며, 앎이 어떻게 작동하는지에 대해 오해하는 것이고, 무모하고 오만한 폭력을 저지르는 것이다. 그건 마치 내셔널갤러리나 메트로폴리탄 미술관을 불태우는 것과 같다. 당신이 살아 있다는 게 내게 전혀 중요하지 않다는 이유로 당신을 죽은 사람이라고 말하는 것과 마찬가지다.

진짜 '죽은 사람'은 자기 목소리를 내려는 사람이 아니라 타인의 말을 귀 기울여 듣지 않는 사람이다. 귀 기울여 듣지 않으면 내면이 텅 비고 납작해질뿐더러 감각은 무뎌지다 결국 사라지게 되기 때문이다. 더욱이 다른 사람에게 행하는 폭력은 곧 관계 단절과 자기 파괴로 돌아온다. 수많은 텔레비전 프로그램이 증명하듯, 모든 인간에게는 이런 자기 파괴적 본능이 있다.

문학은 이 자기 파괴적 본능을 다스리는 데 도움을 준다. 문학은 평화롭고 정중한 관계를 맺을 수 있는 역량을 키워준다. 라틴어에서는 이러한 역량을 humanitas인성라고 부르며, 이 humanitas를 지닌 사람을 humani라고 부른다. 두 단어 모두 homo인간에서 파생되었으며, 키케로의 글에 자주 나온다. humanitas는 문학을 의미하는 것이라고 이해할 수 있다. 문학은 우리가 언어를 사용해 정신적 고귀함을 표현할 수 있게 해준다.

이 책은 라틴어에 바치는 찬사이자 지금까지 라틴어로 쓴 문학에 바치는 찬사이고, 라틴어 옹호론이며, 라틴어 학습을 권하는 초대다.

라틴어에 대한 오늘날의 무관심과 거부는 (비록 가시적으로 보이지 않을 지라도) 문학과 그 역할에 대한 공격의 징후다.

이 세계에서 문학이 수행해온 기능과 가치를 우리는 점점 잊어가고 있다. 문학은 서사와 은유로 인간의 경험에 의미를 부여하고, 새로운 세계를 상상함으로써 가능성을 확장하며, 전형적인 사고와 행동을 해체한다. 제도에 저항하기도 하고, 현실 너머에 존재하는 관념과 생활양식을 제안한다. 느낌과 감정과 도덕적 가치에 형태를 부여하고, 정의와 아름다움을 반추한다. 파편화된 공동체를 하나로 묶어주고, 언어를 예술의 경지로 끌어올린다. 그리고 이 모든 기능을 수행하면서 특별한 즐거움을 선사한다. 바로 해석을 통한 이해의 즐거움이다.

오늘날에는 문학의 그런 책무와 위엄이 사라지고 있다. 교육 과정은 메말라가고 있으며, 학생들은 점점 더 책을 읽지 않는다. 우리의 정신과 문장의 아름다움에 대해 점점 더 생각하기를 포기하고 있으며, 모든 행복을 물질적 부에 걸어놓았다. 그러하기에 우리의 기호도 퇴락하고 있다. 우리의 말에서 힘이 사라지고 의미는 빈약해지며, 점점 더 도로의 차량이나 정치 선전에서 들려오는 백색소음 같아지고 있다. 언어! 신이 인간에게 준 가장 위대한 재능, 우리의 가장 비옥한 땅. 이제 라틴어로 모험을 시작해보자.

뚜렷한 이유 없이 자신이 쓸모없게 느껴지고 모든 것에 회의가 든다면, 또는 삶이 팍팍하기만 하다면, 흔들리는 나를 붙잡아줄 한마디가 필요할 때다. 나만의 지침으로 삼을 인생의 언어, 라틴어에서 찾을 수 있을 것이다.

라틴어로 지은 집

I

허영심이 없지 않았기에,
나는 라틴어를 공부하기 시작했다.
호르헤 루이스 보르헤스[1]

◊　언어에 대한 사랑은 어떻게 시작되는 걸까? 더욱이 라틴어 같은 언어에 대한 사랑은. 나는 어렸을 때부터 라틴어를 좋아했다. 왜 그랬는지는 잘 모르겠다. 그렇게 된 이유를 찾아보려고 해도 떠오르는 건 한두 가지 기억밖에 없고, 그마저도 결정적인 것은 아니었다. 본능이나 소명은 설명하기 어렵다. 내가 할 수 있는 최선은 그에 관한 이야기를 하는 것이다.

　라틴어는 내가 학업에서 앞서나가며, 문학에서 나의 길을 찾고, 번역을 사랑하게 해주었다. 라틴어는 여러 갈래로 나뉜 나의 관심에 공통된 목표를 제시했다. 그리고 결국에는 나의 생계 수단까지 되어주었다. 나는 뉴욕에 있는 뉴 스쿨에서 라틴어를 가르쳤고, 로디와 밀라노에 있는 고등학교에서도 라틴어 교사로 일했다. 지금도 옥스퍼드대학교에서 르네상스 문학을 강의하면서 라틴어를 매일 사용한다.

　학생 시절 라틴어는 나에게 부적이나 마법의 방패 같았다. 나는 밀라노에서 자랐는데, 부자 친구들 집에 갈 때마다 라틴어를 잘한다는 이유로 친구 부모님께 좋은 인상을 남겼다. 고전문학을 전공하고 뉴욕대학교에서 비교문학 박사과정을 시작했을 때도, 미국 교수들이 나를 높게 평가했던 것은 라틴어에 대한 지식 덕분이었다. 그때 나는 집안보다 개인을 중시하는 미국이라는 세계에서, 내가 얼마나 운이 좋은 사람인지 깨달았다. 라틴어 덕분에 나는 절대 외롭지 않았다. 그리고 라틴어 덕분에 여러 세기를 넘나들고 여러 대륙을 가로질렀다. 내가 다른 이들을 위해 무언가 좋은 일을 했다면, 그건 의문의 여지 없이 라틴어 덕분이었다.

라틴어를 공부하면서 나는 개별적 소리와 음절 차원에서 생각하는 버릇이 들었다. 그러면서 언어의 음악성을 깨닫게 되었다. 언어의 음악성은 시의 영혼이기도 했다. 어느 순간, 내가 매일 사용하는 말들이 마치 공중에 흩날리는 꽃잎처럼 나부끼는 것이 느껴졌다. 그리고 라틴어 덕분에 내가 아는 모든 단어의 의미가 배로 늘었다. 언어의 정원 아래에는 고대의 뿌리들이 층을 이루고 있기 때문이다. 이탈리아어 같은 로망스어들만이 아니었다. 영어 어휘 대부분은 직접적으로, 또는 프랑스어를 경유해 라틴어에서 파생되었다.

영어 어휘의 이중 기원은 명사와 형용사의 상이한 어원에서 분명하게 드러난다. sun/solar, moon/lunar, tooth/dental을 살펴보자. 명사는 게르만어에서 유래했으나 형용사는 라틴어에서 유래했다.

가장 게르만어처럼 들리는 단어조차 사실은 라틴어에서 비롯한 것일 수 있다. laundry빨래를 예로 들어보자. 이 단어는 고대 프랑스어

lavanderie에서 왔고, lavanderie는 '씻겨야 하는'이라는 뜻의 라틴어 동사상 형용사 lavandum에서 왔다. 어근 lav-씻다는 lavatory화장실, 세면대나, lavish후한, 헤픈에서도 발견된다. lavish는 폭우를 뜻하는 고대 프랑스어 lavasse에서 왔고, 그래서 넘칠 만큼 많다는 뜻이 있었지만, 본래는 말이 많다는 의미로 사용되었다. 오늘날 사람들은 lavish banquet풍성한 성찬과 흘러넘치는 물과 과도한 대화 사이의 연관성을 잊었다. 하지만 그들 사이의 은유적 연결 고리는 분명히 존재한다.

이러한 의미의 다중성 때문에 우리는 언어의 역사를 이해하고 가장 동떨어진 의미에도 관심을 기울여야 한다. 그 덕분에 우리는 은근한 뉘앙스와 화려한 비유를 활용할 수 있게 되고, 모호하거나 양가적인 표현을 구사할 수 있게 되었다. 한 마디 말에 둘 이상의 의미를 담을 수 있게 되는 것이다.

내가 어릴 적에 라틴어에 끌렸던 까닭은 그것이 고대의 것이었기 때문이다. 나는 늘 고대를 좋아했다. 고대 세계의 이미지들은 늘 심장이 두근거리는 특별한 즐거움을 주었다. 피라미드, 미라, 그리스 신전의 기둥 같은 것들이 그랬다. 초등학교 교과서에 실려 있던 귀족들의 집 domus와 서민들이 살던 insulae도 떠오른다. 나는 우리 가족이 insula에 살고 있다는 것을 알게 됐다.◇

나는 중학교 2학년이 되어서야 라틴어책을 갖게 되었다. 그 책에는 domus가 자세히 묘사되어 있었고 impluvium빗물을 모으는 수조, atrium안마당, triclinium만찬용 식당, tablinum아트리움과 정원 사이에 있는 방,

◇ domus가 정원까지 갖춘 단독주택이라면 insulae는 보통 2층으로 된 공동주택을 말한다. insulae는 섬을 뜻하는 insula의 복수형으로 건물 전체를 가리키고, 단수형 insula는 그 건물에 있는 한 집을 가리킨다.

vestibulum현관, fauces현관 통로 같은 다양한 건축 용어도 쓰여 있었다. 그때 나는 이 용어들이 비트루비우스의 책에서 나왔다는 사실을 몰랐다. 이 책이 없었다면 어느 누가 지붕에 난 구멍으로 빗물이 흘러들어 수조에 모이고, 방 위에 또 다른 기둥과 방이 있으며, 너무 커서 그 안에 숨었다가는 절대 찾을 수 없을 듯한 집을 꿈이나 꾸었겠는가!

라틴어는 멋진 집을 갖고 싶다는 욕망과 뒤엉켰다. 정확히 말하면, 라틴어는 내가 행복하게 지낼 수 있는 상상 속 공간이 됐다. 이 공간은 내 머릿속에만 있지 않았다. 나는 그걸 여기저기에 그리기 시작했다. 온갖 곳에 domus의 도안을 그리고, 모든 칸에 그에 맞는 라틴어 용어를 채워 넣으면서 언젠가 나만의 domus를 갖게 되는 날을 꿈꿨다. 걱정 많은 부모님은 내가 커서 건축가가 되려는가 보다고 말씀하시면서 내 버릇을 이해하려고 애쓰셨다.

당시 라틴어는 나에게 상상의 공간일 수밖에 없었다. 내가 중학교에 들어간 1977년에 필수 교과목에서 라틴어가 제외되었다. 하지만 성실한 찬프라문도 선생님은 특별한 신념이라기보다는 오랜 습관으로, 수업 시간 일부를 라틴어에 할애했다. 선생님이 학생들에게 많은 것을 기대하지 않았지만, 나는 그저 좋아서 1변화와 2변화 명사들을 익혔다. 변화형 사이의 논리적 기능을 굳이 이해하려고는 하지 않았다. 하지만 주격, 소유격, 여격, 대격, 호격, 탈격 같은 격의 이름을 아는 것만으로도 얼마나 기뻤는지 모른다.

내 상상을 자극한 또 다른 요소가 있었다. 나는 라틴어를 배우기 전부터 어느 정도는 라틴어를 모국어로 여겼기 때문이다(마치 몽테뉴가 프랑스어보다 라틴어로 말하는 법을 먼저 배웠다고 하는 것처럼 말이다).

내게 라틴어는 자연스럽게 타고난, 감정을 자극하는 언어였다. 어머니는 어린 시절에 라킬라의 한 수녀원에서 지냈고, 그곳에서 「레퀴엠 아이테르남Requiem aeternam」, 「파테르 노스테르Pater noster」, 「아베 마리아 Ave Maria」 같은 라틴어 기도문 몇 개를 익혔다. 나는 어머니가 라틴어를 안다고 확신했다. 하지만 어머니는 라틴어를 안다고 말한 적이 없으며, 수녀원에 머물던 다른 소녀들처럼 매일 미사에서 들은 것을 앵무새처럼 따라 했을 뿐이었다.

그러나 나는 어머니가 따라 외운 기도문 이상의 증거가 필요하지 않았다. 어머니가 외는 라틴어는 매우 형식적이고 이해 불가능한 것이었지만, 그럼에도 나는 어머니의 라틴어가 유창하다고 생각했다. 그 낯선 말소리 덕분에 어머니는 내가 언젠가 비트루비우스의 단어들로 짓게 될 멋진 집의 멋진 가모장matriarch으로 보였다.

나는 고등학교 인문학 코스인 리체오 클라시코liceo classico 과정을 들으며 고전 언어에 입문했다. 대학에서는 수많은 라틴어 시와 산문을 읽었다. 뛰어난 교사들은 학생들에게 요구하는 것도 많았다. 그러나 주제넘게 잘난 척하려는 것은 아니지만, 라틴어만큼은 열정과 헌신과 호기심으로 스스로 익혔다고 말할 수 있다.

선생님이 한 단락을 번역해 오라고 숙제를 내주면 나는 서너 개를 번역했다. 숙제가 있든 없든 매일 라틴어를 번역했다. 교과서로 부족하면 선생님 서재에서 책을 빌려서 연습했다. 내가 제일 좋아하는 시간은 잠자리에 들기 직전이었다. 가장 어렵다는 표시로 별표가 세 개

달린 구절들에 매달리다가 잠든 채로 라틴어를 중얼거리곤 했다. 아버지는 밤중에 중얼거리는 소리에 이끌려 나와 보니 내가 라틴어를 중얼거리며 자고 있었다고 했다.

나는 종이에 번역문을 적는 대신 머릿속으로 번역하고 기억 속에 저장했다. 나는 라틴어 문장을 하나의 번역문으로 고정하는 것이 마음에 들지 않았다. 글로 쓰게 되면 불완전성을 정당화하고 오류를 새기는 것같이 느껴졌다. 머릿속에 남겨두는 편이 나았다. 머릿속에서라면 번역본을 계속 수정하면서 원문과의 격차를 좁힐 수 있었기 때문이다.

그때로부터 많은 시간이 지난 지금도, 나는 여전히 라틴어를 읽을 때면 즐거운 두근거림과 자아가 확장되는 감각을 느낀다. 이 책은 라틴어에 대한 나의 사랑과 믿음을 독자들에게 전하기 위한 것이다. 이 책은 문법책도 아니고, 언어사나 문학사에 관한 책도 아니다. 라틴어의 아름다움에 관한 에세이다. 아마도 궁극적으로는 라틴어 공부를 격려하는 책이 될 것이다.[2]

그를 위해 문학을 공부하면서 알게 된 내용을 인용하긴 했지만, 독자들이 이 책에서 발견하는 것은 근본적으로 라틴어를 향한 나의 사랑일 것이다. 또한 이 책은 읽고 숙고하는 것에 대한 통찰의 결과다. 이를 위해 나는 나의 온 감성(시를 쓰거나 소설을 구상할 때 불러오는 것과 동일한 감성)을 불러오려 한다.

나는 각 장에서 한 명씩 라틴어 문학 저자들을 소개하고, 그들의 작품을 소개할 것이다. 문법에 관한 논의는 최소로 하고, 라틴어와 그리스어의 관계에 대해서도 자세한 설명은 피하려 한다. 그렇게 하지 않으면 이야기가 맥락을 벗어나 너무 멀리 날아가버릴 것이기 때문이다.

분명히 말해두지만, 이 책은 라틴어 문학사를 다루는 책이 아니다. 나는 라틴어의 역사에서 인상적인 장면들을 스냅사진처럼 보여줄 뿐이지, 저자나 작품을 시간 순서에 따라 늘어놓지 않았다. 그보다는 라틴어가 다양한 저자들을 통해 어느 순간 획득한 것(그리고 여전히 살아 있는 것)들을 보여주려 한다.

내가 소개하는 저자들은 라틴어라는 세계 안에서 개인으로서 기능하는 것이 아니라 언어학적 사례로서 기능한다. 키케로나 베르길리우스를 이야기하는 것은 키케로의 특별한 라틴어나 베르길리우스의 특별한 라틴어를 이야기하려는 것이 아니다. 그보다는 키케로의 문체나 베르길리우스의 문체로 표현된 라틴어 문학의 성취를 논하려는 것이다. 키케로와 베르길리우스를 구분할 때도, 그들을 각 개인이 아니라 언어학적 현상의 종합으로 보고, 그들의 작품이 보여주는 서로 다른 형식과 문체와 수사법으로 구분할 것이다.

나는 모든 작가를 그 언어가 새로운 경지에 이르는 경험적 조건들의 체현體現이라고 믿어왔다. 물론 이 책에서도 개인의 문체에 대해 말하고 다른 작가들의 문체와 구분할 테지만, 궁극적으로 문체란 한 언어의 생애에서 일어나는 하나의 사건이라고 보는 입장이다.

나는 이 책의 독자가 라틴어를 좋아하든 좋아하지 않든, 이 책에서 무언가를 발견하길 바란다. 어느 순간 포기했던 공부의 즐거움을 다시 발견하도록 돕고, 생활에 활력을 주는 무언가를 전달할 수 있길 바란다. 라틴어와 관련 없는 삶을 살아왔지만 어떤 편견이나 두려움이나 애매한 핑계들을 버리고 약간의 호기심에서 라틴어를 알고 싶다고 마음먹은 이들에게 도움이 되기를 바란다.

아니, 그저 라틴어의 아름다움에 눈을 뜨도록 도울 수만 있어도 충분하다. 독자들이 왜 라틴어를 아는 것이 이로운지 안다면, 적어도 라틴어가 우리의 삶에 활기를 더해준다는 것을 알게 된다면 더 바랄 게 없겠다.

II   라틴어는 어떤 언어인가?

◊   라틴어는 고대 로마의 언어이며 그곳에 뿌리내린 문명의 언어다. 로마가 놀라울 만큼 광대한 영토를 지배하는 제국으로 확장되면서, 라틴어 역시 인류 역사에서 큰 부분을 차지하는 표현과 소통의 수단이 되었다. 라틴어가 몇 개의 언어(소위 로망스어군에 속하는 언어들)로 갈라지고 영어를 비롯한 여러 게르만 계통 언어들에 수많은 용어를 빌려준 뒤 오랜 시간이 지난 오늘날에도 라틴어는 여전히 시인과 학자들의 소통 수단으로 사용되고 있다.

   라틴어는 법률, 건축, 공학, 군사, 과학, 철학, 예배의 언어이며, 무엇보다도 융성한 문학의 언어이다. 라틴어 문학은 여러 세기에 걸쳐 서구 문학의 전범典範으로 기능했다. 라틴어로 표현되지 않은 지식의 영역이나 창의적인 언어의 영역은 없다. 그 영역을 나열하면 다음과 같다. 시(서사시, 비가, 에피그램 등), 연설, 희극, 비극, 풍자, 서한, 소설, 역사, 대화를 비롯하여 윤리학, 물리학, 법학, 요리, 미학, 천문학, 농경,

기상학, 문법, 고대사학, 의학, 기술, 측정 체계, 종교….

라틴어는 문학을 통해 사랑과 전쟁을 말하고, 육체와 영혼을 탐구하며, 삶의 의미와 의무, 영혼과 운명, 물질의 구조에 관한 이론을 제시한다. 자연의 아름다움, 우정의 위대함, 상실의 고통을 노래한다. 부패에 도전하고, 죽음을 묵상하며, 권력의 본성을 통찰하고, 폭력과 잔혹을 성찰한다. 인간의 내면에 대한 이미지를 구축하고, 감정에 형태를 부여하며, 세계에 관한 관념을 진술한다. 라틴어는 표현과 의미에 있어 일대다의 관계를 이루는 언어다. 자유와 제약, 공公과 사私, 사색적인 삶과 실천적인 삶, 시골과 도시가 공존하는 대립의 언어다. 또한 라틴어는 책임과 의무의 언어, 내적인 힘의 언어, 개성과 의지의 언어, 권력을 감시하고 제약하는 언어, 애도의 언어다. 의도, 저항, 고백, 소속, 유배, 회상 모두 라틴어로 말해졌다.

라틴어는 인류가 언어로 이루어온 문명과 언어의 가능성에 대한 기념비다. 소小 플리니우스(기원후 약 61~112)는 한 편지에서 폼페이우스 사투르니누스라는 인물의 "ingenium … varium, flexibile, quam multiplex다양하고 유연하며 매우 복합적인… 재능"을 예찬했는데, 여기서 ingenium은 타고난 성향을 뜻하며, 다른 라틴어 어원에서 온 영어 단어인 talent재능로 옮길 수 있다. 즉, 폼페이우스 사투르니누스는 법률 문서, 역사 서술, 시, 서한 등 다양한 언어 표현에 재능을 타고났다는 말이다. 그의 글은 상황에 따라 유창하고 절묘하며, 가볍고 무거우며, 쓰고 달콤한 다채로운 매력을 뽐냈다. 플리니우스는 그를 고대 위인 가운데 하나라며 동경했다. 폼페이우스 사투르니누스의 작품이 남아 있지 않은 것이 참으로 안타깝다.

　무엇보다 라틴어는 한 사람의 생각을 깊고도 진중한 담론으로 발전시키며 거기에 깊게 빠지게 해준다. 라틴어는 가장 적절한 의미를 선택하도록 하고, 질서에 따라 조화롭게 단어를 정렬하게 하며, 가장 순간적인 상태를 포착해 언어로 표현하도록 도와준다. 라틴어를 공부한다는 것은 언어 표현과 실증을 신뢰하는 것, 어떤 환경도 견디고 살아남은 언어 안에서 순간적인 흔적을 찾는 것이다.

III   어느 라틴어인가?

◊   우리는 '라틴어'라고 하면 한 언어를 떠올리지만, 사실 세상에는
서로 다른 다양한 라틴어들이 존재한다. 제각기 다른 라틴어들은 문
학, 교회, 스콜라 철학, 과학, 법, 대리석 명문銘文 등에서 발견할 수 있
다. 라틴어 연구 또한 매우 다채롭다. 라틴어와 로망스어군 언어의 관
계를 탐구하는 학자도 있고, 텍스트를 이용해 라틴어 구어나 방언을
재구성하는 학자도 있으며, 특정 집단이 사용한 라틴어에 초점을 맞추
는 학자도 있다.

라틴어 옹호론도 개인의 기호나 목적, 해당 국가의 문화적 특수
성에 따라 각기 다르고 때로는 서로 모순되기도 한다.[1] 이탈리아에서
는 파시즘 시기 제정 로마와 라틴어에 대한 이데올로기적 왜곡이 있었
다.[2] 라틴어 학습의 중요성 또한 시간과 장소에 따라 달라졌다. 라틴어
를 배우는 일은 이탈리아, 미국, 영국, 프랑스에서 제각기 다른 의미였
고, 시기에 따라서도 의미가 달라졌다. 오늘날의 라틴어 학습과 15세

기의 라틴어 학습은 의미가 전혀 다르다.

영어 같은 현대 언어도 마찬가지다. 영어를 공부한다면 '어떤' 영어를 공부하는지 질문해야 한다. 셰익스피어의 영어인가, 버지니아 울프의 영어인가? 맨해튼에서 사용하는 영어인가, 맨체스터에서 사용하는 영어인가? 화려한 불꽃놀이 같은 조이스의 영어인가, 초기 베케트의 영어인가? 아니면 팝송 가사에 쓰인 영어인가? 뉴질랜드의 슬랭인가, 미시시피의 블루스인가? 그것도 아니라면 여행안내서에 적힌 기초 영어인가?

모든 문화 현상에는 고유한 아우라aura가 있다. 아우라란 우리가 그 문화 현상에 대해 알고 있는 것을 포함해 매력, 명망, 역사성 등 표면적 가치 너머까지 펼쳐지는 것을 말한다. 오늘날 라틴어의 아우라는 거의 사라진 듯 보인다. 오늘날 중요하게 여겨지는 즉흥적이고 용이한 첨단 기술은 오래되어 낡은 듯 보이는 라틴어와는 거리가 멀게 느껴진다.

라틴어를 옹호하는 다른 사람들과 달리, 이 책에서 나는 라틴어 '문학'에 초점을 맞추려 한다. 라틴어 문학은 내가 작가로서 성공하는 데는 물론, 한 인간으로서 인격을 형성하는 데 도움을 주었다. 나는 라틴어 문학을 계속 읽어야 하며, 역사적 의식이 있다면 교육에서도 중요하게 다루어야 한다고 믿는다. 내가 이 책에서 다루고자 하는 라틴어는 키케로, 살루스티우스, 루크레티우스, 카툴루스, 베르길리우스, 리비우스, 오비디우스, 호라티우스, 프로페르티우스, 세네카, 타키투스, 아우구스티누스, 히에로니무스 등의 라틴어다.

유럽 각지에서 토착어 작품이 활발히 발표되던 시기에도 라틴어는 문학의 언어로 굳건했다. 이탈리아에서는 페트라르카(『서한집』◇과 다른 편지들만으로도 불멸의 영예를 누릴 자격이 있다), 레온 바티스타 알베르티, 에네아 실비오 피콜로미니(교황 비오 2세), 마르실리오 피치노, 아뇰로 폴리치아노, 조반니 피코 델라 미란돌라, 조반니 폰타노, 자코포 산나차로, 피에트로 벰보가 라틴어 작품을 썼다. 조반니 파스콜리(1855~1912)와 페르난도 반디니(1931~2013)에 이르기까지 라틴어 문학은 현대에도 계속 이어져왔다. 토속 이탈리아어의 또 다른 대가인 아리오스토조차 라틴어로 시를 썼다.

프랑스에서는 『프랑스어의 옹호와 현양La Défense et illustration de la langue française』을 쓴 조아킴 뒤 벨레가 라틴어로 글을 썼고, 영국에서 토착어의 영웅으로 대접받는 밀턴 또한 라틴어로 글을 썼다. 이와 같이 라틴어로 글을 쓴 작가들이 유럽 전역에 수없이 많았다. 근대성의 부상이라고 하는 에라스뮈스의 『우신예찬』과 토머스 모어의 『유토피아』도 라틴어로 쓰였다. 라틴어는 단지 박식한 이들의 전형적이고 고루한 글이 아니다. 이들의 작품에서 자신의 기술과 열정을 쏟아부은 언어 예술의 극치를 맛볼 수 있다.

라틴어의 영향은 현재까지 이어지고 있다. 라틴어는 지금도 살아서 사회에 참여하고 있는 언어다. 라틴어는 살아 있다. 라틴어가 없었다면 나는 지금의 내가 아닐 것이며, 그런 사람은 나 말고도 더 있으리

◇ 이 책의 본래 제목이 'Epistolarum mearum ad diversos liber다양한 사람들에게 보낸 나의 편지들'인 것을 고려하면 '서한집'이라는 표현이 적합하다. '친사서'라고 번역되는 'Epistolae familiares'는 후대에 붙인 짧은 제목이다.

라고 확신한다. 라틴어는 우리가 살아가는 이 사회와 정서를 형성했다. 라틴어가 없었다면 세계는 현재와 같지 않았을 것이다.

라틴어의 복잡한 특징을 이해하고 어원학적 반향을 인식하는 것, 라틴어의 구조를 분석하고 문체의 아름다움을 향유하는 것은 자기 자신을 더 잘 알기 위한 수단이며, 독특한 형태의 행복에 참여하는 길이다. 그 행복이란 아리스토텔레스의 말을 따르자면, 해석하려는 욕망에서 나오는 행복이다. 우리는 즉각적이고 실질적이고 기계적인 지식에만 집중하면서 많은 것을 놓치고 있다. 왜 지적 모험을 포기하는가? 왜 고대를 다락방에 쑤셔 넣어야 할 쓰레기 더미 정도로만 여기는가? 왜 우리 삶이야말로 역사의 한 면이며, 삶은 우리가 태어나기 전에 이미 시작되었고, 한 개인의 실존은 인구조사의 숫자를 초월한다는 것을 인식하지 못하는가? 그것이 진실에 훨씬 더 가까운데도.

IV 라틴어의 시작과
신성한 알파벳

◊ 구어 라틴어 혹은 '토속' 라틴어가 소위 신新라틴어나 이탈리아어, 프랑스어, 스페인어, 포르투갈어, 루마니아어 같은 다수의 현대 언어를 탄생시켰다는 것은 잘 알려진 사실이다. 그렇다면 라틴어는 어떻게 생겨났을까?

베르길리우스는 『아이네이스』에서 트로이 피난민과 지역 주민 사이에서 태어난 민족이 라티움의 로마인이라고 말한다. 베르길리우스의 이야기가 결말을 향해 갈 때 유노는 유피테르를 설득하여 최초의 주민인 'indigenas Latinos' 즉 '원주민 라틴족'의 언어가 새로운 도시 로마의 언어로 남아 있게 했다.(『아이네이스』 XII.823)

이 이야기에 따르면 라틴어는 로마 원주민의 언어이며, 이는 언어학적 분석을 통해서도 입증된다. 라틴어는 로마 주민으로 이루어진 작은 공동체의 언어였다. 세월이 흐르면서 도시국가 로마의 힘이 커짐에 따라 라틴어 또한 거대한 제국의 언어가 되었다. 트라야누스 황제 시대(기원후 2세기 초)에 로마 제국은 가장 크게 확장되어 동서로는 대서양에서 메소포타미아까지, 남북으로는 오늘날의 영국에서 북아프리카 해안까지 뻗어나갔다.

특정한 영토와 인구로 라틴어의 기원을 소급할 수 있지만, 라틴어는 외부 영향 없이 홀로 피어난 꽃은 아니다. 라틴어는 대략 80개 언어로 이루어진 어족語族에 속한다. 이 어족에는 고대 그리스어와 산스크리트어를 비롯하여 슬라브 계통과 게르만 계통의 언어들이 속한다.

라틴어의 '표준' 또한 처음부터 정립되어 있던 것은 아니다. 수많은 명문銘文에서 볼 수 있듯이, 라틴어는 에트루리아어, 오스칸어, 움브리아어(사벨어군으로 분류되며, 지역에 따라 소소한 차이가 있다), 팔리스키어(라틴어에 가장 가까운 동족 언어), 메사피어, 베네티어, 그리스어(그리스 이주민이 사용)를 비롯하여 다른 언어들과 경쟁하며 살아남았다. 이들 언어 중 다수는 흔적도 없이 사라졌다.

그 멀고 먼 과거에 대해 바로◇는 『라틴어에 관하여』(V.3)에서 다음과 같이 기술했다. "아직 어떠한 길도 열리지 않았고, 인간은 어둠 속을 헤매며 흙바닥에 걸려 넘어지던 때에, 대치되는 힘의 물결들이 부딪치고 본능과 변덕스러운 욕망이 마치 들끓는 마녀의 가마솥처럼 몸부림치며 솟아올랐다. 혼돈은 질서를 모색한다. 요동치는 표면 위로 형태가 나타났다가 사라지고, 그 잔해들이 새로운 형태로 변한다. 하나의 유기체가 생명을 얻어 꿈틀대며 알아볼 수 있는 모양이 되고 생존을 위한 힘을 그러모은다."[1]

◇ 가이우스 테렌티우스 바로(기원전 116~기원전 27)는 로마를 대표하는 박식가로, 카이사르와 아우구스투스의 비호를 받으면서 다양한 학문 연구에 몰두해 600여 권의 책을 저술했다. 저작 대부분이 소실되었으나 『라틴어에 관하여De lingua Latina』는 전체 25권 중 6권이 현전한다.

기원전 9세기에서 기원전 8세기 사이의 어느 시점에, 이 글에서 표현한 것처럼 새로운 형태의 알파벳이 등장했다. 그리스 알파벳(페니키아 알파벳에서 유래)을 본보기로 한 새로운 알파벳이 만들어진 것이다. 이 알파벳을 발전시킨 것은 아마도 에트루리아인이었을 것이다. 로마 제국 초기의 저자이며 아우구스투스의 해방 노예인 히기누스가 전하는 『이야기들Fabulae』에서는 아르카디아에서 쫓겨난 에반데로스가 그리스어 알파벳을 갖고 이탈리아에 왔다고 한다. 그곳에서 그의 어머니 카르멘타가 그리스어 알파벳을 변형하여 열다섯 개 글자로 된 라틴어 알파벳을 만들었다. 나머지 글자는 나중에 아폴론이 주었다고 한다.

오비디우스의 『행사력』(I.461~586)에 따르면 카르멘타는 예지력을 지닌 여신이었다. 베르길리우스 또한 『아이네이스』(VIII.336)에서 에반데로스의 통치에 대해 이야기하면서 카르멘타를 언급한다. 『데카메론』의 저자 조반니 보카치오는 『유명한 여성들에 관하여De mulieribus claris』에서 이 알파벳 신화를 확장하고 미화했다. 그가 말년에 라틴어로 집필한 이 작품은 신화와 역사를 망라하여 가장 유명한 여성들을 다루는데, 「창세기」의 이브에서 시작해 주로 고대 여성들을 다룬다(이 여성들은 대부분 미덕보다는 악덕으로 유명했다). 보카치오에 따르면, 카르멘타는 로마인의 위대한 미래를 예언하면서 그들의 역사가 외국 글자로 전해져서는 안 된다고 했다. 그래서 세상 여느 글자와도 같지 않은, 완전히 새로운 알파벳을 창안했다. 신이 이 작업을 도왔다고 하며, 새 알파벳을 만든 공로로 카르멘타는 영원한 명성을 얻었다.

보카치오의 글은 그가 참조한 고대 자료들보다 훨씬 풍부하고 유려할 뿐 아니라, 라틴어 알파벳에 대한 커다란 자부심과 뜨거운 열정까지 보여준다. 이는 이 글자의 권능과 영광에 바치는 최고의 헌사 가운데 하나다.

카르멘타가 이룬 성과가 신의 마음에 들었으므로 히브리어와 그리스어는 영광을 잃었고 거의 모든 유럽 지역에서 우리 알파벳을 사용하게 되었다. 온갖 주제를 다루는 수없이 많은 책이 라틴어 알파벳을 빛내준다. 라틴어 글자에는 신과 인간의 업적에 대한 영속적인 기억이 담겨 있고, 우리는 이 문자의 도움으로 보이지 않는 것을 알게 된다. 우리는 라틴어 문자로 요청을 보내고 다른 사람들의 요청을 믿고 받아들인다. 이 문자를 통해 우리는 멀리 떨어져 있는 사람과 우정을 나누고 그 우정을 보존한다. 우리는 라틴어 문자를 이용해 신을 묘사한다. 그 글자들은 우리에게 하늘과 땅과 바다와 살아 있는 모든 것을 보여준다. 그 글자들을 세심하게 연구하면 이해하지 못할 것이 없다. 라틴어 문자는 정신이 받아들여 간직할 수 있는 모든 것을 충실하게 지켜낸다. … 게르만족의 탐욕이나 골족의 격분이나 잉글랜드인의 간계나 스페인인의 포악이나 다른 어떤 민족의 거친 야만과 오만도, 이 위대하고 경이롭고 유용한 영광을 라틴어에서 앗아갈 수 없었다.[2]

에트루리아어를 제외한 이탈리아계 언어들과 이탈리아반도 너머 다른 언어들의 어휘와 문법이 유사한 것은 단지 우연이나 차용 때문이 아니다. 이 언어들은 모두 같은 뿌리에서 나왔다. 이 공통 기원 언어에 관한 직접적 기록은 남아 있지 않지만, 비교 연구를 통해 재구성할 수 있다. 언어학자들은 이 공통 기원 언어를 '인도유럽어'라고 불러왔다.[3]

라틴어의 뿌리에 대해 이 책에서 자세히 다루지는 않겠지만, 라틴어의 가장 도드라진 특징 가운데 하나가 인도유럽어에서 비롯되었다는 것은 짚고 넘어가려 한다. 라틴어 단어는 수(단수나 복수)에 따라 형태가 변할 뿐 아니라, 문장 내의 논리적 기능에 따라서도 형태가 변한다. 라틴어에는 여섯 개의 논리적 기능이 있고, 따라서 여섯 개의 변화형(문법적 격)이 존재한다. 열거하면 주격(주어 표시), 소유격(소유 관계 표시), 여격(행동을 받는 대상 표시), 대격(동사의 직접 목적어 표시), 호격(누군가 또는 무언가를 부를 때 사용), 탈격(분리, 행동의 수단을 표시)이다. 각 단어는 이러한 방식으로 단수 여섯 개, 복수 여섯 개, 따라서 도합 열두 개의 변화형이 있다. 인도유럽어에는 처소격과 도구격이라는 두 개의 격이 더 있었다. 라틴어의 처소격과 도구격은 탈격에 흡수되었으나 간혹 흔적이 남아 있는 것을 볼 수 있다.

고대 라틴어는 전쟁, 행정, 종교, 죽음에 관한 수백 개의 비문에서 확인된다. 고대 라틴어는 매우 거칠었으며, 문학이라고 부를 만한 것과는 거리가 멀었다. 철자법 또한 일정치 않았고 문법에도 일관성이 없었다. 보다 진화된 글을 보려면 3세기 후반까지 기다려야 한다. 그즈음에야 언어학적 질서가 정립되면서 미적 감각도 싹트기 시작했다. 여전히 단편적인 증거밖에 없지만, 풍부하게 남아 있는 유물에서 저자들의 개성을 추정해낼 수 있다.

특히 대大 카토(기원전 234~기원전 149)와 희극 작가 플라우투스(기원전 250~기원전 184)는 참으로 창의적인 언어학자였다. 두 사람은 로마가 지중해 패권을 장악하던 시기에 살았다. 대 카토가 죽고 3년이 지난 기원전 146년 카르타고와 코린토스가 함락되었다. 북아프리카의 강적은 사라졌고, 그리스는 로마의 지배 아래 놓였다(기원전 27년에 로마의 속주가 되었다).

유명한 감찰관이었으며, 귀족정 반대자이자 카르타고의 적수였던 대 카토는 『농사에 관하여』라는 농사 안내서를 남겼다. 대 카토의 수많은 저작 가운데 현전하는 유일한 문헌인 『농사에 관하여』는 로마에서 이후 몇몇 저자들(바로와 콜루멜라, 위대한 베르길리우스)이 대표하는 새로운 장르를 개척하게 된다. 이후 여러 세기에 걸쳐 이어지는 Latinitas, 곧 라틴어 문학이라는 장르다. 뒤에서 살펴볼 키케로도 대 카토를 최초의 라틴어 산문 작가로 간주하며, 대 카토 이전에 나온 글은 읽을 가치가 없다고까지 했다.(『브루투스』 XVII.69) 키케로는 대 카토의 담화를 자주 인용했는데, 안타깝게도 모두 소실되었고 몇몇 인용문을 통해서만 전해진다.

대 카토의 글에는 목록을 나열하는 듯한, 아직 미숙한 부분이 없지 않다. 이는 단지 이 장르의 규범적인 특성(해야 할 것과 하지 말아야 할 것의 나열) 때문만은 아니다. 『농사에 관하여』의 통사統辭는 정형화된 몇 개의 구조가 계속 반복되는 경향이 있다. 그러함에도 대 카토의 글에는 부인할 수 없는 예술적 힘이 있다. 그의 문장은 명료하고 확실하며 효과적이고 간결하다. 다음은 『농사에 관하여』를 마무리하는 햄 만들기 과정에 관한 단락이다.

In fundo dolii aut seriae sale **sternito**, deinde pernam **ponito**, cutis deosum spectet, sale **obruito** totam. Deinde alteram insuper **ponito**, eodem modo **obruito**. Caveto ne caro carnem tangat. Ita omnes **obruito**. Ubi iam omnes conposueris, sale insuper obrue, ne caro appareat; aequale facito. Ubi iam dies quinque in sale fuerint, **eximito** omnis cum suo sale. Quae tum summae fuerint, imas **facito** eodemque modo **obruito** et **componito**. Post dies omnino XII pernas **eximito** et salem omnem detergeto et **suspendito** in vento biduum. Die tertio extergeto spongea bene, **perunguito** oleo, **suspendito** in fumo biduum. Tertio die **demito**, **perunguito** oleo et aceto conmixto, **suspendito** in carnario. Nec tinia nec vermes tangent.(『De agri cultura』162.1~3)

번역문은 조금 뒤에 제시할 테니, 일단은 라틴어를 몰라도 찾아낼 수 있는 몇 가지 특징에 집중해보자. 이 단락은 일단 '-ito'로 끝나는 미래 명령형 문장들이 연속해서 나오며, 어떤 동사들(obruo, compono)은 여러 차례 등장하고, 'ubi'로 시작하는 구조도 반복된다. 또한 대 카토는 같은 형태로 끝나는 단어(sternito, ponito 등)를 반복하는 각운脚韻과, 같은 자음으로 시작되는 단어(caveti, caro, carnem과 fuerint, facito)를 되풀이하는 두운頭韻도 요령 있게 사용했다.

　이 단락의 내용을 모른다고 해도 저자가 아름다운 문장을 만들려고 세심한 관심을 기울였음은 알 수 있다. 대 카토의 글은 질서에 대한 감각, 앞에서 얻은 효과를 다음으로 이어지게 하려는 의지, 문법적 특징에 맞춘 표현에서 나오는 명료함이 특징이다. 또한 아무리 작은 것이라도 철저하게 다루는 능력도 주목할 만하다. 이 단락의 번역문은 다음과 같다.

　항아리나 통의 바닥에 소금을 깐 다음, 거죽이 있는 면이 위로 가도록 돼지 넓적다리를 넣고 소금으로 덮으라. 첫 번째 넓적다리 위에 다른 넓적다리를 올리는데, 고기와 고기가 서로 닿지 않게 주의하면서 같은 방식으로 소금을 뿌리라. 전체에 소금을 뿌리라. 깔끔하게 정돈되면 완전히 묻힐 때까지 소금을 더 넣어 통을 채우고 평평하게 고른다. 닷새 동안 그대로 둔 뒤에 소금에 절여진 넓적다리를 통에서 꺼낸다. 밑에 있던 것이 위로 가게 넓적다리를 서로 바꾸고 다시 정돈한 다음 덮으라. 열이틀 뒤에 넓적다리를 꺼내어 소금을 털어내고 이틀 동안 공기 중에 걸어두라. 셋째 날에 해면으로 꼼꼼하게 문지르고 소금과 식초 섞은 것을 발라 저장고에 걸어두라. 나방이나 벌레가 건드리지 못할 것이다.

odi et amo

오디 에트 아모

✛

나는 미워하고 사랑하네

카툴루스

이름	ᐧᐧᐧᐧᐧ	가이우스 발레리우스 카툴루스Gaius Valerius Catullus
생몰 연대	ᐧᐧᐧᐧᐧ	기원전 약 84년~기원전 약 54년
활동 분야	ᐧᐧᐧᐧᐧ	문학(시)
특징	ᐧᐧᐧᐧᐧ	비가elegeia의 선구자
		강렬한 감정과 세련된 기교의 조합

로마의 서정시인이다. 베로나 지방에서 태어나 로마에서 젊은 시절을
보내면서 많은 시를 썼다. 그리스-로마 신화 및 알렉산드리아 학파의 영향을
받은 것으로 알려져 있으며, 그리스의 시인 사포의 영향을 받았다. 후세의
많은 시인, 특히 오비디우스와 베르길리우스에게 영향을 주었다.
개인적이고 감성적인 내용으로 뛰어난 기교를 살린 작품을 남겼으며, 특히
연상의 귀부인 클로디아와의 사랑을 노래한 시로 유명하다.

V 　　　　　　　　　　　　　　참새와 첫사랑의 시
　　　　　　　　　　　　　　　 • 카툴루스

◊　나는 고등학교 1학년 때 우연히 카툴루스를 발견했다. 크리스마스가 막 지났을 무렵, 선생님이 건너뛰기로 한 라틴어 교과서의 서문을 훑어보던 중이었다. 시행詩行의 구조인 운율에 관한 글이었는데, 나 같은 라틴어 초심자에게는 다른 나라의 바다와 같이 낯선 것이었다. 당시 나는 명사와 동사의 수많은 종결형과 예외 목록 같은 것을 외울 단계였다. 시의 규칙이나 운율은 나중 문제였다.

　　당시 선생님이 수업 계획을 그렇게 짰던 데는 그럴 만한 이유가 있었다. 호기심 때문에 우리가 라틴어 공부라는 과정에서 수렁에 빠지거나 지레 질려 포기하는 것을 막으려던 것이었다. 몇 해 뒤에 만난 인정 많은 중국어 선생님도 비슷한 태도를 취했다. 선생님들은 잘 짜인 순서를 따라가며, 한 번에 한 주제만 다루고, 너무 많은 질문은 하지 않기를 바라셨다. 그렇지 않으면 한꺼번에 너무 복잡한 광경을 보게 되어 당황하고 말 것이기 때문이다. 호기심을 참지 못하고 유피테르의 모습을 직접 본 탓에 재로 변해버린 불쌍한 세멜레를 떠올리지 않을 수 없었다.

하지만 사실 그때에도 나는 이미 알고 있었다. 라틴어든 중국어든 영어(내가 가장 오래 사랑한 또 다른 언어)든, 언어를 배울 때는 호기심이 이끄는 대로 따라가는 것이 좋다. 앞에 놓인 모든 길에 열린 자세를 지니고, 길이 휘어져 돌아가는 곳에서는 자기 자신을 믿어야 한다. 언어 공부 앞에서는 호기심 때문에 재로 변할 위험은 없다. 밝은 빛은 우리를 파괴하기는커녕 앞으로 나아갈 길을 밝혀준다.

라틴어 선생님이 교과서에서 건너뛰려고 했던 부분에는 카툴루스가 참새의 죽음에 관해 쓴 18행의 시가 있었다. 그때는 전혀 몰랐지만, 그 시는 서구 문학 전체에서도 가장 유명한 텍스트 가운데 하나였다. 나는 마음에 새겨질 때까지 그 시를 읽고 또 읽었다. 그 시는 지금도 내 마음에 남아 있다. 그때 내 라틴어 실력은 보잘것없었지만 그래도 상당히 많은 부분을 파악할 수 있었다. 적어도 한 걸음씩 더디게 나가는 게 학생들에게 유용하다고 생각했던 선생님이 가르쳐주신 것보다 그 과정에서 더 많은 것을 배웠다(라틴어 선생님은 좋은 분이셨다. 그분을 비난하려는 건 아니다).

tam **bellum** mihi passerem abstulistis
o factum male! o miselle passer!
tua nunc opera **meae puellae**
flendo turgiduli rubent ocelli.

•

그대가 나의 예쁜 참새를 앗아갔구나.

잔인한 소행! 가여운 참새!

그대 때문에, 나의 소녀는

눈물로 두 눈이 붉어졌네.

첫 행에 나오는 bellum은 passerem참새을 가리키는 것이므로 번역 연습 문제에 종종 등장하는 중성 명사 bellum, 곧 전쟁을 의미할 가능성은 전혀 없다. 여기서 bellum은 bello를 의미한다. 라틴어에서 '아름답다'에 해당하는 단어는 pulcher라고 배우지만, 여기서 bellum은 이탈리아어의 bello처럼 '아름답다'라는 뜻이다(영어 단어 embellishment[미화美化]의 어원이기도 하다).

'나의 소녀의 기쁨'이라는 뜻의 deliciae meae puellae는 우리가 문법 시간에 '예외'라고 부르는 제1변화의 불규칙 형태 가운데 하나다. deliciae라는 단어는 일군의 다른 여성 명사들(indutiae휴전, nuptiae혼인, Athenae아테네, divitiae부 등)과 마찬가지로 복수형으로만 쓰이지만(이 단어군은 pluralia tantum, 즉 '오직 복수'라고 한다) 단수의 의미를 나타낸다(이탈리아어에서는 deliciae가 단수형 델리치아delizia로 변형되었지만, 여전히 복수형으로만 남아 있는 단어들도 있다. nuptiae는 복수형 nozze로 유지되고 있으며 영어에서도 복수형 nuptials가 사용된다).

누군가 고등학생인 나에게 카툴루스의 시가 무엇에 관한 것인지

물어봤다면 나는 제대로 대답하지 못했을 것이다. 당시 나는 그저 라틴어라면 다 좋았기 때문이다. 지금 생각해보면 그건 어쩔 수 없는 취향이 아니었나 싶다. 이를테면 어떤 사람들은 축구에 이끌리고, 다른 사람들은 첼로에 이끌리는 것과 비슷한 것이다. 나는 그때 문학에 '합리적인 이해'란 가능하지도 않고 꼭 필요하지도 않다는 것을 본능적으로 알게 됐다.

사실, 모든 단어의 의미가 명확할 때도 문학에는 신비함이 남아 있다. 그것을 아우라나 그림자, 혹은 다른 무엇이라고 부르든, 기호와 소리의 사슬에는 어떤 모호한 고리가 존재한다. 아주 조금이라도 라틴어를 안다는 것은 그 신비에 참여하는 것이고, 어떤 경이를 체험하는 것이다.

지금의 나는 고등학교 시절보다 라틴어를 훨씬 많이 알고 있지만 여전히 같은 경이를 느낀다. 꽤 자신 있게 라틴어를 읽을 수 있게 되었음에도 나는 그러한 매혹이 약해지길 바라지 않는다. 고등학교 때 옆자리에 앉았던 친구 디노가 카툴루스에 대한 나의 사랑을 알고 생일 선물로 완역본을 주었을 때도 그 시를 향한 경이는 희미해지지 않았다. 오히려 이해하면 할수록 경이는 더욱 커졌다. 그 교과서는 수십 년 뒤에 실현하게 될 갈망의 씨앗을 내 안에 심어두었다. 그 갈망이란 내가 직접 카툴루스를 번역하는 것이었다.[1]

고등학교 2학년 때 라틴어 선생님은 육아휴직을 떠났고, 대체 교사가 카툴루스의 에피그램을 몇 편 가르쳐주었다. 그중에는 사랑과 미움에 관한 것도 있었고, 율리우스 카이사르가 '흑黑인지 백白인지(흑과

백은 남성 동성애 관계에서 탑과 바텀을 나타내는 은유이며, 이는 카이사르의 동성애 성향을 암시한다)' 별로 신경 쓰지 않는다는 것도 있었다. 세련되게 보이려고 모음으로 시작하는 모든 단어를 'ㅎ' 소리를 섞어 기식음氣息音으로 발음했다는 아리우스라는 사람에 관한 것도 있었지만, 참새의 죽음에 관한 시는 없었다. 그 시는 나만의 작은 비밀로 남았고, 나는 그것도 좋았다.

학교 교과 과정은 훌륭한 점도 많지만, 한편으로는 매우 이상하다. 교육의 본질적인 요소, 즉 우리가 학교에 가는 바로 그 이유를 감추거나 없애는 데 혈안이 된 것만 같다. 우리는 오랫동안 추상적인 이유들 때문에 라틴어를 공부해왔다. 나는 라틴어를 현대 언어 공부하듯 공부해야 한다고 주장하는 것이 아니다(물론 어딘가에 라틴어를 말하는 사람들이 있다면 그것도 좋겠지만).

라틴어를 공부해야 하는 까닭은 라틴어로 쓰인 문학 때문이다. 그러나 현실의 라틴어 학습 초기 단계에서 문학은 대체로 무시된다. 학생들은 문학작품을 읽는 대신 급하게 만들어진 가짜 구문들("여신의 제단에 노새를 바치는 여종들" "무사이◇의 장미를 사랑하는 시인들" "교사를 찬양하는 여학생" 등)만 들입다 외워댄다. 이러한 구문들은 라틴어를 말하는 데 도움이 되지 않고(물론 학교에서 라틴어를 가르치는 목적도 아니다) 문학에 관심을 불러일으키지도 않는다.

연습용 구문이라고 해도 앞으로 읽게 될 진짜 텍스트에서 가져온 것이어야 한다. 그 텍스트를 읽기 위해 연습용 구문부터 시작하는

◇ 그리스 신화에서 음악과 시를 관장하는 아홉 명의 신.

것이기 때문이다. 그렇다면 왜 처음부터 실제 문장들로, 즉 라틴어 문학을 가지고 라틴어를 공부하면 안 되는 것일까? 학생들도 이런 의문이 들 것이다. "내가 이런 구문을 쓸 일이 있을까? deliciae가 복수형으로만 쓰인다는 사실을 아는 게 무슨 소용이 있을까?" 이런 의문이 드는 것도 이해할 수 있다. 하지만 카툴루스의 시를 직접 읽어보면, 이런 질문에 대한 답을 찾을 수 있다. 물론 그렇게 하려면 우선은 읽기 쉬운 글을 잘 고르는 게 중요하다.

카툴루스는 라틴어를 공부하기에 좋은 시작점이다. 그의 글은 간결해서 초심자에게도 부담스럽지 않다. 그는 당대의 문제를 이야기하지만 거기에는 사랑, 실연, 우정, 경쟁처럼 우리에게 익숙한 것들이 담겨 있다.

카툴루스는 어떻게 해야 독자를 감동시키고, 기쁘게 할 수 있는지 잘 알고 있었다. 그는 언어를 매우 세련되고, 신선하고, 적확하게 사용한다. 앞에서 그가 bellum이란 단어를 어떻게(고전 중의 고전인 플라우투스나 키케로까지 거슬러 올라가는 방식으로) 쓰는지 보았다. "**da mi basia mille**나에게 천 번의 키스를 해주세요"(카툴루스 5.7)나 시 85의 잊을 수 없는 구절 "**odi et amo**나는 미워하고 사랑하네"는 또 다른 매력을 선사한다.

Odi et amo. Quare id faciam fortasse requiris.

Nescio, sed **fieri** sentio et excrucior.

●

나는 미워하고 사랑하네. 내가 왜 이러는지, 그대는 묻겠구나.

나는 알지 못하네, 하지만 나는 그리 되는 걸 느끼고 괴로워하네.

"odi et amo"는 카툴루스의 트레이드마크와 같은 구절이다. 이 구절은 그의 감성과 그가 사적인 차원을 넘어서는 갈등을 어떻게 다루는지 보여주는 열쇠다. 그 갈등이란, 삶의 사적 영역에서나 공적 영역에서 어떤 화해나 조정도 가능하지 않을 때 마주하게 되는 정신과 감정의 교착 상태다. 바로 여기에서 라틴어의 경제성이 드러난다.

이 에피그램은 결여동사를 배울 때도 좋은 예시다. odi, coepi 같은 동사들은 과거완료형만 있지만 의미상으로는 현재를 나타낸다. 같은 에피그램에 등장하는 동사 fieri도 흥미롭다. fieri는 facio 동사의 수동태 분사형으로 '행해지다' '만들어지다'라는 뜻인데, 이 에피그램에서처럼 '생기다' 혹은 '되다'를 뜻할 수도 있다. "Fiat lux빛이 생겨라"(창세기 1장 3절)가 대표적인 예다. fiat는 권유의 접속법 3인칭 단수형이다.

권유의 접속법을 좀 더 살펴보기 위해 카툴루스의 시 5로 돌아가 보자. "vivamus … atque amemus살자 … 또한 사랑하자!" 카툴루스의 시 14의 첫 행은 조건법의 좋은 예시다. 이 경우에는 제3의 조건법, 즉 사실에 반대되는 가정을 나타내는 조건법이다. "Ni te plus oculis meis amarem / odissem te내가 그대를 나의 눈보다 더 사랑하지 않는다면 / 나는 그대를 미워하는 것일 테니…."

카툴루스의 시 51은 가장 라틴어다운 단어 otium을 소개한다. 카툴루스는 (다른 작품에서도 종종 그런데) 자신의 이름을 부르면서 말한다. "otium, Catulle, tibi molestum est카툴루스여, 나태함은 그대에게 해롭도다."(51.13) 여기서 우리는 조금 특별한 조합을 보게 되는데, 이 시가 그리스 시인 사포의 서정시를 번역한 것이기 때문이다.

위에서 언급한 카툴루스의 시 51의 13행에는 시인(번역자)의 이름이 들어 있어 일종의 서명 역할을 한다. 그런데 이 시에서 주장하는 것처럼 왕과 도시들을 망하게 한 otium(잘 알려지지 않은 영어 단어 otiose 게으른, 무익한의 어원)이란 무엇일까? 로마인들에게 otium은 삶의 방식 중 하나로, 정치나 공적 활동을 가리키는 negotium의 반대말이고, 공부나 사색의 동의어였다.

otium과 negotium은 종종 상충하며 긴장을 일으키곤 했다. 이론적으로 이 둘은 서로를 보완하지만 실제로는 서로 배척했다. 로마인들에게 otium은 본인의 선택이 아니라 타인에 의해 강요되는 것이었다. 다시 말해, 삶의 고귀한 형태인 negotium에서 쫓겨난 상태가 otium이었다.

하지만 카툴루스의 시에서 otium은 그렇게만 볼 수는 없다. 시를 쓰기 위한 일탈이기 때문이다. 비정치적 일탈이 아니라 시민의 열정으로 가득 찬 일탈이다. 카툴루스의 시는 개인주의적으로 보일 수도 있지만, 성실과 정의 같은 가치를 옹호함으로써 당대의 사회윤리를 개혁하고자 했다. 카툴루스는 부패, 배반, 경망을 아주 싫어했는데, 민중뿐만 아니라 카이사르 같은 정치인에 대해서도 마찬가지였다.

마지막으로 카툴루스에 관한 기억을 하나 더 소개할까 한다. 나는 고등학교 3학년 때 질리라는 선생님께 예술사 수업을 들었다. 질리 선생님은 건축과 회화 전문가였고, 스테인드글라스 복원으로 유명했으며, 기호학과 구조주의에 정통할 뿐 아니라 고전학자이기도 했다. 어느 날, 선생님은 칠판을 라틴어 욕설로 가득 채웠는데, 문체의 개념을 설명하는 선생님만의 방법이었다. 선생님은 칠판에 쓴 단어가 모두 카툴루스의 작품에 나온 것이라고 했다.

학생들이 불경스러운 말에 열광하는 것은, 진리를 향한 침해할 수 없는 욕구가 거기에 들어 있기 때문이다. 욕설은 문법책과는 아무런 관련도 없다. 하지만 욕설은 그 본성상 참되며 진실되다. 누구도 다른 사람을 위해 욕할 수 없다. 바로 그것이 핵심이다. 라틴어를 공부하는 것은 진정성 있는 언어를 배우고 훈련하는 것이다. 거기에는 불경스러움도 포함된다. 이 불경스러움에 대해서는 나중에 더 자세히 논의하겠다.

oratio lumen adhibere rebus debet

오라티오 루멘 아드히베레 레부스 데베트

⌖

말은 사물에 빛을 비추어야 한다

키케로

이름	∞∞	마르쿠스 툴리우스 키케로Marcus Tullius Cicero
생몰 연대	∞∞	기원전 106년~기원전 43년
활동 분야	∞∞	정치, 철학, 수사학
특징	∞∞	라틴어의 아버지, 라틴어 산문의 완성자
		도덕적 모범이 된 정치인, 성인 같은 속인俗人

명석한 두뇌와 뛰어난 말솜씨로 특히 웅변과 연설에서 두각을
나타냈다. 기원전 63년에 집정관에 올랐고, 또 다른 집정관 후보자였던
카틸리나의 무력 봉기 음모를 진압하면서 부각되었다. 이후 폼페이우스,
카이사르, 크라수스의 삼두정치하에서 입지가 줄어들었고 호민관
클로디우스와의 대립으로 실권했다가, 폼페이우스의 부름을 받아 다시
로마로 돌아왔다. 그 후 폼페이우스가 카이사르와 대립하자 고민 끝에
폼페이우스 편에 섰으나 카이사르가 승리했고, 카이사르에게 용서를
받았음에도 정계를 떠나 칩거했다. 카이사르가 암살된 후에는 카이사르의
양아들인 옥타비아누스(아우구스투스)가 집정관에 당선되도록 도왔으나,
옥타비아누스가 제2차 삼두정치를 펼치면서 손잡은 안토니우스에게 죽임을
당했다.
그는 그리스 사상을 로마에 도입하고 그리스어를 받아들였으며 라틴어를
사상전달의 도구로 만든 인물이었다. 또한 연설문이나 편지글을 통해 고전
라틴어 표현의 아름다움을 드러낸 것으로도 유명하다.

VI

별들이 빛나는 하늘
• 키케로

◊　우리가 학교에서 배우는 라틴어는 문학적 라틴어다. 관례화된 규칙을 따르는 인공 언어라는 뜻이다. 하지만 글로 쓰인 언어는 말로 하는 언어보다 오래가며, 말로 할 때는 드러나지 않는 어떤 특징들이 남아 있게 된다.

문학이 보이는 일률성은 그 언어를 사용한 사람들 사이에 널리 퍼진 '예술적 의지'와 전통을 유지하려는 일련의 노력에서 비롯한다. 그렇기 때문에 우리는 저자들의 개성이나 전통에서 벗어난 일탈이 보일 때조차 라틴어 사용자들의 연속성을 알아볼 수 있다. 한 가지 예를 들면, 오비디우스는 베르길리우스와 상당히 다르지만, 그 후계자들 가운데 하나로 꼽힌다. 수백 년 떨어진 서로 다른 시대의 작가들 사이에서도 이러한 연속성을 확인할 수 있다.

라틴어는 로마 공화정 말기에 '고전어'가 되었다. 이 시기 로마 문화는 언어의 체계화, '문법적 이념'을 중심으로 발전했다. 정치적 격변기에 로마인들은 문화적 정당화를 시도하며, 이소크라테스와 데모스테네스로 대표되는 그리스 웅변을 본받아 기초를 다지게 되었다. 그 결과, 이 '새로운 라틴어'는 형식상 웅변술에 기초하고 규칙성, 철자의 통일, 명징한 의미, 주로 종속구문의 형태로 나타나는 통사의 복합성 같은 특징을 보이게 되었다.

수많은 저자가 다양한 장르에서 다양하게 라틴어를 사용하지만, 그럼에도 (다시 한 번 강조하지만) 문학적 라틴어는 이러한 특징들을 수천 년 동안 유지했다. 그렇게 해서 문학적 라틴어는 중세의 스콜라 라틴어와 뚜렷하게 대비될 뿐 아니라 '에스페란토 라틴어'와도 분명히 구분된다. 페트라르카가 단테의 라틴어(중세 라틴어)에 분노했을 때, 그리고 그로부터 수십 년이 지난 뒤 로렌초 발라◇가 고전의 우아함을 되살리고자 애를 썼을 때, 그들이 기준으로 삼은 것은 문학적 라틴어였다. 이 라틴어는 중세에 완전히 멸종된 것은 아니었지만, 상당히 잊히고 축소된 상태였다.

이들이 살리려고 했던 라틴어를 대표하는 인물이 바로 키케로다. 나는 어렸을 때부터 키케로가 곧 라틴어라고 배웠다. 키케로가 죽고 1400년이 지난 뒤 페트라르카는 감사 서한에서 키케로를 언급하며, 그를 "로마 언어의 최고이자 아버지"이며, 자신이 거둔 모든 성공의 근원이라고 했다.(『서한집』 XXIV.4) 지금까지 전해오는 키케로의 작품들을 보면, 그가 수사학·철학·언어학에 뛰어났음은 물론, 사법 연설과 개인적 서한도 잘 썼음을 알 수 있다. 키케로는 적절한 용법과 문체적 장치와 연설의 모범으로 여겨졌다.

◇ 15세기 이탈리아 르네상스 시대에 활동한 인문주의자이며, 수사학자이자 문헌학자다. 콘스탄티누스 황제가 제국의 수도를 콘스탄티노폴리스로 옮기면서 로마와 서방 제국을 교황에게 넘겼다고 하는 「콘스탄티누스의 기진장Constitutum Donatio Constantini」이 위조문서임을 밝힌 것으로 유명하다. 키케로 등 고대 로마 저자들을 모범으로 삼아 라틴어를 정화할 것을 주장했으며, 에라스뮈스가 출간한 라틴어 신약성경의 본문을 교열하기도 했다.

키케로의 라틴어는 분석적이며 철저하고 합리적인 사고의 결실이다. 키케로는 라틴어를 사용해 자기를 성찰하고 존재 방식을 체계화했다. 퀸틸리아누스는 연설에 관한 논문인 『웅변술 교육Institutio oratoria』에서 키케로를 최고의 대가로 인정한다. 성 히에로니무스도 그리스도 교인으로서 죄책감을 느끼면서도 키케로를 숭배한다고 고백한다. 이 대목이야말로 키케로의 위상을 가장 잘 드러낸다.

키케로는 인간적으로도 모범이었다. 그는 정치적·도덕적인 헌신의 표본이고, 자유의 영웅이자 순교자이고, 카틸리나의 적수◇이자 마르쿠스 안토니우스에게 살해당한 처절한 피해자다.◇◇ 그는 손과 머리가 잘린 희생자이지만 오늘날에도 여전히 우리의 감정을 휘젓고 있다. 하지만 이렇게 뛰어난 인물조차도 비판에서 자유롭지 못했다. 페트라르카는 그토록 키케로의 문체를 동경하면서도 『서한집』에 실린 다른 편지에서 키케로가 기회주의자이며 야망이 과도했다고 비난한다.

키케로의 서한집을 조금만 읽어보아도 그가 얼마나 공적인 삶을 살았고, 경쟁적인 성격이었는지 알 수 있다. 키케로는 열정적으로 사회 활동을 하며 다른 사람을 후원하고, 추천하고, 우정을 쌓고, 적들을 공격하고, 화친을 맺고, 원조를 청하고, 비난에 반박하고, 자신을 정당화하고, 경쟁자들에게 맞서 자신을 방어했다.

키케로를 라틴어의 대가로 이름을 날리게 한 통사론은 그의 부산스러운 사회 활동을 반영한다. 그의 통사론은 가능한 모든 반대 의견을 사전에 차단하여 상대를 침묵시키는 통사론이다. 그 결과 그의 문

◇ 기원전 63년 집정관에 선출된 키케로는 카틸리나의 역모를 적발하고 일당을 체포하여 로마를 위기에서 구한다. 이때 카틸리나의 음모를 알리기 위해 원로원에서 한 「카틸리나 반박In Catilinam」이라는 연설이 유명하다.

◇◇ 공화주의자였던 키케로는 삼두정치에 강력히 반대했고 결국 제2차 삼두정치를 주도한 마르쿠스 안토니우스에게 살해당했다. 키케로를 두려워했던 안토니우스는 그의 손과 머리를 잘라 광장에 내걸었다.

장은 명료하고 질서 정연하다. 그의 문장은 복합적이지만 복잡하지 않았다. 그의 문장은 모든 요소가 유효하고, 한 구절은 다음 구절을 정당화하며, 의심스럽거나 모호한 데가 전혀 없다. 키케로의 우아함은 충만한 지적 역량, 주제에 관해 한계까지 생각을 펼쳐내는 치밀함에 있다. 그의 냉정하고 침착한 성찰에는 전사戰士의 비장함 같은 것이 있으며, 즉흥적인 문장에서도 사전에 계산된 무언가가 느껴진다.

이러한 깊이와 넓이를 지닌 인물을 설명할 딱 하나의 문장을 찾기란 쉽지 않다. 나는 거의 무작위로 책장에서 그의 텍스트 가운데 하나를 뽑아냈다. 키케로가 죽기 1년 전인 기원전 44년 말에 작성한 우정에 관한 논고다.

Sed quoniam amicitiae mentionem fecisti et sumus otiosi, pergratum mihi feceris, spero item Scaevolae, si quem ad modum soles de ceteris rebus, cum ex te quaeruntur, sic de amicitia disputaris quid sentias, qualem existimes, quae praecepta des.(『Laelius de amicitia』 IV.16)

이 문장은 복합성이 매우 두드러진다. 아주 다양한 요소들이 연속되며, 각 요소는 앞뒤 요소와 연결되어 있다. 그 사이에 균열이나 공백은 하나도 없다. 이 문장을 단어 하나씩 그대로 번역하면 이러하다.

그러나 그대가 우정을 언급했고 우리는 한가하므로, 그대에게 다른 문제들이 놓였을 때 종종 논의하듯이 그대가 우정에 대하여 무엇을 느끼고 어떻게 평가하며 무슨 교훈을 끌어내는지 우리에게 말해준다면, 나도 매우 기쁘겠고, 바라건대 스카이볼라 또한 그러하겠다.

라틴어를 잘 구사하려면 관용적 어법consuentudo만 따라서는 안 된다. 체계적 질서ratio와 명백한 원칙 역시 중요하다.(『브루투스』 258)◇ 그렇지만 키케로는 규칙에 매여 자신의 문법 체계가 무너지게 두지는 않았다. 문체에 관한 이상이 늘 중심에 있었고, 이 이상은 예술의 관례, 언어의 역사, 용법, 규칙성을 결합한다. 다시 말해, 상황과 환경에 맞게 적응하면서도 늘 문법적 탁월성과 형식적 우아함을 추구하는 것이다.

키케로는 "**oratio ... lumen adhibere rebus debet**", 즉 "**말은 사물에 빛을 비추어야 한다**"(『웅변가에 관하여』 III.50)라는 말에서 엿볼 수 있는 것처럼 명징성을 중시했다. 언어는 일관성이 있으며 격식에 맞아야 하고, 모호해서는 안 되며 과도한 비유는 피해야 한다. 또한 제멋대로 늘어지거나 중단되어서는 안 되고, 예스러운 표현과 상스러운 표현, 곧 벽지僻地의 조악함rusticas을 금해야 한다는 것이다. 키케로는 이러한 방식으로 시민의 특권인 urbanitas도시의 품격를 고양했다. 제국의 수도 Urbs는 언어가 형태를 갖추는 무대이기도 했다.

키케로의 핵심은 뛰어난 어휘 구사력이다. 어휘력을 갖추려면 어린 시절부터 많은 글을 읽고 연습해야 한다. 주제와 상황에 가장 잘 맞는 단어를 고르되, 학자와 대중 모두 알아들을 수 있는 어휘를 선택해

◇ 『브루투스』는 『저명한 웅변가에 관하여 De claris oratoribus』라는 제목으로도 불린다. 기원전 46년 저술된 책으로 키케로의 웅변술이 담겨 있다.

야 한다. 선별한 단어는 문장에서 효과적으로 기능해야 하며, 읽었을 때 좋은 리듬도 선사해야 한다. 로마 문학에서 음악성은 없어서는 안 될 중요한 요소였다. 모든 문장은 마치 시처럼 귀를 즐겁게 해야 했다. 그리고 문장 마지막은 반드시 세심하게 계획한 소리로 끝나야 했다. 독자가 가장 주의를 기울이는 부분이 바로 한 구절이 끝나는 곳이기 때문이다. 요컨대 단어들은 노랫가락처럼 흐르되, 과하게 웃기거나 인위적으로 보여서는 안 된다. 자유로우면서도 질서가 있어야 한다.

지금부터 살펴보려는 예문은 듣기 좋은 조화 이상의 리듬이 무엇인지 보여준다. 기원전 54년에서 기원전 51년 사이에 저술한 키케로의 정치철학 논고 『국가론』 제6권을 보면, 카르타고를 함락시킨 스키피오 아이밀리아누스가 하늘나라에서 자신의 조상 스키피오 아프리카누스와 만나는 꿈을 꾼다. 조상과 대화하며 그는 우주의 구조, 지구의 미소함, 영혼의 불멸성, 명성의 공허함을 깨닫는다. 라틴어 문학 역사에서 중요하게 평가받는 이 구절은 고대 말기부터 중세 시대까지 큰 인기를 얻었다.

『웅변가에 관하여』에서 키케로는 스키피오가 천체들이 이루는 조화를 묘사할 때 사용한 intervalla간격, distinctio대별, conversio회귀(한 경우에는 문장의 통사를, 다른 경우에는 천체의 궤도를 의미),[1] extrema끝 (키케로에게는 담화의 마무리를, 스키피오에게는 가장 먼 천체를 의미)와 같은 어휘로 리듬의 속성을 설명한다.(『웅변가에 관하여』 III.186, 『국가론』 VI.18) 이를테면 한 문장에서 '음표의 길이'를 신중하게 교체함으로써 우주의 질서를 반영하듯이 만드는 것이다.[2] 키케로가 『투스쿨룸 대화』

(I.63)에서 말의 리듬과 별의 움직임을 연관 지은 것도 그리 놀라운 일은 아니다.

앞서 지적했듯이, 키케로를 읽을 때 가장 먼저 고려해야 할 사항은 단어 선택이다. 명징성을 추구하려면 수고롭더라도 반복해서 의미론적 수정을 거쳐야 하고, 이는 술어학術語學으로 발전한다. 『베레스 반박』에서 한 예를 찾아보자. 이 책은 기원전 70년 키케로가 기소자로서 전前 시칠리아 총독 베레스를 반박하기 위해 했던 연설을 모은 것이다. 베레스는 권력을 쥐고 있던 동안 예술품 강탈부터 무고한 사람들을 살해하는 일까지 온갖 부패를 저질렀다. 그를 심판하는 재판에서 키케로는 원로원의 명예와 위신을 회복할 기회를 잡았다. 다음은 키케로가 한 연설의 일부다.

Non enim **furem** sed ereptorem, non **adulterum** sed **expugnatorem** pudicitiae, non **sacrilegum** sed **hostem sacrorum** religionumque, non sicarium sed crudelissimum **carnificem** civium sociorumque in vestrum iudicium adduximus. (『In Verrem』 II.1.9)

•

우리가 이 법정에 데려온 사람은 도둑이 아니라 강도이며, 간통한 자가 아니라 정결의 정복자이며, 신전의 약탈자가 아니라 성스러운 종교들의 무장한 적이며, 살인자가 아니라 시민들과 협력자들의 잔인한 처형자입니다.

이 치밀한 기소자는 공격 효과를 극대화하기 위해 완벽하게 숙달

된 언어 구사 능력을 보여준다. 그는 어느 단어가 가장 정확하게 사실을 드러내는지 분명히 알고 있었다. 그러한 정확성 뒤에는 근본적으로 말에 관한 믿음이 있다. 즉 말이라는 도구가 있는 한 모든 것을 표현할 수 있다는 믿음이다.

키케로가 선택한 단어들을 자세히 들여다보면 그의 뛰어난 어휘력을 엿볼 수 있다. furem(fur에서 파생)은 도둑이고(영어 단어 furtive음흉한의 어원), adulterum은 아내에게 충실하지 못한 남편이 아니라 도리에 어긋난 사랑을 하는 사람을 가리킨다('또 다른 사람을 가까이하는 사람'이라는 뜻의 adulter에서 비롯했다). expugnatorem(expugnator정복자에서 파생)은 군사 용어로 흔히 urbium도시와 함께 사용되지만 여기에서는 pudicitiae정결 옆에 놓여서 과장된 은유로 쓰이고 있다. sacrilegum(sacrilegus에서 파생)은 '성스러운 장소를 더럽히는 자'라는 뜻으로 영어 단어 sacrilege독성瀆聖의 의미를 갖고 있다. 이 의미는 hostem sacrorum religionumque성스러운 종교들의 적에 더 크게 표현되어 있는데, 여기서 hostis적는 또 다른 군사적 은유다. sicarium(sicarius에서 파생)은 사람을 죽이는 자를 가리키는 총칭이고('단검'을 뜻하는 sica에서 유래), car-nificem(carnifex에서 파생)은 전문 처형자를 가리킨다.

키케로는 각 단어가 어떤 의미이며, 어떤 심리적 효과를 내는지 완벽하게 이해하고 있다. 언어를 잘 사용한다는 것은 단순히 생각을 드러내는 것이 아니라 다른 사람에게 생각을 잘 전달한다는 것이다. 그리고 대중에게 말할 때는 효율성이 매우 중요하다. 알맞은 내용을 알맞은 방식으로 알맞은 시간에 말해야 한다. 그들의 관심을 끌고 집중시켜야 감동시키고 설득할 수 있기 때문이다.

키케로에게 웅변술이란 감정의 과학, 수용의 미학, 언어적 쾌락에 관한 이론이기도 하다. 이 모든 언어적 곡예의 최종 목적은 담화 자체가 아니고, 파르나소스산◇ 위에서 번쩍이는 예술가의 영광도 아니며, 다른 사람의 주의를 끄는 것이다.

키케로가 은유에 대해 하는 말을 들어보자. 앞에서 키케로는 과도한 은유를 싫어한다고 언급했다. 그러나 키케로가 은유를 경계했다고 해서 은유의 유용성을 모르는 것은 아니었다. 은유란 다양성을 더해주며, 묘사되는 대상을 우리 눈앞에 다른 형태로 제시하여 우리의 상상력을 자극하고 우리의 감각들, 특히 가장 활동적인 감각인 시각을 끌어들인다.(『웅변가에 관하여』 III.159~161)

나는 또한 키케로가 명확한 것을 좋아한다고 말했다. 그렇지만 그가 반어법이나 암시의 효과를 모르는 것은 아니었다. 반어와 암시 또한 즐거움을 제공하며, 청중은 즐거우면 즐거울수록 더욱 귀를 기울일 가능성이 많기 때문이다.(『웅변가에 관하여』 III.202~203)[3]

키케로의 방법론은 유럽 문화사에서 가장 혁명적이고 성공적인 시도 중 하나로 인정받고 있다. 그는 이론과 실제 모두에서 산문을 재정의했다. 언어 예술은 여러 세기에 걸쳐 다양한 방향으로 발전하고, 때로는 키케로에 반대되는 방향으로 전개되기도 했으나(이러한 경향은 로마 제정 시대에 시작되었다. 또한 폴리치아노나 에라스뮈스의 반反키케로주의나 19세기 조리카를 위스망스Joris-Karl Huysmans 같은 소설가처럼 훨씬

◇ 고대 그리스에서 아폴론 숭배의 중심이었던 델포이 중앙에 위치한 산. 오르페우스가 아폴론을 만난 곳이라고 하며, 무사이의 고향이라고도 한다. 음악과 시가 탄생한 곳으로서 중요한 상징적 의미가 있다.

후대에도 이어졌다) 키케로는 고대가 끝나고도 오랫동안 대체 불가능한 기준으로 굳건했다. 형태에 대한 주의, 정확한 의미, 어휘와 주제의 상응, 독자의 경악이나 반감을 자극하는 용어의 회피, 문법 준수 등은 모두 직·간접적으로 키케로에게 물려받은 것이다.

그러나 키케로의 라틴어는 언어적 기교 그 이상이었다. 그는 라틴어를 수단으로 사용하여 완성도 높은 가치 체계를 만들고(바로 이것이 그의 라틴어 문장이 그렇게 위대한 이유다) 인간 존재를 성찰했다. 이는 너무나도 효과적이어서 여러 세기에 걸쳐 영향을 미쳤다. 키케로는 미덕, 악덕, 의무를 정의했는데, 정신적 탁월함은 언어적 탁월함으로 표현되며 윤리적 우월성은 완벽한 언어를 통해서만 확립될 수 있다. 키케로는 『웅변가에 관하여』에서 능변能辯을 옹호한다. "**Est enim eloquentia una quaedam de summis virtutibus** 물론 능변은 가장 높은 미덕 중 하나다."(III.55)

말을 잘하는 것은 그 자체로 아름다울 뿐 아니라 관습, 법률, 정부 조직 등을 만들어낼 수 있기에 중요하다. 말은 곧 철학이다. 잘 말하는 것은 정의의 실천이며 행복의 창조다. 말을 잘한다는 것(혹은 글을 잘 쓴다는 것)은 마음이 선하다는 증거다. 그것은 우리가 공유하는 가장 중요한 가치를 지키는 것이며, 자유 그 자체다.

키케로는 자신의 능변을 폭정에 위협받는 시민들을 위해 봉사하는 데 씀으로써 능변의 가치를 몸소 보여주었다. 키케로의 성찰과 행동으로 라틴어는 그 탁월함을 세상에 드러낼 수 있었다. 키케로는 모든 압제의 철천지원수이며 원로원의 영웅적 대변자였다. 그리하여

libertas, 그가 가장 소중히 여긴 단어 가운데 하나인 자유의 도구가 되었다. 『필리피카이』◇의 세 번째 연설 중 한 단락을 보자. 자유를 옹호하는 키케로의 사상이 정교한 수사·통사적 장치를 통해 분명하게 드러나 있다.

Hanc vero nactus facultatem nullum tempus, patres conscripti, dimittam neque diurnum neque nocturnum, quin de libertate populi Romani et dignitate vestra, quod cogitandum sit cogitem, quod agendum atque faciendum, id non modo non recusem, sed etiam appetam atque deposcam. Hoc feci, dum licuit; intermisi, quoad non licuit. Iam non solum licet, sed etiam necesse est, nisi servire malumus quam, ne serviamus, armis animisque decernere.(『Philippicae』 III.33)

이 단락의 문장들은 정확성과 구조적 우아함이 두드러진다. 대칭, 반복, 변화를 통해 의미의 전도轉倒가 다양하게 일어나 저항 정신과 불의에 대한 응징의 열망을 자극한다. 번역하면 다음과 같다.

원로원 의원들이여, 이제 이 기회로[키케로는 아직 마르쿠스 안토니우스에 의해 처형되지 않았기에 원로원에 조언할 수 있는 기회를 갖게 되었으므로], 나는 밤이나 낮이나 로마 민중의 자유와 여러분의 품위를 위해 무엇을 고려해야 하는지 생각하지 않고는 한순간도 흘려보내지 않을 것입니다. 그리고 [이를

◇ 기원전 44년에서 기원전 43년 사이에 마르쿠스 안토니우스를 규탄하기 위해 행한 키케로의 연설 14편을 모은 책이다. 그리스의 데모스테네스가 마케도니아의 필리포스 2세를 규탄한 연설과 비슷한 형태를 취한 탓에 데모스테네스의 연설집과 똑같은 제목으로 불리게 되었다.

위해] 무엇을 계획하거나 실행해야 하든, 나는 그것을 거부하지 않을 뿐 아니라 그것을 추구하고 요구할 것입니다. 그것이 허용되었을 때 나는 그렇게 했습니다. [율리우스 카이사르의 독재 아래에서] 허용되지 않았던 동안에는 중단했습니다. 이제 그것은 할 수 있게 되었을 뿐 아니라 반드시 해야만 하는 것이 되었습니다. 우리가 무기와 영혼으로 예속에 맞서 싸우기보다 노예가 되기를 더 좋아하지 않는다면 말입니다.

키케로의 지휘 아래 라틴어는 진실과 정의의 언어로 역사에 등장하게 되었다. 라틴어는 연극이나 서사시의 등장인물이 아니라 실제 사람을 대변하는 말이 되었다. 자신의 지성과 정직에 의지하여 사회의 타락과 정치적 부패에 맞서 싸우고, 자신과 이웃을 Urbs도시(로마)의 시민이자 공화국의 자녀로 보는 사람들의 말이 된 것이다. 그러한 시민정신을 지닌 사람의 손에서 라틴어는 '현실을 있는 그대로' 제시하고, 부정不正을 가려내고 해결책을 규명하며 이상적인 미래를 만들어가는 데 도움이 되는 논쟁과 증거를 세밀하게 추구함으로써 정제되고 완성되었다.

키케로는 이상적인 미래상을 제시할 때 모범적 과거를 보여주곤 했다. 그래서 현재에 대한 비판은 이상적 고대에 대한 향수와 결합되곤 한다. 라틴어는 키케로를 심판자로 삼아 비판과 향수 사이에서 영광스러운 성취를 보여주었다. 키케로라는 심판자가 덕분에 라틴어는 주관성의 언어, 자서전의 언어가 되었다.

키케로의 목소리는 우리에게 역사적 인물의 모습을 온전히 보여준다. 그는 위인이며, 성인 같은 속인俗人이고, 전문성을 지닌 뛰어난 작가다. 또한 영예에 대한 갈망, 악에 대한 저항, 준엄함, 도의, 배짱, 열의, 통렬, 겸양, 경멸, 자기 홍보, 쇠락에 직면한 공포가 뒤섞인 인물이다. 무엇보다 자신의 목적을 알고 있는 사람이며, 자신의 정체성을 언어로 드러낼 수 있는 사람이고, 그걸 생기 있게 전달할 수 있는 사람이다.

키케로의 정치 활동은 그의 이론적 저작과 수많은 제도적 역할을 통해 라틴어 형식을 발전시키는 근원이 되었다. 그러나 그의 사색적 활동도 잊지 말아야 한다. 그는 정치 토론과 법률 다툼만이 아니라 정신적 성찰에도 열심이었다.

키케로는 철학에 로마 시민권을 부여했다고 할 수 있다. 그의 철학적 저술들은, 그가 은퇴한 뒤에 쓴 것이기는 하지만, 라틴어의 역사와 서구 사상사에 또 하나의 중요한 계기가 된다(이에 대해서는 볼테르가 키케로를 찬양하며 『철학사전Dictionnaire philosophique』을 시작한다는 사실만으로도 충분하다). 키케로는 그리스어 원전들(플라톤 철학, 아리스토텔레스 철학, 스토아 철학, 에피쿠로스 철학)을 인용하고, 그 용어들에 새로운 색채를 입힘으로써 라틴어 어휘의 폭을 크게 넓혔다.

가장 의미심장한 것은 그가 여러 세기에 걸쳐 지속될 도덕과 철학의 본보기를 제공했다는 것이다. 그가 다룬 주제는 미덕, 지적 능력, 행복, 죽음의 의미, 삶의 가치, 영혼의 본성 등 다양하다. 키케로는 앞서 언급한 철학적 걸작 『투스쿨룸 대화』(기원전 45년경)에서 정신의 속성을 부정사 형태의 동사 네 개, 즉 'vigere' 'sapere' 'invenire' 'meminisse'
로 정리한다. 이 네 단어는 각각 '원기' '지식' '발견' '기억'을 의미한다.

키케로는 기억의 속성에 대해 흥미로운 질문을 던지며 아우구스
티누스로 향하는 길을 열어두었다. 재미있게도 아우구스티누스는 기
원후 4세기 말엽에 쓴 『고백록』에서 키케로의 『호르텐시우스』를 읽으
며 철학을 발견했다고 말한다. 여기서는 사유를 향한 키케로의 눈부신
찬가를 살짝 살펴보도록 하자.

> illa vis quae tandem est quae investigat occulta, quae inventio
> atque excogitatio dicitur? ex hacne tibi terrena mortalique
> natura et caduca concreta ea videtur? aut qui primus, quod
> summae sapientiae Pythagorae visum est, omnibus rebus
> imposuit nomina? aut qui dissipatos homines congregavit
> et ad societatem vitae convocavit, aut qui sonos vocis, qui
> infiniti videbantur, paucis litterarum notis terminavit, aut
> qui errantium stellarum cursus, praegressiones, institutiones
> notavit?(『Tusculanae disputationes』 I.62)

•

숨겨진 것들을 찾아내려 하는, 발견과 착상이라 불리는 저 힘은 무엇인가?
그것은 땅으로부터 그대에게 온 것, 반드시 죽고 마는 찰나적인 것으로 보이
는가? 피타고라스에게 최고의 지혜로 보인, 처음 만물에 그 이름을 붙이는
그 일을 한 이는 누구인가? 누가 사람들을 한데 모아서 사회생활을 하게 했

는가? 누가 무한히 많아 보이는 음성을 몇 개의 글자로 규정했는가? 별들의

궤도와 진행과 위치를 적은 이는 누구인가?

Qui vincit non est victor
nisi victus fatetur

퀴 윙키트 논 에스트 윅토르 니시 윅투스 파테투르

⁜

패자가 패했다고 인정하지 않는 한
승자는 승자가 아니다

엔니우스

이름	∞∞∞	퀸투스 엔니우스Quintus Ennius
생몰 연대	∞∞∞	기원전 239년~기원전 169년
활동 분야	∞∞∞	문학(시, 희곡)
특징	∞∞∞	서사시의 아버지, 제2의 호메로스
		그리스 문학을 받아들여 로마 문학을 만들어냄

로마 시대의 시인 및 극작가다. 이탈리아 남부 루디아라는 작은 마을에서
태어났고 제2차 포에니 전쟁 때 군인으로 참전했다. 상관이던 대 카토의
눈에 들어 로마로 보내지면서 그리스 비극의 번역과 연극 각색 등의
활동을 시작했다. 호메로스의 영향을 받았으며, 그리스풍의 영웅시를
라틴어에 적용한 장편 서사시 『연대기』가 그의 대표작이다. 『연대기』는
트로이 함락부터 아이네이아스의 로마 건국, 대 카토 시대까지 로마 역사를
다뤘으며, 총 열여덟 권으로 되어 있다.

VII   기억과 연결
                                                      • 엔니우스

◊   '라틴어'라고 했을 때 가장 먼저 떠오르는 것은 이미 오래전에 완
결된 언어라는 인상이다. 라틴어 문학은 엄격한 문법 규칙에 따라 절
대 변하지 않는 상태로 오래전에 영면에 든 문학으로 여겨진다. 그러
나 이는 사실과 다르다. 우리가 라틴어라고 부르는 것은 파괴되고 흩
어질 위험을 기적적으로 피한 글들의 집합이다. 그중 어떤 것은 오랫
동안 어둠 속에 묻혀 있다가 겨우 빛을 보았으며, 어떤 것은 복구될 수
없을 정도로 훼손되었다. 본래 상태 그대로 보존된 것은 전혀 없다.

    라틴어 문헌들이 전수된 과정도 제각각이다. 오늘날 학교에서 배
우는 라틴어는 현전하는 자료들을 끝없이 재구성하는 과정에서 얻어
낸 결과물이다. 재구성 과정에서는 실제 자료뿐 아니라 추측과 짐작에
도 의존할 수밖에 없다. 라틴어의 아름다움은 끝없는 변화에서 구조되
고 보호된 것의 아름다움이다.

    라틴어를 공부한다는 것은 또한 상실과 타협하는 것이기도 하다.

우리는 이 점을 반드시 기억해야 한다. 라틴어 공부는 우리에게 남겨진 고대의 일부를 향유하고 존중하며 보살피는 법을 배우는 것이다. 보카치오가 『이교 신들의 계보Genealogia deorum gentilium』 서문에서 썼듯이, 시간은 돌을 부식시킨다. 그렇다면 책은 어떻겠는가? 나는 소실된 위대한 작품들을 모두 나열하지는 않을 것이다(소실된 작품에 대해서는 앙리 바르동의 『미지의 라틴어 문학La littérature latine inconnue』을 추천한다).

여기서는 베르길리우스가 참조한 엔니우스의 서사시만 언급하려한다. 사실 엔니우스는 희곡에서(그는 희극과 비극 모두에 뛰어났다) 풍자까지, 에피그램과 서사시에서 말년의 생을 바친 『연대기』(모두 열여덟 권)까지 놀라울 만큼 다양한 장르의 글을 남겼다. 그의 작품 세계는 방대하고 영향력도 컸으나, 지금까지 남아 있는 것은 극히 일부뿐이다.

엔니우스는 특히 고대 라틴어의 전형적 특징인 두운頭韻을 독특하게 사용한 것으로 유명하다. 두운에 대해서는 엔니우스의 시 한 구절이면 충분하다. "O tite tute Tati tibi tanta tyranne tulisti." 이 구절의 의미는… 아니, 의미는 그리 중요하지 않다. 번역하지 않고 원래 문장의 t를 그대로 두는 편이 더 나을 것이다.

메사피족의 도시 루디아(이탈리아 남부 도시 레체 근처에 유적이 있다)에서 태어난 엔니우스는 마그나 그라이키아Magna Graecia◇의 활기찬 문화적 용광로에서 성장했다. 20대 초반에는 카르타고에 맞서 사르디니아에서 싸웠다. 이 군사적 모험에 관한 흥미진진한 이야기는 기원전 1세기의 시인 실리우스 이탈리쿠스의 열일곱 권짜리 대작 『푸니카

◇ 마그나 그라이키아는 '대大 그리스'라는 뜻으로, 기원전 8세기 그리스인들이 식민지를 건설한 이탈리아 남부와 시칠리아 지역을 일컫는 말이다.

Punica』(XII, vv.388ff)에서 찾아볼 수 있는데, 이 문학적 과업은 엔니우스에게 빚진 바가 크다.

엔니우스는 35세에 대大 카토에게 이끌려 제국의 수도에 들어섰다. 엔니우스는 로마의 영광과 자마 전투에서 한니발을 격파한 스키피오 아프리카누스의 업적을 노래했고, 후세에 라틴어 문학의 아버지로 불리게 된다. 후대의 많은 시인이 엔니우스를 Pater아버지라 부르며 그에 대한 존경을 표했다.[1] 루크레티우스는 엔니우스의 이름에 noster를 덧붙여 '우리 엔니우스'라고 불렀다.

1500년이 지난 뒤 페트라르카 또한 라틴어 서사시 『아프리카』(제9권)에서 엔니우스를 자신의 분신으로 묘사하며 그에게 영광을 바쳤다. 이 작품에서 엔니우스는 꿈 이야기를 하며 시인의 영예를 말하고, 라틴어 시의 미래와 프란체스코라는 이름의 위대한 시인의 도래를 예언한다.

『연대기』또한 꿈 이야기로 시작한다. 이 꿈에서 호메로스가 엔니우스에게 나타나 세계의 신비를 열어 보이며, 자신이 엔니우스로 환생했다고 이야기한다. 루키우스도 앞서 인용한 단락에서 같은 이야기를 들려준다. 키케로 역시 스키피오 아이밀리아누스가 스키피오 아프리카누스의 꿈을 꾸는 『국가론』제6권에서 엔니우스의 꿈을 상기시킨다.

엔니우스는 로마의 민족의식 발전에 중대한 역할을 했으며, 자신의 사명을 확실히 인식하고 있었다. 그는 루크레티우스와 베르길리우스의 본보기였으며, 서사시의 아버지로서 앞으로 쓰일 모든 라틴어 시의 언어학적 기준이 되었다.

『연대기』제7권의 한 파편(fr.133)에서 엔니우스는 자신이 호메로스를 흉내 낼 뿐인 이전 시대의 시인들과 구분되는 예술가임을 확고한 언어로 선언한다.

Scripsere **alii** rem

vorsibus quos olim Faunei vatesque canebant,

quom neque **Musarum scopulos**

nec ⟨docti⟩ dicti **studiosus** quisuam erat ante hunc.[2]

•

다른 이들은 이런저런 것들을 썼고

옛날에 목신들과 예언자들은 운문으로 노래했네,

무사이의 언덕을 [누구도 오르지 않았으니]

나 이전에 누구도 유식한 말들을 좋아하지 않았네.

아주 직접적이고 당당한 문장이다. 그가 alii라고 칭한 것은 시인 나이비우스가 제2차 포에니 전쟁에 관하여 쓴 글을 가리킨다. 나이비우스가 사용하는 운율은 고대 사투르누스 운율인데, 엔니우스는 이 운율을 『일리아스』와 『오디세이아』에서 볼 수 있는 그리스의 6보격 운율로 대체한다.

엔니우스는 숲에서 태어난 목신들에 대해 (어느 정도 경멸하는 어조로) 말하는데 이 목신들은 시 형식으로 신탁을 내린다. 나이비우스가 카메나이◇를 언급한 것과 달리 엔니우스는 그리스 여신인 무사이

◇ 로마 신화에서 우물과 샘물의 여신들을 집합적으로 이르는 이름. 출산을 관장하며 신탁을 전달하기도 한다.

를 언급한다. 이는 그의 헬레니즘 성향을 드러내는 중요한 표지다. '무사이'라는 말은 『오디세이아』의 첫 행에 등장하며, 아마도 '생명의 힘'을 뜻하는 그리스어 단어 menos와 관련 있을 것이다. 이 단어는 엔니우스의 『연대기』 제1권(fr.1)에도 등장하는데, 학자들은 이것이 전체 작품을 개시하는 구절이라고 본다.

Musae, quae pedibus pulsates Olumpum[3]

•

발로 올림포스를 차는 무사이

여기서 올림포스는 그리스에 있는 산이 아니라 하늘나라를 뜻한다. '무사이의 언덕'으로 해석한 Musarum scopulos에서 scopulos는 바위나 암석을 뜻하는 scopulus의 복수 대격으로 여기에서는 무사이가 거하는 그리스의 파르나소스산과 헬리콘산을 가리킨다(하지만 이 scopulos를 역경의 은유로 해석하는 이들도 있다). 그리스화의 또 다른 측면은 엔니우스가 선언한 시학에서 엿볼 수 있다. 엔니우스가 참고한 작가는 알렉산드리아의 칼리마코스◇다. 그는 세련되고 박식한 시인으로 기묘하고 종잡을 수 없는 것들을 사랑했다. 칼리마코스도 꿈이라는 테마를 사용했는데, 『아이티아Aetia』의 서두에서 무사이의 산을 오르는 꿈이 나온다.

엔니우스가 사용한 studiosus라는 형용사도 주목해볼 만하다. 이 단어는 열정, 전념, 헌신을 의미하는 studium(영어 단어 study공부, 노력의

◇ 칼리마코스(기원전 약 305~기원전 약 240)는 알렉산드리아에서 활동한 헬레니즘 시대의 시인이다. 정교하고 세련된 시를 썼고 많은 로마 시인의 모범이 되었다. 도서 분류 체계를 확립한 것으로도 유명하다.

어원)에서 파생되었다. 『연대기』 제7권의 연속되는 파편들(fr.134~135)
은 호메로스의 계시를 통해 얻은 재능과 그의 대담한 행보를 보여준다.

nec quisquam sopiam sapientia quae perhibetur

in somnis vidit prius quam sam discere coepit.

...

Nos ausi reserare.

•

또한 그것을 우선 배우지 않고는 누구도

[로마인들이] 지혜라고 부르는 소피아를 꿈에서 보지 못했으니

...

우리가 과감히 개시하였네.[4]

엔니우스는 새로운 시적 의식에 따라 라틴어를 개혁하고 헬레니
즘 미학을 따라 단어와 표현을 사용하는 데 이른다. 엔니우스의 작품
중 남아 있는 가장 중요한 파편들을 보면 그의 작업이 얼마나 혁신적
이었는지 아주 분명하게 드러난다. 나는 그중 두 개를 인용하려고 하는
데, 하나는 심리적 묘사(fr.164)이고 다른 하나는 물리적 묘사(fr.332)이
다. 여기에서 우리는 세르빌리우스의 친구를 만나게 된다(세르빌리우스
게미누스는 기원전 217년의 집정관이며 1년 뒤 칸나이 전투◇에서 죽었다).

Haece locutus vocat quocum bene saepe libenter

◇ 카르타고와 로마가 지중해 패권을 놓고
싸운 제2차 포에니 전쟁 중 기원전 216년 이탈
리아 남동부 칸나이 평원에서 벌인 전투. 한
니발이 이끈 카르타고 군대는 완벽한 포위 작
전으로 로마 군대를 섬멸했다.

mensam sermonesque suos rerumque suarum

comiter impertit, magnam cum lassus diei

partem trivisset de summis rebus regundis

consilio indu foro lato sanctoque senatu:

quoi res audacter magnas parvasque iocumque

eloqueretur cuncta ⟨simul⟩ malaque et bona dictu

evomeret si qui vellet tutoque locaret;

quocum multa volup ⟨et⟩ gaudia clamque palamque.

Ingenium quoi nulla malum sententia suadet

ut faceret facinus levis, aut malus; doctus, fidelis,

suavis homo, **facundus**, suo contentus, beatus,

scitus, secunda loquens in tempore, commodus, verbum

paucum, multa tenens antiqua sepulta vetustas

quae facit, et mores veteresque novosque tenentem

multorum veterum leges divumque hominumque,

prudentem qui dicta loquive tacereve possit:

hunc inter pugnas compellat Servilius sic.[5]

•

이것들을 말하고서 그는 종종 즐거이
식사와 대화와 자기 일들을 함께 하는 이를 부른다네.
넓은 포룸과 신성한 원로원에서 하루를 보내며
가장 중요한 일들을 처리하고 조언한다네:

그는 크고 작은, 좋고 나쁜 일에 대범하게 말한다네

농담도 하고 화도 내고, 멋대로도 은밀하게도,

공적으로도 사적으로도, 기쁘고 즐거운 일들을 전한다네.

그가 나쁜 의도를 품지도 않고

가볍게 다루지도 않는 이에게;

이 사람은 유식하고 충실하고

온화하고 능변이고 자족하고 복되고 숙련된 사람으로

무엇을 언제 말해야 할지 알고

친절하고 말을 조심하며

시간에 묻힌 옛일을 많이 알고

오래된 관습과 새로운 관습,

인간과 신의 오랜 법을 알고

지혜롭고, 말해야 할 때와 침묵해야 할 때를 아는 이라네.

그리하여 세르빌리우스는 전투 한중간에 이 사람에게 말하네.

이 문장은 통사 구조가 고르지 않다. 엔니우스의 계승자 베르길리우스의 유려한 문장과 비교하면 더욱 그렇다. 그러나 이 투박한 겉모습 속에서도 매우 강렬하고 복잡한 논의를 엿볼 수 있다. 위의 인용구에는 한 인물, 법규를 만들고 윤리학의 주춧돌을 놓은 인물과 친교를 맺은 인물에 관한 생생한 묘사가 담겨 있다.

이 글을 읽으면 카툴루스의 시 50이나 『아이네이스』의 니소스와 에우리알로스◇가 떠오른다. 키케로의 『우정에 관하여』가 떠오르기도

◇ 니소스와 에우리알로스는 아이네이아스의 휘하에서 함께 싸우다 죽음을 맞은 전우로, 아킬레우스와 파트로클로스에 비견되는 이상적인 친구 관계를 보여준다.

하는데, 이 작품에서 키케로는 엔니우스를 이 주제의 권위자로 언급한다. 엔니우스가 묘사한 '좋은 동료'가 바로 엔니우스 자신이라고 보는 사람도 있다. 그렇든 그렇지 않든 엔니우스는 우리에게 이상적인 인간의 초상을 제시했다.

엔니우스가 제시한 이상적인 인간이란 좋은 교육을 받고, 온건하고, 믿음직하고, 유쾌하고, 진중하고, 생기 있고, 역사에 관한 깊은 지식과 웅변에 관한 기술을 지닌 로마인이다. 사적으로 완벽한 친구이면서, 정치적으로도 완벽한 친구이자 고문顧問인 사람이다. '궁정인'◇이라는 말이 존재하기 전이지만, 바로 그런 사람을 가리킨다.

엔니우스가 말하는 능력에 얼마나 의의를 두었는지도 주목해야 한다. 왜냐하면 말은 문명의 근간이기 때문이다. 말은 지식과 이성의 근원이다. 나는 형용사 facundus능변인, 달변의에 대해서도 짚어보려 한다. 이 단어는 '말하다'라는 동사 fari의 어근에서 형성되었다(이 단어의 현재분사 부정형否定形에서, 아직 말을 하지 못하는 아이라는 본뜻의 영어 단어 infant에 해당하는 infans가 나왔다). 이 동사 어근에 '할 수 있다'는 의미를 첨가하는 접미사 -cundus가 결합되었다(이 접미사는 fe-cundus다산의, vere-cundus조심스러운 등에서도 볼 수 있다). facundia능변, 달변라는 명사도 있다. 퀸틸리아누스는 역사가 리비우스를 묘사할 때 이 단어를 사용했다.(『웅변술 교육』 VIII.I) 파쿤두스facundus는 단지 말을 내뱉는 것이 아니라 진정으로 어떻게 말해야 하는지 아는 사람을 가리킨다. 다음은 두 번째 예다.

◇ 궁정인은 영어로 courtier라고 하고 이탈리아어로 cortegiano라고 하는데, 우아한 궁정 문화를 익히고 예의와 교양을 완벽하게 갖춘 르네상스 시대의 이상적인 인물상을 가리킨다.

Et tum sicut equos qui de praesepibus **fartus**

vincla suis magnis animis abrupit et inde

fert sese **campi** per **caerula laetaque prata**

celso pectore; saepe iubam quassat simul altam;

spiritus ex anima calida **spumas** agit albas.

·

그러므로 마구간에서 잘 먹인 말馬과 같으니

자기 영혼의 힘으로 굴레를 끊고 나와

평야의 무성한 초원을 누비며,

가슴이 부풀고 기다란 갈기가 휘날리고

더운 영혼의 숨결은 흰 거품을 뿜는다네.

이 문장에 쓰인 직유법은 서사시의 전형이다. 엔니우스는 호메로스(『일리아스』 VI.506s)의 한 구절을 본보기로 삼고 초원과 거품을 첨가했다. 원천 텍스트에서 이 비유는 전장으로 향하는 파리스에 관한 것이다. 엔니우스도 전사에 관한 비유로 이 문장을 썼다.

이 인용구는 호메로스를 인용하긴 했지만, 그가 얼마나 묘사에 정통했는지 잘 보여준다. 엔니우스는 자신 있게 장면을 설정하고 인상적인 이미지를 제시한다. 후대의 『아이네이스』에서 볼 수 있는 유려한 서사 스타일과 각 행의 시작 부분에 놓이는 의미론적 강조, 감각적인 묘사를 여기서도 볼 수 있다.

fartus/fert, campi/caerula/celso(라틴어에서 c는 영어의 k처럼 발음된

다), prata/pectore, spiritus/spumas에서 보듯이 두운 사용도 확실히 보인다. 엔니우스의 두운은 워낙 유명하지만, 특히 여기에 사용된 소리들은 억지스럽거나 인공적인 느낌이 전혀 없다. 엔니우스의 두운은 시전체에 음악적 감각을 부여하면서 시의 구조뿐 아니라 심상의 강화에 일조한다.

의미론과 어원학에 관심이 있다면 눈에 띄는 게 많을 것이다. fartus는 '채우다'라는 뜻의 동사 farico의 과거분사다. 복합어 in-fartus는 좁은 곳이 채워지거나 막히는 것을 의미하는 현대 영어의 infarct경색(부)와 infraction경색(증)으로 이어진다. caerula는 다소 흐릿하게 어두운 색깔을 나타내는데, 하늘의 푸른색부터(cearula 자체가 하늘을 뜻하는 caelum에서 비롯되었으며 현대 영어에는 청색을 뜻하는 cerulean에 남아 있다) 바다의 푸른색과 초록색, 심지어는 검은색까지 아우른다. laeta는 '다산의' '무성한'을 뜻하며, 거름을 뜻하는 laetamen이라는 단어에도 들어 있다.

Alea iacta est

알레아 약타 에스트

✛

주사위는 던져졌다

카이사르

이름 ⬩⬩⬩⬩⬩ 가이우스 율리우스 카이사르Gaius Julius Caesar

생몰 연대 ⬩⬩⬩⬩⬩ 기원전 101년 또는 100년~기원전 44년

활동 분야 ⬩⬩⬩ 군사, 정치

특징 ⬩⬩⬩⬩⬩ 서양사에서 가장 중요한 군인이자 정복자, 정치인

가장 유명한 암살 사건의 주인공

합리주의와 실용주의, 단순 명확한 군인의 글쓰기

로마의 군인이자 정치인이다. 폼페이우스, 크라수스와 함께 삼두동맹을
맺고 기원전 60년 집정관에 당선되었다. 갈리아 전쟁에서 승리하여 영토를
확장하면서 강력한 권력을 쥐었다. 폰토스에서 내전을 진압하고 원로원에
보낸 승전보 "왔노라, 보았노라, 이겼노라veni, vidi, vici"가 유명하다.
폼페이우스와의 대립에서 승리하고 중앙집권을 강화했으며 화폐 개혁을
시행하고 율리우스력을 만들었으나, 포퓰리즘적인 정치라는 논란으로
브루투스, 카시우스 등 원로원 의원들에게 암살당했다.
역사가, 작가로도 뛰어났던 그는 최고의 웅변가이자 산문 작가 중 한 명으로
여겨졌고, 그가 쓴 사서 『갈리아 전기』 및 『내란기』는 간결한 문체 등으로
라틴 문학의 걸작이라고 일컬어진다.

VIII

현실의 척도
• 카이사르

◊　　학생 때 선생님이 라틴어 숙제로 카이사르의 글을 내주면 우리는 환호했다. 카이사르의 글은 정말로 식은 죽 먹기였다. 카이사르의 글은 공부를 열심히 하지 않아도 그런대로 해석할 수 있었다. 미로같이 복잡한 문장에서 기쁨을 느끼는 우리 선생님은 쉬운 문장을 '카이사르 등급'으로 분류했다. 하지만 그런 단순한 문장에 가장 완벽한 형태의 라틴어가 숨어 있을 줄은 미처 몰랐다.

　　카이사르의 저술 중 가장 잘 보존된 『갈리아 전기』에서 카이사르는 갈리아 정복 과정(기원전 58~기원전 51)에서 자신이 벌인 활동의 의도와 결과, 해결책을 이야기한다. 그의 행동은 잘 계획된 도미노처럼 승리에 이은 승리를 가져다준다. 이 책은 카이사르가 원로원에 보낸 일련의 군사 활동 보고서로 구성되어 있으며 3인칭으로 기술되어 있다. 이 보고서들은 전쟁이 끝난 후 그간의 일을 정리하기 위해 간략하게 기록한 자료들일 가능성도 있다.

여기에서는 이 책의 사상적인 측면과 선전적인 측면에 대해서는 논하지 않겠다. 또한 이 책의 저자가 모든 고대 인물 중에서도 가장 유명한 인물이라는 사실에 대해서도 오래 논하지 않을 것이다. 하지만 바로 그러한 인물이 권력을 동방에서 서방으로 옮겨놓는, 세계사에서 가장 중대한 군사 작전 가운데 하나를 기술하고 있다. 나는 다만 베르톨트 브레히트의 말을 덧붙이려 한다.

그는 새로운 시대를 개시했다. 그 이전에 로마는 몇몇 식민지를 보유한 도시 국가에 지나지 않았다. 로마 제국을 건설한 건 바로 그였다. 그는 법률을 성문화했고, 화폐를 개혁했으며, 과학 지식에 근거하여 달력을 수정했다. 그의 갈리아 정복으로 멀리 브리타니아에까지 로마의 깃발을 꽂았고, 새로운 대륙을 교역과 문명에 개방했다. 그의 동상은 신상들과 같은 자리에 세워졌고, 그의 이름은 달력의 한 달은 물론 여러 도시의 이름이 되었으며, 군주들 또한 그의 걸출한 이름을 자기들의 이름으로 삼았다. 그는 로마의 알렉산드로스가 되었다. 그가 모든 독재자의 도달할 수 없는 모범이 되리라는 것은 이미 명확했다.[1]

나는 여기서 다만 카이사르의 라틴어 저술을 살펴보려고 한다. 나는 카이사르가 훌륭한 작가였을 뿐 아니라 중요한 언어 이론가였다고 생각한다.

카이사르는 『유비에 관하여De analogia』라는 논고를 작성했다. 키케로에게 헌정된 이 논고는 단편적으로 전해질 뿐이지만, 내용이 무엇인지 추정해볼 수 있다. 이 논고는 올바른 라틴어 사용을 옹호하고, 특히 어형을 바르게 사용할 것을 주장한다. '유비analogia'라는 말은 그리스어 용어로 엄격한 문법, 균일성, 형태적 일관성을 가리키며, 형태의 다중성과 다양성을 가리키는 '변칙anomalia'에 대비되는 개념이다.

유비론자들은 단순화를 지향한다. 변이, 의고擬古, 교호交互, 굴절이 없어야 한다는 것이다. 브레히트가 지적한 것처럼 카이사르는 달력까지 교체하며 시간을 기록하는 방식에 불확실하고 부정확한 요소를 제거했다(율리우스력은 이후 계속 사용되다가 1582년에야 더 정확한 그레고리력으로 교체되었다). 카이사르는 지리에 대해서도 이와 유사한 시도를 했다. 그는 지리학에도 관심이 많았는데, 그리스인 네 명을 고용하여 oikumene, 곧 '사람이 사는 세계 전체'를 탐험하도록 지시하기도 했다. 그러한 관심은 군인의 실용주의와도 관련 있는 것으로 보인다.

카이사르는 글에서도 합리주의와 실용주의가 두드러진다. 그의 글에는 설명 불가능한 부분이 없으며, 모든 요소는 기본 요소들로 분해된다. 그의 글에는 모호함이나 애매함 같은 것은 존재하지 않는 것만 같다(뒤에서 보게 되겠지만, 이에 관해서는 리비우스와 타키투스를 참조해야 한다).

『갈리아 전기』의 첫 문장은 전체를 세부로 분해해 이해하려는 카이사르의 방식을 잘 보여준다. "**Gallia est omnis divisa in partes tres전체 갈리아는 세 부분으로 나뉜다…**" 분해는 곧 계산이다. 이 짧은 문장에서 카이사르가 숫자와 측정을 사용하는 것을 볼 수 있다. 거리, 넓이, 깊이, 그 밖에 공간과 시간을 기록하는 다양한 방식이 카이사르의 저술 전체를 관통하는 뚜렷한 특징이다.

『갈리아 전기』는 세계를 수학과 지리학으로 재창조하려는 모험이다. 이 책의 문장들은 정확한 인과관계에 따라 조직되고 명확하게 규정된 시간에 따라 쓰였다. 목적과 결과 또한 중요하다. 아무런 목적이 없거나 아무런 변화도 일으키지 못하는 것은 글로 남길 가치가 없기 때문이다.

카이사르에게 언어란 특정한 시간에 특정한 이유로 특정한 목적에서 일어나 특정한 결과를 가져오는 무언가를 설명하기 위한 것이다. 다음은 이러한 특징을 잘 보여주는 단락이다.

His rebus gestis, Labieno in continenti cum **tribus legionibus** et **equitum milibus duobus** relicto, ut portus tueretur et rem frumentariam provideret, quaeque in Gallia gererentur cognosceret consiliumque pro tempore et pro re caperet, ipse cum **quinque legionibus** et **pari numero equitum, quem in continenti reliquerat**, ad solis occasum naves solvit.(『De bello Gallico』 V.8)

•

이 일들이 끝나고, **세 군단** 및 **말 2000마리**와 함께 라베니우스를 육지에 남겨두었다. 항구를 보호하고 곡식 창고를 다시 채우고, 갈리아의 상황에 적응하고 필요와 기회에 따라 결정을 내리게 하기 위함이었다. 그[카이사르]는 **다섯 군단** 및 **육지에 남긴 것만큼의 말**과 함께 서쪽으로 항해했다.

이 단락은 정확한 수치가 곁들여져 완벽한 전체를 이룬다. 이 단락은 진정한 문법적 건축이라 부를 수 있다. 카이사르가 건축에 열정이 있었다는 것은 놀랍지 않다.

그가 라틴어 산문의 최고 경지에 이른 것은 바로 구조적인 묘사 때문이다. 열흘 만에 건설한(효율성은 카이사르의 가장 중요한 재능 가운데 하나다) 라인강의 다리 묘사가 좋은 예다.(IV.17) 로마 군단은 이 다리를 이용해 갈리아에서 게르마니아로 건너갔으나, 겨우 18일 뒤에 갈리아로 돌아올 때 다리를 해체했다.(VII.23) 카이사르는 베네티족의 선박을 다양한 수치를 동원해 묘사하기도 했다. 카이사르의 언어는 압축된 언어다. 그는 가능한 가장 적은 단어로 다양한 세부 사항이 전체를 이루는 모습을 정리하여 제시했다.

이제 그가 라인강의 다리를 묘사한 대목을 살펴보자. 이 단락은 진행 중인 작업을 묘사하는 것으로, 보다시피 많은 동사가 미완료 시제(밑줄로 표시)◇로 되어 있다.

Rationem pontis hanc **instituit**. Tigna bina sesquipedalia paulum ab imo praeacuta **dimensa** ad altitudinem fluminis intervallo pedum duorum inter se **iungebat**. Haec cum machinationibus immissa in flumen **defixerat** fistucisque **adegerat**, non sublicae modo derecte ad perpendiculum, sed prone ac fastigate, ut secundum naturam fluminis procumberent, iis item contraria duo ad eundem modum iuncta intervallo pedum quadragenum

---

◇ 라틴어의 미완료 시제는 과거에 진행 중이거나 반복되는 동작이나 상태를 나타낸다.

ab inferiore parte contra vim atque impetum fluminis **conversa statuebat**. Haec utraque insuper bipedalibus trabibus **immissis**, quantum eorum tignorum iunctura distabat, binis utrimque fibulis ab extrema parte **distinebantur;** quibus disclusis atque in contrariam partem revinctis, tanta erat operis firmitudo atque ea rerum natura ut, quo maior vis aquae se incitavisset, hoc artius inligata **tenerentur**. (『De bello Gallico』 IV.17)

•

그의 다리 건설 계획은 이러했다. 우선 1과 2분의 1피트의 말뚝을 강물 깊이에 맞게 같은 길이로 자른 다음, 아래쪽이 뾰족해지도록 깎고 두 개씩 묶어서 2피트 간격으로 배치했다. 그는 기계로 말뚝을 강에 세우고 강바닥으로 박아 넣었는데, 기둥처럼 똑바로 박은 것이 아니라 강물이 흐르는 방향으로 살짝 기울였다. 하류로 약 40피트 떨어진 곳에서 그는 같은 방식으로 같은 말뚝을 두 배로 박되, 강물의 흐름에 반대되는 방향으로 상류를 향해 기울였다. 두 개씩 박은 말뚝 사이에 걸치도록 폭 2피트짜리 들보를 밀어 넣고 죔쇠로 양쪽 끝을 묶어서 고정했다. 이렇게 해서 떨어져 있는 말뚝들이 서로 연결되고 서로에게 기대게 되었으므로 구조가 아주 튼튼했고, 부분들 사이에 상호작용이 균형을 이루었으므로 물의 힘이 강할수록 그것들은 더 단단하게 유지되었다.

이 단락은 계획, 형식, 규칙 등을 의미하는 ratio라는 단어로 시작된다(이 단어에서 영어 단어 reason이성이 비롯되었다). 그리고 기술적인 용어들이 줄지어 나오면서 단락의 남은 부분을 채우고 있다.

이 단락이 대단한 것은 단순히 공학 기술을 정확하고 간결하게 묘사했기 때문이 아니라, 한 부분을 다른 부분과 연결하여 견고하고 오래가는 구조를 형성하는 과정을 보여주기 때문이다. 카이사르는 우리에게 언어란 다리이고, 벽이며, 배라는 것을 보여준다. 언어는 잇고, 담고, 실어 나른다. 이것이 바로 통사統辭다. 필요한 구성 요소들이 주어진 기능에 따라 결합되어 한 무리를 이룬 것이다. 이 문장에서 카이사르는 자신에게 주어진, 표현 가능한 것을 샅샅이 조사하고 정복함으로써 정보를 전달하고 설명하는 직무를 성실히 수행했다.

avia Pieridum peragro loca nullius
ante trita solo

아위아 피에리둠 페라그로 로카 눌리우스 안테 트리타 솔로

⁜

나는 이전에 누구도 가보지 못한
피에리데스의 땅을 배회하네

루크레티우스

이름	∞∞∞	티투스 루크레티우스 카루스Titus Lucretius Carus
생몰 연대	∞∞∞	기원전 약 99년~기원전 약 55년
활동 분야	∞∞∞	문학(시), 철학
특징	∞∞∞	에피쿠로스학파
		명민한 정신으로 세상을 바라보는 관찰자
		형식, 구조, 체계를 따른 글쓰기

로마의 시인이자 철학자이다. 그의 생애에 대해서는 알려진 것이 많지 않고, 시 형태로 쓰인 여섯 권의 철학서『사물의 본성에 관하여』가 에피쿠로스의 교의와 철학에 대한 교훈적인 작품으로 전한다. 이 작품에서 그는 고대 원자론의 원칙에 따라 정신과 영혼의 본질, 감각과 생각, 세계의 발전과 현상을 제시하면서 다양한 현상을 설명했다.

IX

명확성의 힘
◆ 루크레티우스

◊   루크레티우스의 글에는 무언가 성스러운 것이 있다. 그의 글을 읽으면 마치 하늘나라에 한 발짝 들어서는 듯한 느낌이 든다. 루크레티우스의 『사물의 본성에 관하여』는 에피쿠로스학파의 우주론을 다룬 여섯 권짜리 책이다. 이 책은 무지의 그늘을 걷어내고 잘못된 믿음과 죽음에 대한 공포에서 해방하며 삶의 진리와 기쁨을 가르치고자 한다. 그러나 이 책의 저자 루크레티우스에 대해 알려진 사실은 매우 적고, 그나마도 매우 불확실하다.

　　『뿌리를 찾아서La ricerca delle radici』에 『사물의 본성에 관하여』를 인용한 프리모 레비는 이렇게 썼다. "그의 운문에는 언제나 불경스러운 기운이 있다. 그 때문에 고대가 끝나갈 때 침묵의 망토가 그를 둘러쌌고 이 비범한 인물에 대해 알려진 것이 거의 없게 되었다."[1] 루크레티우스가 중세에 '불경스럽게' 여겨진 이유는 그가 세계의 위대한 생명력에 찬사를 보냈기 때문이다. 이 생명력은 그의 시에서 사랑과 아름다움과 봄의 여신이며 모든 피조물을 새롭게 하는 힘이자 평화의 원천인 베누스 여신의 형상으로 나타난다.

루크레티우스는 자기보다 앞서 살았던 엔니우스처럼 자신을 위대한 혁신가로 선언한다.(I.921~950, IV.1~25) 그는 무사이와 시를 향한 사랑을 천명하고 자신이 진리를 밝히고 있을 뿐 아니라 그 일을 우아하고 신중하게 행하고 있으며 자신의 업적이 영광으로 남으리라고 확신한다.

avia Pieridum peragro loca nullius ante
trita solo. Iuvat integros accedere fontis
atque haurire, iuvatque novos decerpere flores
insignemque meo capiti petere inde coronam
unde prius nulli velarint tempora Musae.(I.926~930, IV.1~5)

•

나는 이전에 누구도 가보지 못한 피에리데스의 땅을 배회하네.
황홀하게 만지고, 깨끗한 샘에서 물을 마시고, 새 꽃들을 따고
아름다운 관冠을 구하여 머리에 쓰니
이 관은 무사이가 이전에 어떤 머리에도 씌운 적이 없는 것이다.

피에리데스는 무사이를 가리킨다. 무사이가 마케도니아의 피에리아에 거하는 탓에 붙은 별칭이다.

이 발췌문의 앞 구절(921~925)도 흥미롭다. 이 구절에서 루크레티

우스는 자신이 시를 사랑하는 것은 바쿠스의 영감 때문이라고 주장한다. 루크레티우스가 무신론자임을 감안하면, 이 말은 신에 대한 믿음이 아니라 시작에 관한 어떤 이미지를 표현하고 있다고 봐야 한다.

시는 객관적인 노력의 결실이기도 하지만 그만큼 들뜨고 무책임한 열광의 상태이자, 정신의 원기 회복이기도 하다. mente vigenti에서 vigenti는 '꽃피우다'라는 뜻의 동사 vigeo의 분사이며 탈격 형태다. 이 동사에서 현대 영어 단어 vigor원기와 vigilant잠들지 않는, 경계하는가 비롯되었다. 부정사형 vigere는 키케로가 정리한 정신의 네 속성 가운데 하나다.

사물의 본성을 가르치고 사람들을 교화하려면 매끄러운 단락, 또렷한 문장, 날카로운 이미지로 펼쳐지는 통사를 만들어내는 수밖에 없다. 루크레티우스는 시의 형식, 즉 운율 규칙에 따라 글을 썼으므로 그의 문체는 엄격해질 수밖에 없었다. 실제로 루크레티우스의 글은 체계적인 질서와 명확성을 추구한다. 이 원칙은 그가 quoniam~이므로, praeterea그뿐 아니라, sic… ut마치 ~처럼 그렇게, primum… deinde…우선은~ 다음은~와 같이 인과관계를 강조하는 단어를 사용하는 데서도 분명하게 드러난다. 통사의 엄격성은 논쟁의 엄밀함이며 그가 제안하는 예들은 그 증거가 된다.

루크레티우스의 어휘는 그의 통사 못지않게 그가 추구하는 혁신을 훌륭하게 수행한다. 저서의 제목 'De rerum natura'를 문자 그대로 해석하면 '사물의 본성에 관하여'다. rerum은 res의 소유격 복수형이다.

res는 널리 사용되고 오래 살아남은 단어로, 맥락에 따라 의미가 달라진다(영어 단어 reality실제가 이 단어에서 비롯되었다!). 본래 이 단어는 '물질적 재화'나 '소유물'을 뜻했다. 또한 행동을 가리키기도 하는데, res gestae는 군사 행동(행해진 것들)을 뜻한다. 그 밖에도 malae나쁜(adversae거스르는)이든 bonae좋은(secundae순조로운)이든, 즉 '불리하든' '유리하든' 상관없이 환경이나 상황을 나타낸다.

베르길리우스는 아이네이아스가 카르타고에서 트로이 전쟁의 그림을 돌아보는 대목(『아이네이스』 I.462)에서 매우 유명해진(그리고 많은 이가 이해할 수 없다고 여기는) 'sunt lacrimae rerum'이란 표현을 사용한다. 아이네이아스가 보고 있던 장면 중에는 '현재의 비극을 향한 민중의 한탄'이 있다. res 뒤에 형용사 publica가 붙게 되면 res는 '국가'를 의미하게 되는데, 원로원이 중심이 되는 국가, 즉 '공화국'을 나타낸다.

루크레티우스는 res라는 단어를 자신만의 방식으로 사용했다. res는 물질이며 실체고, 물체의 핵심이지만 다음에 인용한 단락에서 루크레티우스는 이 단어를 물리적인 것이 아니라 도덕적인 논의에 사용한다.

Quo magis in dubiis hominem spectare periclis

adversisque in **rebus** noscere qui sit;

nam verae voces tum demum pectore ab imo

eliciuntur et eripitur persona, manet **res**. (III.55~58)

•

사람은 위험에 빠졌을 때 재야 하고,

역경에 처했을 때 알게 되노라.

그제야 그의 목소리가 참으로 영혼 속에서 올라오고,

그의 가면도 흩어져 본질만이 남는구나.

네 줄로 된 이 짧은 글에서도 루크레티우스가 어휘에 얼마나 주의를 기울였는지 드러난다. res라는 단어는 두 번 등장한다. 첫 번째는 완곡어법으로(adversae res역경), 두 번째는 가면을 뜻하는 persona의 반대말로 쓰였다.

루크레티우스는 자신이 뜻하는 바를 정확히 한정하며, 모호하거나 관성적인 의미는 기피한다. 그는 이런 방식으로 라틴어의 발전에 엄청난 기여를 했다.

그가 어휘를 다루는 방식을 보여주는 또 다른 예를 살펴보자. pietas는 로마 문화에서 매우 중요한 개념을 표현하는 단어로, 베르길리우스의 작품에서 아이네이아스가 지닌 특성이기도 했다(후대에는 그리스도교 신학에서 그 의미가 강화되고 특화되었다). pietas는 신, 부모, 조국에 대한 존경을 뜻한다. 이는 가장 고귀한 형태의 사랑이며 참여, 헌신, 책무, 신뢰를 의미한다. 그러므로 형이상학적인 주제를 다룰 때면 pietas는 '종교'라고 번역될 수 있다.

'종교'를 뜻하는 religio라는 단어가 있기는 하지만, 루크레티우스는 이 용어를 '미신'을 나타내는 데만 사용했다. 어원학적으로 lig-는 영어 단어 ligament인데에 남아 있듯이 '묶다'는 뜻이다. 그러므로 religio는 풀려나야 할 사슬이며 매듭이다.(『사물의 본성에 관하여』 I.931~932, IV.6~7) 루크레티우스는 신의 존재에 이의를 제기하며 신에 대한 믿음에 반론을 제기한다. 다음 인용문에서 그가 pietas라는 단어에 어떻게 새로운 의미를 부여했는지 살펴보자.

nec pietas ullast velatum saepe videri
vertier ad lapidem atque omnis accedere ad aras,
nec procumbere humi prostratum et pandere palmas
ante deum delubra nec aras sanguine multo
spargere quadrupedum, nec votis nectere vota,
sed mage pacata posse omnia mente tueri.(V.1197~1202)

•

pietas는 베일을 덮어쓴 채로
이 돌에 말을 걸고 저 제단에 다가가는 모습이 자주 눈에 띄는 것도 아니고
신들 앞에서 땅에 엎드려 손바닥을 위로 향하거나
제단을 네발짐승의 피로 적시는 것도 아니고
그대의 맹세를 맹세로 엮는 것도 아니고
오히려 모든 것을 평화로운 정신으로 바라보는 것이라네.

여기서 pietas는 지적 명확성, 책임 있는 판단, 평화로운 정신이지 피로 물든 제물이나 연극 하듯이 바치는 의례가 아니다. 짐승에게 가하는 의례적 폭력은 pietas에 정면으로 대치된다. 『사물의 본성에 관하

여』에서 가장 아름답고 감동적인 부분은 자기 새끼가 희생 제물로 바쳐지자 슬피 우는 어미 소를 묘사하는 대목이다.

nam saepe ante deum vitulus delubra decora

turicremas propter mactatus concidit aras,

sanguinis expirans calidum de pectore flumen;

at mater viridis saltus orbata **peragrans**

novit humi pedibus <u>vestigia</u> pressa bisulcis,

omnia **convisens** oculis loca si queat usquam

conspicere amissum fetum, completque querellis

frondiferum nemus adsistens et crebra **revisit**

ad stabulum <u>desiderio</u> perfixa iuvenci;

nec tenerae salices atque herbae rore vigentes

fluminaque illa queunt summis labentia ripis

oblectare animum subitamque avertere curam,

nec vitulorum aliae species per pabula laeta

derivare queunt animum curaque levare:

usque adeo quiddam proprium notumque **requirit**. (II.352~366)

•

신들의 풍요로운 신전 앞에서는 빈번히

향이 타오르는 제단에서 송아지가 살육되고

그 가슴에서 뜨거운 피의 강이 흘러나오네.

낙심한 어미 소는 푸른 계곡을 돌아다니다

새끼의 갈라진 발굽이 남긴 자국들을 알아보고

잃어버린 새끼를 설핏 볼 수 있길 바라며

이리저리 살피다가, 이제 잠시 멈추어

초록의 숲을 신음으로 채우고 다시 또 채우고는

외양간으로 돌아가 새끼가 없음에 괴로워하네.

가느다란 버들가지도, 이슬로 되살아난 풀밭도,

제방 사이로 흐르는 강물도

어미 소의 마음을 위로하지 못하고 고통을 누그러뜨리지 못하며,

초원의 다른 송아지들의 모습도

어미 소의 마음을 식혀주지 못하고 번민을 덜어주지 못하네.

어미 소는 자기가 알고 자기 소유인 것을 그리도 애타게 찾는구나.

여기서 특히 흥미로운 것은, 루크레티우스가 같은 책의 다른 부분에서 지식을 추구하는 사람을 묘사할 때 사용한 것과 같은 단어들을 제 새끼를 찾는 가엾은 어미 소를 묘사하는데 사용했다는 사실이다. 어미 소가 푸른 계곡을 돌아다닌다고 할 때 그가 사용한 행위 동사는 peragro의 현재분사형 peragrans인데, 앞에서 보았듯이 루크레티우스는 똑같은 동사를 자신의 시적 여정을 선포할 때도 사용했다. 이어서 convisens살펴보다, conspicere관찰하다, revisit다시 보다, requirit찾다 등여러 동사가 따라 나온다. 많은 동사가 시각과 관련 있는데, 이 동사들은 조사와 추론의 과정을 암시한다. 어미 소가 새끼를 찾는 방식은 시

를 대하는 루크레티우스의 방식, 과학적인 현대 탐정의 방식과 같다. 어미 소는 단서를 모으고 발자국vestigia을 따라간다.²

desiderium이라는 단어는 축자적으로 향수鄕愁를 뜻하는(다른 의미로는 영어 단어 desire갈망를 뜻하는데, 지금은 갖고 있지 않은 무언가를 바라는 마음이다) 부재를 암시한다. 이 부재는 재발견, 곧 상실한 것을 다시 갖게 될 것을 상기시킨다. 진리를 의식하지 못하고 진리에 대한 감각을 잃어버린 채로 무의미하게 돌아다니는 이들의 상태라고 할 수 있다.

여기까지 살펴보면 루크레티우스가 고뇌를 묘사한 최초의 인물이라는 것도 그리 놀랍지 않다. 그는 고뇌를 지적 명확성의 부재와 연결한다. 다음 인용문은 고뇌에 빠진 인간에 대한 그의 묘사다.

> exit saepe foras magnis ex aedibus ille,
>
> esse domi quem pertaesumst, subitoque revertit,
>
> quippe foris nihilo melius qui sentiat esse.
>
> Currit agens mannos ad villam praecipitanter,
>
> auxilium tectis quasi ferre ardentibus instans;
>
> oscitat extemplo, tetigit cum limina villae,
>
> aut abit in somnum gravis atque oblivia **quaerit**,
>
> aut etiam properans urbem petit atque **revisit**.
>
> Hoc se quisque modo fugit, at quem scilicet, ut fit,
>
> effugere haut potis est: ingratius haeret et odit,
>
> propterea morbi quia causam non tenet aeger. (III.1060~1070)

．

그는 종종 자신의 큰 집을 떠나리니,

집 안에 앉아 있는 것에 질린 탓이네. 하지만 금방 돌아오리니,

밖이 안보다 낫지 않음을 알게 된 탓이네.

말을 박차며 미친 사람처럼 시골집(별장)으로 달려오니,

마치 불이 난 곳에 도움을 주려는 것만 같구나.

그러나 현관을 다 지나기도 전에 하품을 하고

잠들어 의식을 잃거나

다시 서둘러 도시를 구경하러 나가리니,

이렇게 모든 사람이 자기에게서 달아나는구나. 하지만 공교롭게도

달아나지 못하는 그는 자신에게 매달리고 자신을 미워하니,

아픈 동안에도 자기 병의 원인을 파악하지 못하는 탓이로구나.

여기서 우리는 어미 소에 관한 인용구에서도 볼 수 있었던 동사 quaerit와 revisit를 다시 보게 된다. 이 인용구에서도 등장인물이 찾는 일은 결국 허사가 된다. 이러한 테마는 호라티우스의 작품『시가』 II.16,22에서 다시 등장한다. 호라티우스가 불만족과 권태감을 나타내기 위해 택한 단어는 cura인데, 루크레티우스가 자식을 찾는 어미 소를 묘사하며 사용한 것과 같은 단어다.

여기서 잠시 하던 이야기를 멈추고 cura라는 단어에 대해 이야기해보자. 오래된 단어들은 마치 귀신이 나오는 집과 같다. 이 집의 주인

은 절대 다락방에 올라가지 않고, 밤이면 문을 꼭 닫은 채 불을 환하게 밝혀둔다. 하지만 아무리 애를 써도 이전에 그 집에 살던 이들의 속삭임이 들려온다. 아무리 불을 켜놓아도 그들의 그림자를 몰아낼 수 없다. 한편으로, 오래된 단어들은 마술사의 모자와도 같다. 모자 안에는 아무것도 없어 보이지만, 썼다가 벗으면 모자에서 비둘기가 나와 날개를 퍼덕이며 날아오른다.

라틴어 단어 cura는 의학적인 치유를 뜻하는 현대 영어의 cure와는 상당히 뜻이 다르다. 라틴어 cura는 '몰두' '집착' '고뇌' '강박'을 의미하며 '회한'이나 '후회'를 나타내기도 한다. 베르길리우스는 사후 세계를 묘사하면서 의인화된 cura가 기아와 가난 등 다른 곤란함과 함께 있는 것을 보여주었다.(『아이네이스』 VI.274)

다른 시각에서 보자면 영어의 cure는 사랑에 가까운, 긍정적인 보살핌을 의미한다. 그래서 '염려' '사려' '헌신'을 의미하게 되었고, '무언가를 정성스레 하다' '자신을 돌보다' '다른 누군가를 좋아하다'를 뜻하기도 한다. 영어에는 curate(성공회 성당에서 주임신부를 돕는 보좌신부)라는 단어도 있다(이에 상응하는 이탈리아어 curatio는 가톨릭 성당의 신부를 가리킨다). 이 단어는 다른 이들의 영적 건강을 돌보는 사람, 영혼의 인도자를 가리킨다.

curious호기심이 많은라는 단어도 있다. 이 형용사는 cura를 지닌 사람, 영어에서 care하는 사람, 즉 생각이 (때로는 과도한) 열정에 이끌리는 사람의 성격이나 상태를 나타낸다. 하지만 호기심 많은 사람의 일은 엉망으로 끝나는 경우가 많다. 예를 들어 아풀레이우스의 소설에서 루키우스는 더 많은 마법을 배우길 원하지만 엉뚱한 연고를 사용하는 바람에 당나귀가 되고 만다.◇ 그럼에도 나는 무심한 사람이 되기보다는 호기심이 많은 사람이 되는 편이 낫다고 생각한다.

치유의 의미는 이 단어의 '사려'나 '주의' 같은 함축적인 의미에서 나왔다. 의료적 치료는 정신적인 참여를 뜻하던 이 단어를 실용적인 상황에 적용한 것이다. 의료, 병원, 약에 관련된 맥락에서 이 단어가 본래 지니고 있던 부정적인 의미는 사라진다. 여기서 염려와 관심은 상대를 파괴하는 것이 아니라 회복시키는 것이다.

하지만 이 단어의 뿌리에 있는 의미, 곧 고뇌와 고대 영웅들을 잠들지 못하게 하던 괴로움을 잊어서는 안 된다. 이는 단지 이 단어에 역설(혹은 모순어법)이라는 딱지를 붙이려는 것이 아니라, 한 단어 안에 담긴 다양한 의미를 이해하고 그 잠재력을 인지하며 풍요로움을 즐기기 위해서다. 우리가 매일 아무렇지 않게 사용하는 단어 안에는 역사 그 자체가 서려 있으며, 그것을 살아 있게 하는 것은 우리의 책임이자 특권이다.

이제 이 장에서 다루던 주제로 다시 돌아가보자. 루크레티우스는 현실을 글로 재현하고자 했고, 뛰어난 묘사 실력을 발휘하여 성공을 거두었다. 그는 물질과 감정, 거시적인 것과 미시적인 것, 상상과 현실, 동물과 사람, 역사와 역병 등을 가리지 않고 다루었다. 그는 명민한 정신으로 세상을 바라보는 관찰자였으며, 지각 가능한 세계에 대한 깊은 사랑으로 눈에 보이는 것들을 묘사했다. 그는 햇살이 좋은 날 풀밭에

◇ 17장에서 다루는 아풀레이우스가 쓴 『황금 당나귀』는 여행 도중 마녀의 집에 묵게 된 루키우스라는 청년이 마법 연고를 잘못 사용하여 당나귀가 된 뒤에 보고 듣게 된 이야기로 구성되어 있다.

몸을 뻗고 누워 있는 즐거움을 이야기하고,(II.29~33) 비둘기나 공작의 깃털이 보는 방향에 따라 달라지는 빛깔을 지적한다.(I.800~808)

　루크레티우스는 생각조차 지각 가능하다고 보았다. 그는 즉각 설명할 수 없는 것을 설명하기 위해 일상 세계로 시야를 돌렸다. 예를 들어, 인간의 언어는 자연에서 온 것이지 한 개인이 발명한 것이 아니라고 주장하면서(V.1028~1090) 동물들의 울음소리를 근거로 제시한다. 동물들도 상황에 따라 다른 소리를 내서 서로에게 상황을 알린다는 것이다.

　루크레티우스는 라틴어가 그리스어에 비해 어휘가 부족하다는 사실을 솔직하게 인정한다.(I.832) 그래서 그는 때로 그리스어를 본보기로 사용하고 새로운 용어를 만들 필요가 있었다. 하지만 그는 이미 라틴어에 존재하는 단어의 의미를 확장하는 방식을 선호했다. 그가 취한 방법은 '의미 삼투법'과 '은유법'이다. 루크레티우스는 원자론을 다루면서도 그리스어 단어 atomos를 사용하지 않았다. 그 대신 semen씨앗, corpus몸, primordium시초이라는 단어를 사용했다. 다른 의미로 사용되어온 세 단어의 의미를 확장해 은유적으로 사용한 것이다. 어떤 형용사들은 의미 삼투법을 사용하여 명사나 기술적 용어로 확장되었다. inane허공, imum심부, immensum무한 등이 그러한 예다.

　루크레티우스가 직접 만들어낸 단어들도 있다. 루크레티우스의 트레이드마크로 알려진 clinamen이 대표적인데(과거분사형 clinatus로만 쓰이는 동사 clino기울다의 어근에 semen이나 nomen이름 같은 다른 일반명사에서 볼 수 있는 접미사 –men을 결합하여 만들었다), 이 단어는 갑작스럽고 예측할 수 없는 원자들의 움직임(그 자체로 자유의지의 상징)을 가리킨다. 하나의 용어를 은유로 사용하는 것이 충분하지 않을 때는 moenia mundi우주의 벽(II.1045)이나 materiae pelagus물질의 바다(II.550)처럼 용어들을 결합하여 복합적인 은유를 만들어낸다.

그는 자신의 언어를 확장할 줄도 알았다. 루크레티우스는 원자들이 결합하여 생물을 이루는 것을 알파벳을 결합하여 다양한 단어들을 이루는(우리가 방금 살펴본 시에서도 그러하듯이) 방식에 비유한다.(II.687~699) 그는 우리에게 생명은 우주 안에서 조직되며(바로 여기에 해석의 패러다임이 있다), 같은 방식으로 언어는 종이 위에서 조직된다는 것을 상기시킨다. 창조는 글쓰기이며 글쓰기는 창조다. 시는 작은 우주다! 이러한 직관은 『사물의 본성에 관하여』만이 아니라 라틴어 시 전체에 담긴 직관들 중 가장 숙고한 직관에 속한다.

Verum si quid ages, statim iubeto

웨룸 시 퀴드 아게스, 스타팀 유베토

✣

다만 무엇을 하려거든 당장 하시오

카툴루스

이름	◦◦◦◦◦	가이우스 발레리우스 카툴루스Gaius Valerius Catullus
생몰 연대	◦◦◦◦◦	기원전 약 84년~기원전 약 54년
활동 분야	◦◦◦◦	문학(시)
특징	◦◦◦◦	연애 경험이 영감의 원천
		라틴어 문학가 중 가장 다양한 비속어를 구사함

로마의 서정시인이다. 베로나 지방에서 태어나 로마에서 젊은 시절을
보내면서 많은 시를 썼다. 그리스-로마 신화 및 알렉산드리아 학파의 영향을
받은 것으로 알려져 있으며, 그리스의 시인 사포의 영향을 받았다. 후세의
많은 시인, 특히 오비디우스와 베르길리우스에게 영향을 주었다.
개인적이고 감성적인 내용으로 뛰어난 기교를 살린 작품을 남겼으며, 특히
연상의 귀부인 클로디아와의 사랑을 노래한 시로 유명하다.

저속함과 고결함
• 다시 카툴루스

X

◊   이제 다시 저속한 것에 대해 이야기해보자. 앞에서 나는 카툴루스
의 글에 비속어가 많다는 것과 학생 때 우리가 거기에 얼마나 열광했
는지 이야기했다. 상스럽고 불경한 말은 성에 대한 10대 청소년의 서
툴고 어색한 감각, 규칙 파괴와 자유에 대한 갈망을 자극한다.

욕설은 충격적이고, 감추어진 것을 드러내고, 사회의 위계를 위
협하며, 우습고 소란스러우며 전복적이다. 더욱이 욕설만큼 현재에 충
실한 언어도 없다. 욕설은 '지금 이 순간'의 언어이기 때문이다. 게다가
욕설은 현실의 기반인 육체와 관련된 것이 많다.

무엇이 불경한지는 시간과 장소에 따라 달라진다. 다양한 욕설과
비속어의 원천인 해부학적 구조(생식기관과 둔부)는 변함이 없지만, 그
에 관한 은유와 상징은 늘 변화하기 때문이다. 불행하게도 고등학생이
었던 우리 귀에는 그런 미묘한 뉘앙스 따위는 들어오지 않았다. 우리
는 그저 순간의 즐거움을 찾느라 바빠서 가장 기초적인 어휘에서도 드

러나는 문화적 차이와 인류학적 복합성을 생각조차 할 수 없었다.

그럼 이제 카툴루스의 글에 어떤 음란한 말들이 있는지 살펴보자. 먼저 성性과 관련된 어휘들을 개괄해보려 한다. 신체 부위를 저속하게 부르는 말로는 mentula남성 성기, cunnus여성 성기, clus엉덩이가 있다. 동사로는 futuo성교하다가 대표적이고 유의어로는 confutuo, ecfututa, defututa, diffututa 등이 있다. 명사형은 fututio다. 그 밖에 성행위와 관련된 비속어로는 pedico비역하다, irrumo구강 성교하다, glubo까다(성적으로 녹초가 되었다는 은유), fello빨다, perdepso치대다(누군가를 성적으로 소유한다는 은유), voro삼키다, 구강이나 항문으로 받다 등의 동사가 있다. 형용사로는 vorax게걸스러운가 대표적이다. 명사로는 scortum창녀, scortillum어린 창녀, 그리고 pathicus와 cinaedus(두 단어 모두 동성 간 성교에서 수동적 역할을 하는 남성을 가리킨다) 등이 있다.

카툴루스의 비속어들은 그의 책 1부와 3부에만 등장하는데, 이 부분들은 '자전적인' 내용을 담고 있으며 열정과 분노를 분출한다. 책의 중간 부분을 채우고 있는 신화적이고 고상한 시에는 외설적인 부분이 전혀 없다. 남성 성기를 가리키는 말로 아주 흔히 쓰이던 mentula조차 두 번밖에 등장하지 않는다. 여성 성기를 나타내는 cunnus는 딱 한 번만 나온다.

이야기가 나온 김에 mentula의 어원을 살펴보면, 확실하지는 않지만 턱을 뜻하는 mentum과 산을 뜻하는 mons나 montis와 관련 있는 것으로 보인다. 이들 단어는 돌출된 것을 나타내기 때문이다.

카툴루스가 열정을 보였던 것은 신체 부위를 일컫는 명사가 아니라 성행위와 성역할을 나타내는 동사들이었다. 비속어 사용을 통해 카툴루스는 자유로운 남자라는 자신의 지위를 과시했다. 즉 남자하고 관계하든 여자하고 관계하든 적극적인 역할을 하며, 그를 통해 자신의 사회적 지위를 확인했다는 것이다.

남성의 구강이나 항문에 삽입하는 행위는 오늘날의 동성애(라틴어에 없는 개념)와는 의미가 달랐다. 이는 자신의 권력과 우월성을 보여주는 행위로, 사회·정치적 의미를 담고 있었다. 자기 소유의 노예나 자신보다 어린 사람에게 하는 행위였고, 감정 따위는 전혀 담기지 않았다. 또한 적을 협박하는 행위이기도 했다. 성교에서 수동적인 역할을 맡는 남성을 나타내는 두 명사 pathicus와 cinaedus는 모두 그리스어에서 온 말로(본래는 남성 무용수를 뜻했다), 이런 남성은 수치스럽고 굴욕적으로 여겨졌고, 자유를 누릴 자격이 없는 사람으로 취급당했다.

Amabo, mea dulcis Ipsitilla,

meae deliciae, mei lepores,

iube ad te veniam meridiatum.

Et si iusseris, illud adiuvato,

ne quis liminis obseret tabellam,

neu tibi lubeat foras abire,

sed domi maneas paresque nobis

novem continuas **fututiones**.

Verum si quid ages, statim iubeto:

nam pransus iaceo et satur supinus

pertundo tunicamque palliumque.

·

바라건대, 사랑스러운 나의 입스틸라,

나의 기쁨, 나의 토끼,

부디 오후에는 나를 불러주오.

그대도 같은 생각이라면 분명히 해두오,

누구도 문에 빗장을 지르지 않도록.

밖에 나가려는 생각은 하지도 마오.

그저 집에 머물며 우리에게 주오,

이어지는 아홉 번의 섹스를.

그대만 좋다면, 지금 당장 나를 가질 수도 있소.

나는 여기에 드러누워 있소, 가득 찬 나의 배가

이미 내 속옷과 외투를 뚫고 나왔다오.

동사 amo사랑하다의 미래형 amabo를 사용하고 있는 게 눈에 띈다. 문자 그대로 해석하면 '나는 사랑할 것이다'가 되겠지만 일상 대화에서는 '바라건대'나 '부디'라는 뜻으로 쓰인다. 하지만 원래 의미가 사라진 것은 아니어서 fututiones섹스라는 직설적인 단어조차 지워버리지 못하는 다정함을 불어넣어준다.

카툴루스에 관한 또 하나 중요한 사실은 그가 중의적 의미가 있는 표현은 피하고, 은유도 아주 드물게 사용한다는 것이다. 그의 유명한 시 두 편에 등장하는 참새는 시인의 음경을 나타내는 은유로 이해할 수도 있지만, 그 시들을 외설적으로 읽지 않아도 완벽하게 의미가 전달된다(실제로, 동물의 죽음을 애도하는 시는 헬레니즘 시가의 하위 장르 가운데 하나다).

카툴루스는 비속어를 사회적 저항의 도구로 사용했다. 그에게 비속어는 역사적 혼돈과 부패한 정치와 사회적 일탈에 맞서는 자유인의 수사修辭였다. 성역할에 대한 그의 존중은 실제적으로나 상징적으로나 사회 질서를 존중하는 데서 나왔다. 그것은 종교적이기까지 하다. 사람은 사회관계에서와 마찬가지로 성행위에서도 자신의 역할을 알아야 한다. 그런 역할을 따르지 않으면 사회가 붕괴되고 말 것이다.

카툴루스는 비속어를 사용하지 않는 다른 시에서도 이러한 생각을 분명하게 드러냈다. 카툴루스의 고상한 시 두 편(시 61과 시 63)을 예로 들 수 있다. 여기에 쓰인 언어는 외설적인 시에 쓰인 언어와는 매우 다르지만, 카툴루스의 시를 관통하는 사상적 요지는 동일하다. 바로 사회의 붕괴에 대한 전망이다.

결혼 축시인 시 61에서 시인은 신랑에게 신부를 맞아 행복한 결혼 생활을 시작하라고 권한다. 하지만 결혼하면 신랑은 독신 생활을 포기하고 애첩으로 두고 있던 노예 소년도 버려야 한다. 노예 또한 주인이 결혼하면 사람들에게 고별인사를 하고 자신의 지난날에 작별을 고하며, 함께 살아갈 여자를 찾아야 할 것이다.

이 시에서 볼 수 있듯이 로마인에게 섹스는 지위의 문제이지, 취향의 문제가 아니었다. 그리고 결혼은 자유인이든 노예든, 남자든 여자든, 모든 사람이 자신이 처한 사회적 위치를 따르게 한다. 시 63에서는 아티스라는 젊은이가 거룩한 열정에 사로잡혀 스스로를 거세한다. 성기(이 시에서는 비속어인 penis나 mentula 대신 '서혜부의 추'라는 뜻의 pondera ili가 쓰였다)가 없어진 아티스는 사회적 정체성의 가장 분명한 지표를 잃었다. 여기서 강조할 것은, 그가 잃은 것은 사회적 정체성의 지표이지 성적 정체성의 지표가 아니라는 점이다. 그는 추방되어 부랑자가 되고, 결국 노예가 되는데 그것도 famula여자 노예가 된다. 그의 비탄은 과거의 자신에 대한 그리움만이 아니라, 이제 더는 예전과 같은 계급에 속할 수 없게 된 현실에서 나온다.

비속어에는 마치 사육제謝肉祭와 같은 특성이 있다. 하지만 카툴루스의 비속어에는 사육제 같은 분위기도, 전복적인 희극의 느낌도 없다. 오히려 그는 사회질서를 지키기 위한 일환으로 비속어를 사용한다. 카툴루스의 비속어는 기괴하거나 색정적이지 않으며 상스럽지도 않다. 카툴루스의 욕설은 날것 그대로의 감정 표현이 아니기 때문이다. 그는 정의, 개인의 존엄, 바른 관습을 수호하려는 엄격한 도덕적 기준에 따라 욕설을 사용했다. 역설적이게도 카툴루스는 비속어를 더없이 경건하게 사용했다.

Nulla dies umquam memori vos
eximet aevo

눌라 디에스 움쾀 메모리 워스 엑시메트 아이워

✤

시간이 계속되는 한,
어떤 날에도 당신들을 기억에서 지울 수 없습니다

베르길리우스

✤

이름	∞∞	푸블리우스 베르길리우스 마로Publius Vergilius Maro
생몰 연대	∞∞	기원전 70년~기원전 19년
활동 분야	∞∞	문학(시)
특징	∞∞	로마의 시성詩聖, 단테의 안내자
		라틴어 운문의 정점

로마의 건국 서사시『아이네이스』의 저자로, 로마의 대표 시인으로
추앙받는다. 북이탈리아 만투아(지금의 만토바)에서 태어나 16세 때
로마에서 웅변술과 수사학 등을 수학했고 이후 에피쿠로스학파 철학을
배웠다. 20세에『목가』를 쓰기 시작해 30대 초반에 완성했다. 이 작품에서
베르길리우스는 평온한 전원 생활을 노래하며, 전쟁과 토지 몰수로 무너진
농촌 생활의 비통함을 이야기한다. 그 뒤에 쓴『농경시』역시 완성에 7년이
걸렸다고 한다. 아우구스투스의 권유로『아이네이스』집필에 착수하여
11년에 걸쳐 열두 권에 달하는 대작을 남겼다. 이 작품은 단테의『신곡』,
밀턴의『실낙원』등에도 영향을 준 것으로 유명하다.

XI

영원한 사랑과 감동
◆ 베르길리우스

◊   재난이 일어나 세상이 멸망하게 되었는데, 책을 한 권만 구할 수 있다면 나는 주저 없이 『아이네이스』를 선택할 것이다. 『아이네이스』는 수많은 작품의 모범일 뿐 아니라 『일리아스』와 『오디세이아』의 축약이기도 하다. 아우구스티누스가 『신국론』에서 그리스도교의 우월성을 입증하기 위해 비교로 삼은 작품이 바로 『아이네이스』였다. 『아이네이스』는 로마 문명의 백미이자 복음서와 같은 책이기 때문이다. 플라톤 또한 자신의 철학을 펼치기 위해 호메로스를 반박하는 데서 시작할 수밖에 없었다. 하지만 그러한 과정에서 아우구스티누스와 플라톤 모두 자신의 적수에게 매혹되었다.

    어떠한 경우에도 『아이네이스』는 소멸되지 않을 것이다. 베르길리우스가 임종 자리에서 친구들에게 원고를 불태워달라고 부탁한 것이 이 작품에 대한 처음이자 마지막 위협이었다. 이 장면은 오스트리아 작가 헤르만 브로흐가 나치 감옥에 갇혔을 때 집필하기 시작한 걸작 소설 『베르길리우스의 죽음Der Tod des Vergil』에 극적으로 묘사되어 있다. 베르길리우스의 친구들이 그의 말을 따랐다면 아마 서구 문명은 지금과는 다른 모습이 되었을 것이다. 다행히도 친구들은 그의 말을 무시했고, T.S. 엘리엇이 모든 고전 중에서도 탁월한 작품이라 일컬은 『아이네이스』를 모든 세대의 인류가 향유할 수 있게 되었다.

『아이네이스』를 읽지 않은 시대는 없다. 루크레티우스와 카툴루스를 비롯한 많은 라틴어 문학이 재발견되었지만, 『아이네이스』는 어느 시대에도 재발견할 필요가 없었다. 많은 고전 문헌을 묻어버린 그리스도교조차 『아이네이스』를 억압하지는 못했다. 이 작품은 단테 알리기에리의 시대까지 안전하게 전해졌고, 그리스도교 시인 단테는 베르길리우스를 자신의 스승으로 삼았다.

역시 그리스도교 작가이며 서구 문학의 또 다른 기둥인 페트라르카 또한 베르길리우스를 숭배했다. 그가 만든 『베르길리우스 코덱스』 (시모네 마르티니의 채색화로 장식된 사본집으로 밀라노의 비블리오테카 암브로시아나◇에 소장되어 있으며, 그러한 탓에 비르질리오 암브로시아노Virgilio Ambrosiano라고도 불린다)는 시인이자 한 인간으로서 베르길리우스를 향한 그의 애정을 보여주는 증거다. 이 corpus육체, 인물를 향한 페트라르카의 사랑은 상대에게 더 가까이 다가가려는 억제할 수 없는 욕구이며, 라우라◇◇를 향한 사랑과도 유사하다.

내가 학교를 다닐 때도 『아이네이스』는 항상 중요했다. 고등학교 1학년 때 로사 칼체키 오네스티의 번역본으로 읽었고, 대학에 들어가서는 라틴어 원서로 읽었다. 나는 그 이후로도 일 때문이든, 개인적으

◇ 유럽 최초의 공공도서관으로 1609년 설립되었다. 레오나르도 다빈치의 그림과 수기 원고 등을 소장하고 있는 것으로 유명하다.

◇◇ 라우라 드 노베스Laura de Noves는 페트라르카가 젊은 시절 사랑했던 여인이다. 그녀가 요절하자 페트라르카는 정치에서 물러나 작품 활동에만 몰두했고, 그녀에게 바치는 수많은 서정시를 남겼다.

132

로든 늘 이 작품을 읽고 있다. 다른 작품을 읽다가도 『아이네이스』로 돌아가곤 했다. 『신곡』을 연구할 때라면? 『아이네이스』를 다시 읽기 딱 좋은 기회다. 『광란의 오를란도Orlando furioso』를 분석할 때라면? 이 책의 세밀한 부분들이 『아이네이스』를 상기시킨다. 타소의 『해방된 예루살렘Gerussalemme loberata』에 몰두할 때라면? 『아이네이스』가 완벽한 동반자가 되어준다. 『아이네이스』는 어디에나 존재한다. 로버트 로웰Robert Lowell이나 주세페 웅가레티Giuseppe Ungaretti 같은 현대 시인의 작품에서도 『아이네이스』를 만날 수 있다.

베르길리우스가 계속 사랑받아온 이유는 무엇보다도 그의 글이 아름답기 때문이다. 다른 어떤 시인도, 심지어는 호라티우스조차 베르길리우스의 상대가 되지 못한다. 베르길리우스처럼 언어를 구사하는 사람은 없다. 누구도 베르길리우스처럼 설득하지 못하고, 누구도 베르길리우스처럼 묘사하지 못한다. 베르길리우스처럼 감동을 주는 사람은 없다.

라틴어 문학의 역사에서 산문은 키케로라면 운문은 베르길리우스다. 베르길리우스는 라틴어의 시어를 재정립했으며 누구도 능가할 수 없는 유산을 남겼다. 그는 자신보다 앞선 작가들(엔니우스, 루크레티우스, 카툴루스)의 어휘와 이미지를 답습하기도 했지만, 결국은 그들을 넘어섰다.

루크레티우스의 위대함이 어휘의 혁신에 있다면, 베르길리우스의 위대함은 통사의 재구성에 있다. 베르길리우스는 iuncturae접합(이를테면 형용사＋명사)로, 그리고 문장과 행 사이의 변증법적 관계에 따라 통사를 재구성한다. 루크레티우스는 실증하고 규정하는 반면, 베르길리우스는 극화劇化하고 활기를 불어넣는다. 루크레티우스는 한 문장이 한 행 안에 완벽하게 맞아떨어지게 글을 쓰는 반면, 베르길리우스는 생각의 흐름에 따라 한 문장이 몇 줄씩 이어지기도 한다.

이렇게 한 구문이 여러 행에 걸치는 현상은 베르길리우스의 가장 뚜렷한 특징이다. 나는 이것이 그의 방대한 작품 세계를 관통하는 가장 심원한 구조라고 생각한다. 이런 측면에 주의를 기울여 그의 문장을 살펴보고자 한다.

『아이네이스』는 앞 행에서 시작된 문장의 동사가 다음 행의 첫 단어로 오는 경우가 많다. 동사가 행의 제일 앞에 오는 것은 파격적이다. 뒤로 미루어진 동사는 시의 운율 구조에 따라 새로운 자극을 주고, 글이 끝나는 데서 다시 시작하는 듯한 인상을 준다. 아래 인용한 두 개의 구절은 번역하면 마치 〈스타워즈〉에 나오는 요다의 말처럼 부자연스럽지만, 베르길리우스의 이런 언어적 장치를 잘 보여준다.

Improvisum aspris veluti qui sentibus anguem

pressit … (II.379~380)

•

마치 갑작스레 굵은 가시덤불 사이에서 뱀을

짓밟은 듯이 …

adversi rupto ceu quondam turbine venti

confligunt… (II.416~417)

•

폭풍 한가운데서 바람이

맞부딪치니…

베르길리우스의 작품에서 자주 일어나는 다른 현상은, 연속된 두 시행의 첫 단어로 쓰이는 동사들이 주어 및 목적어와 함께 ABBA 형태의 반전 교차배열을 이루는 것이다. 동사 두 개가 나란히 시행의 첫 부분에 놓이지만, 첫째 동사는 주어나 목적어 뒤에 오고, 둘째 동사는 앞에 온다. 통사적 요소 두 개가 시행의 같은 위치를 점하지만, 문장 안에서는 서로 다른, 심지어 대치되는 위치를 차지하게 된다. 반복처럼 보이는 것에도 변화가 있다. 모든 타성적 감각이 일소되는 것이다. 베르길리우스의 시 중에서 가장 인상적인 부분인, 카르타고의 여왕 디도의 자살 장면을 살펴보자.

At non infelix animi Phoenissa neque umquam

solvitur in somnos oculisve aut pectore **noctem**

accipit. (IV.529~531)

•

그러나 불행한 페니키아 여왕은 절대

빠져들지 않네, 잠으로, 눈으로든 마음으로든 **밤을**

맞아들이지 않는다네.

다음은 아이네이아스가 바다에서 사색하는 장면이다.

hinc **altas cautes proiectaque saxa** Pachyni
radimus, et fatis numquam concessa moveri
apparet <u>Camerina procul campique Geloi</u>··· (III.699~701)
·

이제 파키누스의 **높은 절벽과 긴 암초를**
[우리는] **둘러가네**, 하지만 운명에 움직이지 못하니
나타나네, 멀리 카메리나와 젤라의 평원이···

하나의 시행에서 교차배열이 같은 목적으로 이루어지는 경우도
있다. 다음은 『아이네이스』 제2권의 시작 부분으로, 난민이 된 아이네
이아스가 자신의 이야기를 디도와 동석자들에게 이야기할 준비를 하
는 대목이다.

Conticuere <u>omnes intenti</u>que ora **tenebant.** (II.1)
·

조용해졌네, [그들] **모두, 집중하는** 얼굴을 **유지했네.**

다음과 같은 부분도 있다.

lungimus hospitio **dextras** et **tecta** subimus. (III.83)

•

[우리는] **부딪치네**, **손을** 환영하며 **집으로** 들어가네.

첫 번째 예(II.1)에서는 베르길리우스가 자주 사용하는(루크레티우스는 거의 사용하지 않는) 장치인 환용법換用法을 볼 수 있다. 여기서 환용법은 형용사가 명사가 아닌 다른 요소와 연결되는 방식으로 쓰였다. 집중하는 모습은 얼굴, 곧 동사 '유지하다'의 주어가 아닌 목적어의 특성이다. 또한 운율 규칙을 따라 intenta 대신 intenti를 사용했다. intenta의 -a는 단모음인 반면, intenti의 -i는 장모음이고, 6보격 운율에서는 해당 위치에 장모음이 와야 하기 때문이다.

환용법은 일률성을 깨고 문장을 낯설게 만드는 역할을 한다. 약간의 충격을 주어 단어들을 새로이 인식하고 감상하도록 이끄는 것이다. 이런 언어는 시에 새롭고 진한 감정을 부여한다. "환용법을 사용하면 일상 언어에 상응하는 언어, 일상 언어와 비슷하지만 그보다 강렬한 언어를 만들 수 있다. 일상 언어와의 차이점을 알아채는 것은 독자의 몫이다."[1]

형용사나 부사는 물론이고 다른 단어도 같은 방식으로 사용할 수 있다. 다음 행으로 따로 떨어진 단어가 동사가 아닐 때는 그 의미가 더 강렬해진다. 문장의 피부에 소름이 이는 것이다. 다음 문장에서 마지막 형용사는 흔치 않은 힘을 발휘한다.

Hoc dicens ferrum adverso sub pectore condit

fervidus⋯ (XII.950~951)

•

[그는] 이렇게 말하고, 검으로 가슴을 찌르네,

격렬한⋯

이 문장은 『아이네이스』의 마지막 부분으로, 아이네이아스는 그의 원수 투르누스를 죽인다. 그리고 이어지는 절에서 투르누스는 그림자들에게 내려간다(umbras그림자는 『아이네이스』의 마지막 단어다. 이에 대해서는 뒤에서 다시 이야기할 것이다).

베르길리우스의 시를 채우는 의미론적 힘은, 단어에 이미 부여된 기존의 의미에서 나오는 게 아니라 각 단어가 문장에서 차지하는 자리에서 나온다. 그는 진정한 **ordo verborum**말의 질서의 대가다. 그래서 『아이네이스』를 읽으면 어떤 해방감과 루크레티우스에게서 찾을 수 없는 유려함이 느껴진다.

하지만 베르길리우스의 글에는 이러한 자유로움과 더불어 모든 톱니바퀴를 완전히 통제하는 정확성도 존재한다. 각각의 톱니바퀴는 그 자체로 작동하면서 전체의 일부로도 기능하고 있다. 전체가 체계적으로 경로를 따라 움직이게 하는 조화로운 유려함이 있지만, 그렇다고 바다의 섬처럼 어떤 봉우리들이 솟아나는 것을 막지는 않는다. 이번에는 더 긴 문장을 살펴보자.

··· **hasta** volans noctis diverberat umbras

et venit aversi in tergum Sulmonis ibique

frangitur, ac fisso transit praecordia lingo.

Volvitur ille vomens calidum de pectore flumen

frigidus et longis singultibus ilia pulsat. (IX.411~415)

•

··· 밤의 그늘을 가르며 솟아오르는 창이

날아오네, 돌아선 술모의 등으로

부러지네, 쪼개진 나무에 뚫린 그의 배

쏟아지네, 몸부림치는 그의 가슴에서 뜨거운 강물

차갑구나, 기나긴 발작으로 뒤틀리네 그의 몸.

이 문장은 니소스와 에우리알로스가 한밤중에 적의 진영을 기습하여 많은 병사를 죽였지만 그들 또한 목숨을 잃게 되었다는 이야기의 한 대목이다(이 장면은 오랜 세월 독자의 사랑을 받았으며, 『광란의 오를란도』를 비롯하여 수많은 작품의 본보기가 되었다). 여기에서도 교차배열의 예가 보인다(hasta ··· frangitur / Volvitur ille). hasta에서 lingo까지 마치 뱀처럼 한 절에서 다음 절로 얼마나 유연하게 넘어가는지 음미해보라.

루크레티우스와 비교해 베르길리우스의 진가가 두드러지는 구절은 무엇일까? 사실 "calidum de pectore flumen"은 『사물의 본성에 관하여』에서 거의 그대로 따온 것이다. 앞서 우리도 보았던, 어미 소가 잃어버린 송아지 때문에 슬퍼하는 바로 그 대목이다. 그 부분을 다시 한 번 살펴보자.

nam saepe ante deum vitulus delubra decora
turicremas propter mactatus concidit aras,
sanguinis expirans **calidum de pectore flumen**. (II.352~354)

·

신들의 풍요로운 신전 앞에서는 빈번히
향이 타오르는 제단에서 송아지가 살육되고
그 가슴에서 뜨거운 피의 강이 흘러나오네.

루크레티우스의 표현을 인용하면서 베르길리우스는 sanguinis피를 제거하고 강물의 은유를 강화했다. 그는 두 행에 걸쳐지는 문장을 효과적으로 사용한다. 인용한 문장은 마지막 행의 flumen강, 흐름으로 잠시 멈추었다가 다음 행의 frigidus차가운로 다시 나아간다. 그리고 이 형용사는 멋진 모순어법을 보여준다. 즉 피는 따뜻하지만, 술모는 이미 싸늘하다. 삶과 죽음의 길이 비애 속에서 하나로 합쳐진다. 모순어법 또한 베르길리우스가 전형적으로 사용하는 장치다.

여기서 베르길리우스의 모순어법을 길게 늘어놓지는 않을 생각이지만, 한 가지만은 언급하려 한다. 에우리알로스의 어머니가 죽은 아들의 시신을 받고 울음을 터뜨리는 장면에서 "incendentem luctus"(IX.500) 즉 **"눈물에 불을 붙이는"**이라는 모순어법이 등장한다. 베르길리우스는 로마 시대에 이미 바로크의 절정에 도달한 셈이다!

루크레티우스는 은유 자체에 주의를 집중시키지 않고도 오래된 단어에 새로운 의미를 부여한다(씨앗이라는 뜻의 semen을 '원자'라는 뜻으로 사용하는 식이다). 반면 베르길리우스의 유비는 은유를 넘어선 생명력이 있다(flumen은 단지 피의 흐름만이 아니라, 여전히 강의 의미도 유지하고 있다). 언어에 더 풍부한 의미를 부여하려는 베르길리우스의 노력은 절대 빛이 바래지 않는다. 그리고 그의 언어가 이토록 충격을 주는 것은, 그의 글을 읽는 것은 이미 그려진 그림을 보는 것 같은 선험적인 행위가 아니라, 묘사와 재현이 독자들이 보고 있는 그 장면, 그 순간에 '극적으로' 이루어지기 때문이다.

마지막 예문에서 우리는 베르길리우스의 문학적 업적이 실로 대단하다는 것을 알 수 있다. 그는 모방적이거나 기계적인 것과는 거리가 멀다. 하지만 베르길리우스는 압도적인 천재성에도 불구하고 예외적인 존재는 아니었다. 로마에서 시 교육은 매우 중요하게 여겨졌고, 시는 규칙에 따라 체계화되었다. 베르길리우스 역시 선대의 양식, 기교, 이미지를 이어받았으며, 과거 문장을 인용하거나 암시하기도 했다.[2] 사실, 문학의 핵심은 전통이다. 문학은 전승이며 계보고 기억의 저장고다. 한마디로 문학은 imitatio모방이며, 이는 곧 고대 미학의 주춧돌이다.[3]

모방은 혁신을 금지하거나 배제하지 않는다. 사실, '시인(창작자)의 독창성'은 낭만주의 시대의 신화에 지나지 않는다. 심지어 가장 전위적인 시인도 이러저러한 방식으로 과거를 참조할 수밖에 없다. 낭만

주의 대표 시인 가운데 하나인 자코모 레오파르디는 고전문학에 관심이 많았으며 라틴어는 물론 그리스어와 히브리어에 통달했다. 퍼시 비시 셸리, 존 키츠, 심지어 윌리엄 워즈워스(『아이네이스』를 번역하기도 했다)도 그랬다. 이 스펙트럼의 다른 끝에 있는 미래주의자 필리포 토마소 마리네티도 마찬가지였다. 그는 타키투스의 『게르마니아』를 번역하고 싶어 했으며, 비록 완수하지는 못했지만 『역사』를 번역하려 하기도 했다.

모방에는 앞선 작가들에 대한 존경이 담겨 있다. 모방은 혁신을 '고전화'하는 것이고, 실험에 auctoritas권위의 인장을 찍어주는 것이며, 평범한 구절을 명언으로 재탄생시키는 것이다.

그러나 아무리 깊이 존경해도 변형을 피할 수 없다. 한 시인이 다른 시인의 말을 가져다 쓰더라도 결코 같은 말을 반복하는 것이 아니며, 그것은 가능하지도 않다. 모방은 과거의 글을 그냥 가져오는 게 아니라 과거의 글을 현재의 방식으로 개조하는 것이다. 과거의 글이 '원본'으로서 갖는 기능을 제거하고 본보기로 삼는 것이다. 다른 작가의 말을 인용하는 것은 단순히 반복하는 데 그치지 않고 수렴을 향한 욕망을 보여주며, 고대를 현대와 이어주며 연속성의 아우라를 드리운다.

의도적인 연속성이야말로 지금 이 책에서 다루는 주제다. 책은 장르를 뛰어넘어 한 문화를 이루는 근본 요소이며, 문학은 정체성을 확립하고 지식을 전파하는 역할을 한다. 언어와 단어에는 무언가 성스러운 것이 있어서 그런 중대한 책임을 불러일으킨다. 어떤 표현이나 단어나 리듬은 그 특유의 탁월함으로 인해 후대에 다시 사용되며 오래 살아남는다. 새로 어떤 의미가 덧붙여지든, 창조될 당시의 맥락에서 멀리 벗어나서도 의의가 있기 때문이다.

유명한 예를 하나 살펴보자. 『아이네이스』 제6권 중, 아이네이아스가 내세에서 디도를 만나는 장면이다. 제4권 끝에서 디도는 아이네이아스를 향한 사랑 때문에 목숨을 끊었는데, 아이네이아스는 저승으로 디도를 찾아가 카르타고를 떠난 것은 자신의 뜻이 아니라 신들의 명령 때문이었다고 변명한다. 그는 이렇게 말한다.

invitus, regina, tuo de litore cessi.(VI.460)

·

마지못해, 여왕이여, 나는 그대의 해안을 떠났소.

셰이머스 히니는 이 구절을 다음처럼 아름답게 번역했다.

나는 그대의 해안에서 배에 올랐소, 나의 여왕이여, 나의 뜻을 거슬러.[4]

시행의 끝부분에서 아이네이아스가 비자발적으로 떠났다는 사실을 효과적으로 강조하고 있다. 사실 이 구절은 다음과 같은 카툴루스의 시를 인용한 것이다.[5]

invita, o regina, tuo de vertice **cessi**.(Catullus 66.39~40)

·

마지못해, 나의 여왕이여, 나는 그대의 머리를 떠났소.

하지만 두 구절이 놓인 맥락은 무척 다르다. 카툴루스의 시에서는 밤하늘의 별자리가 된 베레니케 왕비의 머리카락◇이 하는 말이다. 베르길리우스가 이 구절을 전혀 다른 맥락에 사용한 것은 일종의 아이러니로 보인다. 아이네이아스를 머리카락과 대등하게 설정한 이유는 무엇일까? 어떤 이는 베르길리우스가 농담 같은 이 구절에 그 특유의 진중함을 부여한 것이라고 설명한다. 하지만 나는 어떤 아이러니도 찾을 수 없었다.

내가 보기에 카툴루스의 시는 굉장히 진중하다. 베레니케 왕비의 머리카락은 주인의 머리에서 떨어져 나와 정말로 고통받는다. 별자리가 된 것조차 주인을 잃은 슬픔을 달래주지 못한다. 베르길리우스가 카툴루스의 시를 인용한 것은 바로 깊은 이별의 슬픔 때문이다. 베르길리우스는 다른 경우, 예를 들어 죽음을 표현할 때도 카툴루스에게 의지하곤 했다.

이것을 이해하면 카툴루스가 상징을 사용해 본질적 의미를 드러내려 했다는 것을 알 수 있다. 심지어 어조가 장난스러운 베레니케의 머리카락에 관한 시에서도 마찬가지다. 그뿐 아니라 카툴루스는 왕과 신의 제유提喻인 토템을 제시하려 했다는 것도 이해할 수 있다.

카툴루스의 비가◇◇는 『아이네이스』 제6권처럼 초자연적 현상을 다루고 있다.[6] 카툴루스의 비가가 지닌 복합성과 감정적 깊이는 베르길리우스의 인용에서도 소실되지 않았다(희생된 송아지에 대한 루크레

◇ 베레니케는 이집트 프톨레마이오스 3세의 왕비다. 원정을 떠난 남편의 귀환을 기원하면서 머리카락을 아프로디테 여신에게 바쳤다.

◇◇ 영어 단어 elegy로 알려진 비가悲歌는 그리스어 elegeia에서 비롯한 말로 본래는 슬픔, 애통, 한탄 등을 의미한다.

티우스의 비애가 베르길리우스의 인용에도 생생히 남아 있었던 것처럼). 베레니케 왕비의 머리카락에 관한 비가에서 베르길리우스는 영감의 원천을 발견한다.

카툴루스의 시가 『아이네이스』의 끝부분에서도 등장하는 것은 결코 우연이 아니다. 유피테르가 투르누스◇와 라티움족의 수호신 유노에게 말하는 장면이다. 유피테르는 유노에게 아이네이아스와 그 부하들의 승리를 방해하지 말 것을 당부하고, 결국 유노는 유피테르에게 고개를 숙이고 다음과 같이 말한다.

Iuppiter, et Turnum et terras **invita reliqui**. (XII.809)
 •
유피테르여, 나는 마지못해 투르누스와 땅을 포기했으니.

낯선 위치에 놓여 있어 알아채기 어렵긴 하지만, 인비타invita가 여기에도 등장한다. cessi떠나다는 reliqui포기하다로 바뀌었다. 이 두 시행이 등장하는 맥락을 비교해보면 카툴루스와 베르길리우스의 연결성은 더욱 두드러진다. 사실 이 구절은 번역할 필요도 없다. 서로 일치하는 어휘들만으로 충분한 증거가 되기 때문이다.

invita, o regina, tuo de vertice **cessi**,
invita: **adiuro** teque tuumque **caput**,
digna ferat quod si quis inaniter adiurarit:

◇ 고대 이탈리아에 존재하던 루툴리족의
전설적인 왕으로, 트로이 유민들을 이끌고 이
탈리아에 당도한 아이네이아스와 대결 끝에
목숨을 잃는다.

sed qui se ferro postulet esse parem?

Ille quoque eversus mons est, quem maximum in oris

progenies Thiae clara supervehitur,

cum Medi peperere novum mare, cumque iuventus

per medium classi barbara navit Athon.

Quid facient crines, cum ferro talia cedant?

Iuppiter, ut Chalybon omne genus pereat,

et qui principio sub terra quaerere venas

institit ac ferri stringere duritiem! (Catullus 66.39~50)

ista quidem quia nota mihi tua, magne, voluntas,

Iuppiter, et Turnum et terras **invita** reliqui;

nec tu me aeria solam nunc sede videres

digna indigna pati, sed flammis cincta sub ipsa

starem acie traheremque inimica in proelia Teucros.

Iuturnam misero [fateor] succurrere fratri

suasi et pro vita maiora audere probavi,

non ut tela tamen, non ut contenderet arcum;

adiuro Stygii **caput** implacabile fontis,

una superstitio superis quae reddita divis.

Et nunc **cedo** equidem pugnasque exosa relinquo. (「Aeneis」

XII.808~818)

베르길리우스에게서 카툴루스의 흔적이 얼마나 많이 보이는지 알면 알수록 놀랍다. 공통된 요소들이 서로 다른 위치에 놓여 있는 것을 보면, 베르길리우스가 카툴루스를 의도적으로 베낀 것은 아닌 것 같다. 그렇다고 카툴루스의 영향력을 지우려하지도 않았다. 카툴루스가 주인에게서 떨어져 나온 머리카락을 묘사하면서 보여준 이별의 상처는 베르길리우스도 공유하고 있다.

『아이네이스』는 기나긴 분리와 이별의 이야기다. 아이네이아스는 아내 크레우사, 아버지 안키세스, 디도 여왕, 친구 팔리누루스, 유모 카이에타와 헤어졌다. 베르길리우스의 첫 목가시도 고통스러운 이별, 사랑했던 전원을 잃는 심정, 망명 등을 다루고 있다. 심지어 앞의 인용구에서도 유노는 투르누스와 결별하고 있다. 이것이 바로 우리가 이별의 원형을 계속 떠올리게 되는 이유다.

기억은 『아이네이스』를 구성하는 기본 뼈대다. 아이네이아스와 디도를 포함해 모든 이의 영혼이 과거에 사로잡혀 있다. 마르셀 프루스트보다 훨씬 전에 베르길리우스는 우리에게 '잃어버린 시간 찾기'를 제시하고 있다. 『오디세이아』가 먼저라고 주장하는 이들도 있을 것이다. 하지만 『오디세이아』는 귀환의 노래다. 오디세우스는 자기가 기억한 고향에 결국 도달한다. 하지만 아이네이아스는 고향에 돌아가지 못한다. 고향 트로이는 이미 폐허가 되었으므로 라티움에 정착할 수밖에 없다. 그러하기에 이 이야기에는 비통함과 되돌릴 수 없는 상실이 깃들어 있다.

베르길리우스는 향수에 푹 젖어 있다. 그는 우리에게 회상에 잠긴 인물들을 보여주면서, 사물이 어떻게 낡아가고 본래의 의미를 상실하며 심지어 죽음의 상징과 도구가 되는지 보여준다. 『아이네이스』에는 우리에게 한 시대가 끝났음을 상기시키는 대상이 너무도 많다. 디도 여왕이 자기 목숨을 끊기 직전이 대표적인 예다.

> at trepida et **coeptis** immanibus effera Dido
>
> sanguineam volvens aciem, maculisque trementis
>
> interfusa genas et pallida morte **futura**,
>
> interiora domus inrumpit limina et altos
>
> conscendit furibunda rogos ensemque recludit
>
> **Dardanium**, non hos **quaesitum** munus in usus. (IV.642~647)
>
> •
>
> 하지만 몸서리치며, 끔찍한 목적을 품고 사나워진 디도는
>
> 돌아가는 눈알엔 핏발이 서고, 두 뺨엔 반점이 돋아
>
> 부들부들 떨면서, 미래의 죽음으로 이미 창백해져,
>
> 궁궐 안으로 달려가 오르네, 높다란
>
> 장작더미를 미친 듯이, 뽑아 드네 다르다누스의 검,
>
> 간청하여 그에게서 받은 선물, 이를 위한 것은 아니었건만!

서술자는 디도가 손에 든 검이 트로이의 아이네이아스(dardanio는 트로이의 건설자 다르다누스의 후손을 의미)에게서 받은 선물임을 강조한

다. 하지만 이 서술자는 진짜 서술자가 아니다. 디도 여왕이 자신의 내면에서 스스로를 관찰하고 있기 때문이다. 이는 간접 담화다. 피 묻은 검은 문자 그대로 하나의 '기억'이다.

문법 면에서도 세 개의 분사 coeptis(이제 막 생각한 것), futura(임박한 결론), quaesitum(본래의 원인, 그녀가 선물을 요청한 사실)으로 한 문장 안에서 과거·현재·미래를 수렴한다. '미래의 죽음'이라는 모순어법은 이러한 효과를 더욱 고조한다. 일어나고 있는 일과 아직 일어나지 않은 일이 겹친다(영어의 future라는 말은 라틴어 동사 sum있다의 미래 분사 여성형이다). 검이 등장하는 다른 예를 살펴보자.

Transiit et parmam mucro, levia arma minacis,

et tunicam molli mater quam neverat auro,

implevitque sinum sanguis; tum vita per auras

concessit maesta ad Manis corpusque reliquit. (X.817~820)

•

위협이 되기엔 너무 가벼운 무기였던 그의 방패를 칼끝이 뚫고

그리고 어머니가 금실로 짜주신 속옷을 뚫었네,

접힌 곳들을 따라 피가 흐르고, 목숨이 허공으로

서럽게 죽은 이들에게로 달아나 그의 몸을 떠났네.

메젠티우스의 아들 라우수스가 아이네이아스의 손에 최후를 맞는 장면이다. 서술자는 어머니의 자수를 묘사함으로써 전투 장면에 다

정함을 불어넣고, 독자를 다른 시간과 장소로 데려가 그가 다시 만날 수 없는 가족의 애정을 느끼게 한다. 아이네이아스조차 승리 앞에서 가책을 느끼고, 전장에서 보인 적 없던 시선을 이 젊은 전사에게 보낸다.

이어지는 책에서도 전투 중에 쓰러진 또 다른 젊은 병사 팔라스의 장례식 장면에서 기억을 불러일으키는 대상으로 자수가 등장한다. 디도가 아이네이아스에게 suis manibus자기 손으로 직접 만들어준 금색과 자색의 외투다.(XI.74) 그것은 이제 목숨을 잃은 젊은 병사의 얼굴에 덮여 있고, 그렇게 병사의 시신은 태워질 것이다.

sine ira et studio

시네 이라 에트 스투디오

✛

분노도 열성도 없이

타키투스

이름	⚬⚬⚬⚬	푸블리우스 코르넬리우스 타키투스Publius Cornelius Tacitus
생몰 연대	⚬⚬⚬⚬	기원후 약 56년~기원후 117년
활동 분야	⚬⚬⚬⚬	정치, 역사
특징	⚬⚬⚬⚬	정치가이자 역사가, 마키아벨리의 영감의 원천
		암시, 생략, 간결성

로마 시대의 역사가이자 정치가다. 도미티아누스의 공포정치를 겪은 후
공화제를 이상으로 삼았으며 97년에 집정관이 되었다. 역사를 인생의
지침으로 여기며 말년에는 집필에 전념했다. 살루스티우스를 추종했으며,
저서로는『연대기』,『역사』등이 있다.

살루스티우스

이름	⚬⚬⚬⚬	살루스티우스 크리스푸스Gaius Sallustius Crispus
생몰 연대	⚬⚬⚬⚬	기원전 약 86년~기원전 약 36년
활동 분야	⚬⚬⚬⚬	정치, 역사
특징	⚬⚬⚬⚬	니체의 사랑을 받은 시인
		건조하고 냉정한 문장

로마 시대의 역사가다. 카이사르를 지지했으며 이후 원로원 의원이 되었고,
카이사르의 죽음 후에는 역사서 집필에 몰두했다.『카틸리나의 음모』는
집정관 키케로를 제거하려던 카틸리나의 음모와 그 실패를 기록한 저서다.

XII

라틴어의 정수를 만나다
◆ 타키투스와
살루스티우스

◊ 『적과 흑』에서 쥘리앵 소렐은 주교에게 라틴어 실력을 보여주고 선물을 받는다. 이때 주교가 준 선물이 타키투스의 전작全作 여덟 권이다. 신학생에게 주는 선물로는 정말 드문 것이었고, 다른 이들의 부러움을 살 만한 선물이었다.

그런데 왜 타키투스였을까? 이를테면 주교는 아우구스티누스의 전작을 줄 수도 있었을 것이다. 주교가 타키투스를 선택한 것은, 타키투스는 권력이 무엇인지 가르쳐주기 때문이다. 주교는 쥘리앵이 올바르게 처신하는 법을 배운다면 교회 안에서 훌륭한 이력을 쌓을 거라 확신했던 것이다.

쥘리앵과 달리 나는 타키투스의 전작을 선물받지 못했다. 그래서 첫 파리 여행에서 모아놓은 돈으로 레벨레트르Les Belles Lettres에서 나온 타키투스 전집을 샀다. 열일곱 살짜리에게는 큰돈이었지만, 꼭 사고 싶었다. 그 이전에는 라틴어로든 번역본으로든 타키투스의 책을 읽은 적이 없었다. 내가 아는 것이라고는 그의 글은 어렵다는 것과, 만약 시험에 그의 글이 나오기라도 한다면 그저 행운을 비는 수밖에 없다는 것뿐이었다. 나는 고등학교 졸업 시험에서 그의 글과 마주쳤다. 출제 위원회의 누군가가 타키투스의 『연대기』 중 한 문장을 고른 것이다. 제I권 50장의 첫 부분으로 아직도 기억이 난다. "Laeti neque procul Germani agitabant행복하게 멀지 않은 곳에서 게르만족은 살고 있었는데…."

대학에서는 타키투스를 읽고 그 자리에서 번역할 수 있어야 했다. 그릴리 교수는 『연대기』나 『역사』를 무작위로 펼친 뒤 우리에게 한 구절을 읽고 이탈리아어로 해석하게 했다. 바로 해석하지 못하는 있는 학생은 집으로 돌려 보냈다(안타깝게도 그런 일은 종종 있었다).

나에게 타키투스는 라틴어의 정수였다. 그는 간결, 효율, 풍부, 대비 같은 라틴어 본연의 특성을 완벽하게 표현했다. 그의 글에는 과잉된 것이 없다. 핵심 요소도 다른 부분에서 유추할 수 있다면 생략되었다. 타키투스의 라틴어는 테레빈유가 모두 증발하고 남은 끈적한 물감 같다. 그래서 타키투스의 라틴어는 다른 저자들보다 어렵다. 그의 글은 암시, 구성 요소(동사와 전치사)의 생략, 간결성이 특징이다. variatio라는 것도 있는데, 이는 어순이나 문장 구조에 따라서가 아니라 의미에 따라 연결된 요소들을 병치하는 것이다. 앞서 언급한 "Laeti neque procul"이 바로 그 예로, 형용사가 부사와 짝지어져 있다.[1] 여기 또 다른 예가 있다.

··· palam **laudares**, **secreta** male **audiebant**.(『Historae』 I.10)

이 문장에 뛰어들기 전에, 우선 이 구절이 시리아 총독 리키니우스 무키아누스에 대한 묘사라는 것을 말해둔다. 그는 모순적인 인물이었다. 권력자들과 친했지만 황제의 미움을 받게 된 그는 외지로 밀려나게 된다. 그는 열성적인 약골이고, 호감 가는 속물이며, 위급한 상황에서는 언제나 도움을 청할 수 있는 난봉꾼이었다. 위에 인용한 문장은 그런 그의 특징을 정확하게 포착했다. 문자 그대로 해석하면 다음과 같다.

… 공적으로는 당신이 [그를] 찬양했을 것이다. [그러나] 사생활에서는 평판이 나빴다.

앞부분과 뒷부분 사이에 역접 접속사가 없다. 직접 목적어 '그를'도 빠져 있다. 전형적인 타키투스의 방식이다. '그러나'는 독자가 채워 넣어야 한다. 타키투스는 자신이 직접 판단을 내리지 않고, 이를 독자의 몫으로 남겨둔다.

내포된 직접 목적어는 문장의 맥락만으로 충분히 유추할 수 있다. 이러한 생략은 두 개념, 즉 총독으로서의 좋은 평판과 비난받을 만한 사생활 사이의 대비를 강화한다. variatio는 부사(palam공적으로)와 중성 복수 명사(secreta사적인), 접속법 미완료 동사의 2인칭 단수형(laudares 찬양하다)과 직설법 미완료 동사의 3인칭 복수형(audiebant듣다)을 병치시킴으로써 둘 사이의 충돌에 긴장을 강화한다.

모두 비대칭적이면서도 대칭을 이루게 되어 있다. 이 대칭은 미리 준비된 기술적 장치라기보다는 독자가 결론을 이끌어낼 때 일어나는 효과라고 할 수 있다.

타키투스의 문장에서는 개별 단어들의 의미작용semantics을 통해 이야기가 일차적 진실을 획득한다. 그리고 단어들 사이의 상응 관계는 독자가 독서를 통해 개입할 때 드러난다. 타키투스의 글에서 일어나는 이런 담화의 회절回折◇은 그가 사용하는 모든 개별 단어가 주변에 인광燐光을 발하는 모호한 무언가를 지니고 있기 때문이다.

앞의 인용구에서 부사 palam은 '공적으로'라는 뜻이다. 타키투스는 이 단어를 동사 laudares와 함께 사용한다. 논리적으로 이 부사는 리키니우스 무키아누스의 공적인 역할과 관련된다. 즉, 리키니우스 무키아누스를 향한 칭찬은 공적인 것이다. 그의 공적인 인물평이 찬양받을 만한 가치가 있는 것으로 인식되기 때문이다.

여기서는 베르길리우스와 유사한, 문장 요소들을 교환하는 일종의 환치법이 작동한다. 내포된 목적어(리키니우스 무키아누스)가 주어와 연결되는 것이다. secreta는 secretum의 복수형인데 '비밀'이라는 뜻 외에 '신비'나 '숨겨진 장소'라는 뜻도 있다. 타키투스는 secreta를 palam에 대치되는 의미로 살짝 비틀어 사용했다. 그렇게 해서 '비밀'은 리키니우스 무키아누스의 감추어진 생활을 가리키게 되고, 내가 번역한 것처럼 '사생활'로 옮길 수 있게 된다.

audiebant는 '듣다'를 뜻하는 동사 audio(부정사는 audire)에서 나왔다. 부사 male나쁘게나 bene잘와 쓰이면 audio는 자동사가 되어 '평판이 나쁘다' 혹은 '평판이 좋다'라는 뜻이 된다. 여기에 쓰인 모든 단어와

◇ 본래 회절diffraction은 파동이 장애물을 만났을 때 휘거나 퍼지면서 장애물을 에돌거나 통과하는 현상을 말한다. 여기에서 저자는 개별 단어들이 의미의 파동을 일으키며 서로 간섭하면서 이루어지는 효과를 회절이란 용어로 표현하고 있다. 타키투스는 회절을 통해 적확하게 선택한 최소한의 단어를 가지고 독자의 참여를 유도하면서 더 깊고 무렷해진 의미를 전달한다.

용법은 극히 평범한 것이지만, 타키투스는 한 걸음 더 나아가서 말하기와 관련된 동사 laudo찬양하다와 기본 의미가 '귀로 인지한다'인 동사 audio듣다를 나란히 배치해 그 사이의 대조 또는 일치를 역설적으로 활용한다.

타키투스는 살루스티우스의 추종자다. 키케로와 동시대에 살았던 살루스티우스는 키케로와는 완전히 다른 문체로 굉장히 사적인 글을 썼다. 역사 서술의 새로운 길을 닦은 걸작 『카틸리나의 음모』◇를 예로 들어보자.

살루스티우스는 투키디데스의 절묘한 비약에서 힌트를 얻어, 통사적 복합성을 피하는 글쓰기를 했다. 그의 문장은 접속사가 거의 없으며, 병렬적인 덩어리로 움직인다. 그는 서로 어울리지 않는 요소들을 병치하는 variatio를 좋아할 뿐, 균형이나 대칭을 추구하지는 않았다. 살루스티우스는 구식 용어를 풍부하게 사용했다. -endus가 아니라 -undus로 끝나는 그의 동명사들은 케케묵은 곰팡내가 날 지경이다. 형용사들(이를테면 pessima 대신 pessuma, diversa가 아니라 divorsa)도 마찬가지다.

그의 산문에서는 과민한 메마름, 의도적인 냉정함이 느껴지지만, 특유의 매력과 아름다움도 깃들어 있다.[2] 타키투스가 살루스티우스를 모범으로 삼은 것은 그리 놀랄 일이 아니다. 타키투스만이 아니다. 니체 역시 『우상의 황혼』에서 살루스티우스를 찬양했다.

◇ 기원전 63년 뇌물을 써서 집정관 선거에 당선되고자 했던 카틸리나가 자신을 저지하려는 키케로를 제거하고 쿠데타를 일으키려 했던 사건.

문체에 대한, 문체로서의 에피그램에 대한 나의 감각은 살루스티우스를 읽은 순간 즉각적으로 일깨워졌다. ⋯ 치밀하고, 엄격하고, 가능한 한 많은 내용을 담고 있으며 '고운 단어들' '고운 느낌들'에 대한 차가운 적의를 지니고 있다는 바로 그 점에서 나 자신을 알아보았다. 내 글을 읽는 사람이라면, 심지어 『차라투스트라는 이렇게 말했다』에서도, **로마의 문체를 향한 매우 진지한 나의 포부**를 인정할 수 있을 것이다.[3]

인문주의 절정기에 폴리치아노는 신新라틴어 문학의 가장 훌륭한 작품 중 하나인 파치 음모◇에 관한 글에서 이러한 문체를 채택하여 큰 성공을 거두었다. 극작가 비토리오 알피에리(1749~1803)는 『카틸리나의 음모』를 번역했다. 그는 번역본 서문에서 살루스티우스가 "신성하다"며, 그의 문체는 "명확성, 간결성, 활력"이 두드러진다고 했다. 그런 특징이 잘 드러나는, 카틸리나가 죽는 대목을 살펴보자.

Catilina postquam fusas copias seque cum paucis **relicuom** videt, memor generis atque pristinae suae dignitatis, in **confertissumos hostis** incurrit ibique pugnans confoditur.(LX)

•

카틸리나는 자신의 부대가 해체되고 이제 자신에게 몇몇 지지자만 남았음을 보고 자기 가족과 자신의 위엄을 기려 적군의 가장 밀집된 대열로 돌진하여 싸우다 죽는다.

◇ 1478년 피렌체를 독점적으로 통치하던 메디치 가문을 전복시키고자 파치 가문이 벌인 사건.

이야기의 절정이 압축된 이 문장은 현재 시점으로 기술된다. 살루스티우스는 덧붙여 이 대목에 예스러운 단어들을 흩뿌려 놓는다(reliquum남아 있는 대신 relicuom, confertissimos밀집된 대신 confertissumos, hostes적 대신 hostis). 그리고 시체들 사이에서 고뇌하면서도 여전히 자부심에 차 있는 카틸리나를 간결하게 묘사한다. 살루스티우스에게는 인물의 성격 묘사가 사건의 서술보다 훨씬 중요하다. 카틸리나의 협력자 셈프로니아에 대한 다층적인 묘사가 좋은 예다. 그는 의지가 확고하고, 노래를 잘 부르고, 여러 언어를 구사하고, 범죄자적 기질이 있으며, 부끄러움 없이 쾌락을 추구하고, 대범한 기백이 넘치는 여성이었다.(『카틸리나의 음모』 XXV)

타키투스는 키케로와 정반대에 있는 저자다. 타키투스는 중심 주장을 주변에 배치하는 반면, 키케로는 중심 주장을 중심 문장 하나에 담으며, 부수적 요소들은 이 문장의 논리에 따라 파생된다. 타키투스의 글은 암시와 함축으로 일렁인다. 그래서 그의 글은 섬세한 해석과 공백을 채우는 직관을 통해서만 의미를 파악할 수 있다.

타키투스는 역사 서술에서 살루스티우스를 본보기 삼긴 했지만, 단순히 그의 라틴어를 발전시킨 정도가 아니라 새로운 경지에 이르렀다. 타키투스는 훨씬 더 복잡하고 비판적인 감성과 탁월한 지성을 지니고 있었기 때문이다.

언어는 그것을 사용하는 개인의 지성과 열정으로 정련된다. 언어의 발전은 그것을 사용하는 사람들에게 달려 있다. 모든 사람이 언어를 사용하고 공부하지만, 한 언어를 완전히 새로운 영역으로 밀어 올리는 것은 몇몇 탁월한 개인의 의지에 달려 있다.

이제 폭력적인 죽음이라는 테마로 다시 돌아가, 타키투스가 『연대기』에서 묘사한, 네로의 어머니 아그리피나가 살해되는 장면을 들여다보자.

Anicetus villam statione circumdat refractaque ianua obvios servorum abripit, donec ad fores cubiculi veniret; cui pauci adstabant, ceteris terrore inrumpentium exterritis. Cubiculo modicum lumen inerat et ancillarum una, magis ac magis anxia Agrippina, quod nemo a filio ac ne Agermus quidem: aliam fore laetae rei faciem; nunc solitudinem ac repentinos strepitus et extremi mali indicia. Abeunte dehinc ancilla, "tu quoque me deseris?" prolocuta respicit Anicetum, trierarcho Herculeio et Ⓞbarito centurione classiario comitatum: ac si ad visendum venisset, refotam nuntiaret, sin facinus patraturus, nihil se de filio credere; non imperatum parricidium. Circumsistunt lectum percussores et prior trierarchus fusti caput eius adflixit. Iam in mortem centurioni ferrum destringenti protendens uterum "ventrem feri" exclamavit multisque vulneribus confecta est. (XIV.8)

•

아니케투스는 근위병들을 세워 집을 둘러쌌다. 대문을 부수고, 대항하는 하인은 누구든 끌어내면서 침실 문에 이르렀다. 겨우 몇 명의 하인만 그 앞에 남아 있었고, 다른 하인들은 모두 침입자가 두려워 달아났다. 방 안에는 희미한 불빛과 하녀 한 명, [그리고] 아그리피나가 있었는데, 여전히 아들에게서 전령이 오지 않았고 아게르무스조차 오지 않았으므로 그녀는 점점 더 불안해하고 있었다. [그녀가 생각하기를] 행복한 결말은 다른 모습을 하고 있을 것이다. 이제는 [그 대신에] 오직 고독과 갑작스럽고 시끄러운 소음과 끔찍한 재난의 표징들뿐. 하녀가 나가자 그녀가 불렀다. "너 역시 나를 버리는 거냐?" 그렇게 말하고 나서 그녀는 갤리선 선장 헤르쿨레이우스를 동반한 아니케투스와 해군 백인대장 오바리토를 향했다. [그녀가 말하길] 만약 그녀를 살피러 온 것이라면, 그녀가 회복되었다는 말을 전해야 할 것이다. 범죄를 저지르러 [온다면] 그녀는 자기 아들이 그 범죄에 손을 담갔다는 것을 절대 믿지 않을 것이다. 아들이 어머니의 죽음을 명령하지는 않았을 것이다. 암살자들이 그녀의 침대 주변으로 모여들고, 먼저 갤리선 선장이 곤봉으로 그녀의 머리를 쳤다. 그런 다음 백인대장이 검을 움켜쥐고 그녀를 죽일 준비를 했을 때 그녀가 자궁을 내어주며 소리쳤다. "내 자궁을 쳐라." 그리고 그녀는 많은 상처를 입고 살해되었다.

이 글을 읽으면 아그리피나의 마음속으로 들어가게 된다. 아그리피나는 사악한 아들에게 굴복한 사악한 어머니다. 이것이 아그리피나의 생각이라는 것을 알려주는 것은 문법(간접화법)만이 아니다. 설정 자체가 아그리피나를 대신하여 말하고 있다. 희미한 불빛은 이제 곧

꺼져버릴 목숨을 상징한다. 마지막 하녀가 떠나는 것은 결말이 얼마나 황폐할지 말해준다. 그 뒤에 아그리피나의 심리 드라마가 펼쳐진다. 아들이 어머니의 죽음을 바란다는 사실을 받아들이지 못해 의혹이 멈추지 않으면서도 불길한 예감이 떠오르는 가운데 연극처럼 꾸민 가식적인 태도를 취한다.

살루스티우스는 자기 시대에 일어난 실패한 쿠데타(카틸리나의 역모)를 이야기하면서, '만연한 부패'라는 하나의 모티프, 전체를 관통하는 교훈을 제시한다. 여기에는 어떤 정치적 분석도, 심리적 고찰도 없다. 카틸리나가 주인공인 듯하지만, 그는 범죄 자체의 상징이지 어떤 특정한 유형의 범죄자가 아니다. 그의 동료들 또한 깊이 있게 묘사되지 않는다. 그들은 지성을 빛내는 순간도 있지만, 대체적으로 사악하고 단순하다. 그들 반대편에 있는 이들은 선善의 체현이다.

타키투스 또한 도덕주의적 시각으로 사건을 요약하고 재빨리 비난한다. 그러나 그는 단어 하나에도 몇 겹의 의미를 부여해 풍성하고 깊이 있는 이야기를 펼쳐 보인다. 그는 우리에게 아주 조금만 말해주지만 그 뒤에는 인간적인 이유, 복잡한 목적, 불가해한 것에 관한 더 넓은 담론, 감추어진 해설이 있다. 그와 달리 살루스티우스의 글에서는 서사와 해설은 하나다. 살루스티우스의 간결한 문장은 감추는 게 전혀 없고, 주제를 바로 보여준다. 그리고 사전에 내려진 그의 판단이 모든 단어에 스며들어 있다.

Omnia mutantur, nihil interit

옴니아 무탄투르, 니힐 인테리트

✣

모든 것은 변해도, 사라지는 것은 없다

오비디우스

✦

이름	◦◦◦◦	푸블리우스 오비디우스 나소Publius Ovidius Naso
생몰 연대	◦◦◦◦	기원전 43년~기원후 17년 또는 18년
활동 분야	◦◦◦◦	문학(시)
특징	◦◦◦◦	『신곡』의 모델이 된 『변신 이야기』
		로마 제일의 이야기꾼
		더하고 늘어놓는 맥시멀리스트

로마 문학의 황금기를 이룬 시인이다. 베르길리우스, 호라티우스와 함께
라틴 시를 대표한다는 평가를 받는다. 로마 동쪽의 술모(지금의 술모나)
마을에서 태어나 로마로 유학하여 수사학 교육을 받았다. 초기 시는
에로틱한 연애시가 대부분이었으며, 이후 필생의 역작인 『변신 이야기』를
썼다. 이 작품은 그리스-로마 신화의 근간이 되는 사건들을 '변신'이라는
주제로 모은 대서사시다. 그는 아우구스투스 황제의 명령으로 로마에서
추방되면서 흑해의 벽지 토미(지금의 콘스탄차)에서 생을 마감했다.

XIII

거부할 수 없는 가벼움
• 오비디우스

◊　　이탈리아 사람이라면 누구나 학교에서 단테를 배우며 오비디우스를 접하게 된다. 사실 『신곡』은 오비디우스의 『변신 이야기』를 가져다 쓴 작품이다. 하지만 도둑들의 변신(「지옥편」 XXV곡)에서 단테는 공개적으로 선배의 기량에 도전하고 자기 자신의 승리를 선언하며 이렇게 말한다. "오비디우스를 침묵하게 하라. … 나는 그를 시기하지 않으니."(vv.97~99)

　　단테가 오비디우스를 가져다 쓴 덕에 『변신 이야기』가 오랜 세월 유명세를 유지할 수 있었던 것은 사실이지만, 이 때문에 『변신 이야기』를 그저 신화 모음집 정도로만 생각하게 된 것도 사실이다. 필요한 게 있으면 뭐든 가져다 쓸 수 있는 창고처럼 여기는 것이다. 격동의 시기 로마 제국을 배경으로 쓰인 우주의 역사는 한때 열다섯 권에 달하는 장엄한 프레스코화와 같았지만, 이제는 모두 쪼개져 조각난 이야기 파편이 되었다. 나르키소스는 꽃이 되고, 에코는 목소리가 되고, 여기서는 성별이 변하고, 저기서는 사람이 박쥐나 새나 암소로 변하고… 나머지는 그러한 변화에 공모하다가 불행한 운명을 맞게 되는 단순한 구조의 이야기로 축소되었다.

오비디우스는 무익하고 일관성 없는 시인으로 보인다. 그는 자신의 작품 속 등장인물들만큼이나 변덕스럽고, 그리스 신화를 뒤져서 찾아낸 것을 다시 포장해서 팔아먹는 속물 같다. 거기에 아이러니는 있지만 깊이가 없다. 마치 전자레인지로 데워 먹는 냉동식품을 종류대로 모아놓은 종합 선물 세트 같다. 내용이 허위이기 때문에 모든 게 엉망인 가짜 서사시다. 재주는 좋지만 너무 단순하다. 오비디우스는 피상적이고 수다스럽다.

그는 동시대를 살았던 베르길리우스와 비교되는 신세를 면하지 못했다. 베르길리우스는 로마의 시인이었고, 오비디우스는 그저 그런 작가로 역사에 전해졌다. 그는 자신의 재능을 지나치게 의식한 작가였으며, 그래서 거만하고 장식적이고 공허했다. 그는 지나친 멋쟁이이자 허풍선이로 여겨졌다. 레오파르디조차도 『변신 이야기』가 이미지들과 불필요한 묘사들을 줄줄이 이어놓은 것에 지나지 않는다고 생각했다.

시인은 이미지들을 묘사하는 것보다 훨씬 더 진지한 목적이 있음을 보여주어야 한다. … 이미지들을 엄숙하고 진지하게 묘사하고 사용해야 한다. 쾌락을 주기 위해 이미지를 사용하거나, 의도적으로 이미지를 탐구했거나, 이미지에 너무 신경 쓰거나, 이미지에 빠져들도록 의도했다는 걸 보여주어서는 안 된다. 그래서 호메로스, 베르길리우스, 단테가 위대하다. 그들은 가장 생생한 이미지와 묘사로 가득함에도 이를 신경 썼다는 어떠한 조짐도 보이지 않고, 그들에겐 훨씬 더 진지한 목적이 있고 그들이 신경 쓰는 것은 오직 그것뿐이라고 생각하게 한다. … **오비디우스는 그와 정반대다.** 그는 감추지도 않고 변장하지도 않으며, 오히려 드러낸다. 즉, 자신에게 더 크거나 더 진지한 의도가 없음을 선포하는 것이다. 실제로 그는 묘사하고, 이미지와 밑그림을 드러내고, 사건을 표현하고 재현하는 것 외에 다른 어떤 것도 목표로 하지 않는다. (『치발도네Zibaldone』 3479~3480, 1823년 9월 20일)[1]

레오파르디는 오비디우스의 가장 핵심적인 장점들을 단점으로만 보고 있다. 레오파르디의 말이 사실이긴 하다. 오비디우스는 늘 모든 것을 그림처럼 묘사하면서 하나의 장면으로 보여준다. 압축된 간명함이 있었더라면 더 좋았을 것이다. 하지만 그가 지닌 힘은 그의 펜에서 너무나 쉽게 이야기가 흘러나온다는 사실에 있다. 또한 그는 세부적인 부분들을 한데 모으고, 하나의 문을 연 뒤에 또 다른 문을 열고, 문 뒤에 숨겨진 또 다른 문들을 열며 독자가 끊임없이 새로운 것을 발견하게 한다.

미국 시인 로버트 로웰은 『변신 이야기』의 시작 부분에 대해 이렇게 말했다. "그의 단어 배치는 마치 잠에서 깨어난 아이가 이야기하는 것 같다. 세심하게 정렬되어 있음에도 마치 단어들이 서둘러 스스로를 알리려다 넘어진 듯 보인다."[2] 이탈로 칼비노는 오비디우스의 풍요로움을 이렇게 묘사했다. "오비디우스의 본능은 더하는 것이지 절제하는 것이 아니다. 세부로 더 들어가는 것이지 모호하게 남겨두는 것이 아니다. 그러한 방식은 어조에 따라 효과가 달라진다. 사소한 문제에는 그에 어울리는 가라앉은 어조를 쓰고, 기적적인 사건을 묘사할 때는 동요되고 성급한 어조를 쓴다."[3] 다음은 이런 면을 엿보게 해주는 예시다.

> extenuant vigiles **corpus** miserabile curae,
>
> adducitque cutem macies, et in aera sucus
>
> **corporis** omnis abit; **vox** tantum atque **ossa** supersunt:
>
> **vox** manet; **ossa ferunt** lapidis **traxisse** figuram. (『Metamorphoses』 III.396~399)

님프인 에코가 나르키소스와 사랑에 빠졌지만, 나르키소스는 그의 사랑을 거부한다. 나르키소스의 이름을 부르고 싶은 간절한 바람 속에서 에코는 형체를 잃고 목소리가 되고 만다.

> 잠 못 들게 하는 고뇌가 가련한 육체를 소진하니,
>
> 피부는 야위고 몸은 물러져
>
> 공기 속으로 사라지고 그저 목소리와 뼈만 남았다가
>
> 이제 오직 목소리만 있고, 뼈는 돌의 모습을 띠게 되었다고 그들이 말하네.

마치 스냅사진을 연속으로 보여주는 것 같다. 하나의 프레임 뒤에 다른 프레임이 이어진다. 이미지들이 쌓여 있다는 레오파르디의 말은 정확하다. 베르길리우스는 연극이고 오페라다. 그는 역사적인 장면도 지금 일어나는 사건처럼 보여준다. 모든 게 담긴 완전한 장면을 보여주려고 한다. 반면 오비디우스는 영화다. 한 번에 하나씩, 사건과 세부 사항이 담긴 프레임을 보여준다.

오비디우스의 글에서는 서사가 드라마를 압도한다. 다시 한 번 레오파르디를 인용해보자. "부분들을 통해 대상을 조금씩 보게 한다."(『치발도네』895) 두운(모든 c, 여러 s, 몇 t, 마지막의 두 f)과 특정 단어(corpus/corporis, vox/vox, ossa/ossa)가 메아리를 이루며 문장을 하나의 사슬처럼 연결한다. 그리고 ferunt, 즉 '그들이 말하네'라는 예상치 못한 외부의 언급이 이 사슬이 끝나는 지점을 결정한다. 그렇지 않았으면 현재로 기술되었을 사건들이 과거 이야기가 된다. 사건을 역사화하는 것이다. 이는 traxisse라는 완료 부정사의 사용에서 암시된다.

나는 대학을 졸업하고 나서야 오비디우스를 읽기 시작했다. 『변신 이야기』부터 시작하지 않고 『여인들의 편지Heroides』를 먼저 읽었다. 이 책은 신화 속 여성들이 쓴 편지와, 사포가 쓴 상상의 편지들을 모은 것으로, 모두 멀리 떨어져 있는 연인에게 보낸 것이다. 가장 오비디우스다운 특성, 곧 감정(이별의 고통)을 이해하고 감성과 지성을 혼합하여 인상적인 형태로 표현하려는 욕망을 잘 드러난다.

나는 미국에서 박사 학위를 받는 동안 이 편지들을 번역했다. 그때 나 역시 이민자로 사랑하는 사람들에게서 멀리 떨어져 있었으며, 어린 시절부터 수많은 연애편지를 써왔기에 그 책의 여성들에게 이입하고 공감할 수밖에 없었다. 내가 왜 그들에게 끌리는 것을 그토록 무시해왔는지 모를 일이었다.

몇 년 뒤에 나는 '추방당한' 오비디우스의 작품들(『비탄가Tristia』와 『흑해에서의 편지Epistulae ex ponto』)을 번역했다. 오비디우스는 그의 『변신 이야기』를 그토록 찬양했던 아우구스투스에게 추방당했다. 그가 갑자기 추방된 이유는 분명치 않지만, 문장에 진지했던 아우구스투스의 눈에 오비디우스의 문장이 거슬렸던 것은 확실하다.

오비디우스는 다시 로마로 돌아오지 못한다. 아우구스투스에게 탄원하고, 로마에 남아 있던 부인과 몇 안 되는 친구들이 자신을 위해 호소해주리라 믿었음에도, 오비디우스는 아우구스투스의 분노에 떠밀려 흑해 연안에서 생을 마감했다. 그곳은 메데이아가 자기 남동생에게 행한 일◇ 때문에 토미Tomi라는 끔찍한 이름으로 불리는 곳이었다 (tom-은 '자르다'를 뜻하는 그리스어 동사 temno의 어근이다).

오비디우스의 '추방시'들은 그의 작품 가운데 가장 활력이 떨어진다. 오비디우스는 『여인들의 편지』에서 볼 수 있는 것처럼, 실제 고통보다 상상 속의 고통을 훨씬 더 잘 다뤘다. 실제 고통을 표현한 작품들은 투덜대며 같은 말을 되풀이할 뿐이고, 오비디우스 자신도 기꺼이 인정하듯이, 갈고 닦는 다듬질이 부족했다.[4]

추방당한 경험을 이야기할 때는 확실히 세네카가 오비디우스보다 탁월하다. 클라우디우스 황제는 세네카를 코르시카섬으로 추방했다. 41년에서 49년까지 추방되어 있던 기간에 세네카는 라틴어 문학사에서 가장 심오한 글(『어머니 헬비아를 향한 위로』)을 써서 어머니에게

◇ 메데이아는 콜키스의 왕 아이에테스의 딸로, 황금 양털을 차지하러 온 영웅 이아손에게 반해 아버지를 배신하고 이아손을 도와 그리스로 도피했는데, 그 과정에서 남동생 압시르토스를 죽였다.

보냈다. 오비디우스가 오직 자신의 처지를 안타까워하며 외지고 흉한 곳으로 추방됐다는 사실만 과장한 반면, 세네카는 자신의 글을 읽는 이들을 위로하기 위해 자신이 추방당한 것이 아니라 그저 이동한 것이라고 이야기한다.

이동은 누구에게나 매일 일어나는 일이다. 온 우주mundus가 끊임없이 위치를 바꾸고 만물이 움직인다. 사람의 정신도 항상 새로운 영역을 탐험하고 확장한다. 정신은 한순간도 정지하지 않는 별들과 천체의 물질로 만들어졌기 때문이다. 이러한 성찰이 라틴어 문학의 독창적인 면이다. 라틴어 문학은 개인적인 이야기나 연대표에 작은 점으로 찍히는 아주 작은 사건조차 특유의 위엄과 깊이로, 이 세계를 넘어 우주적 질서에 연결하곤 한다.

세네카의 주장대로, 로마조차 난민이었던 아이네이아스에 의해 시작되었다. 또한 로마인은 지중해 곳곳으로 퍼져나갔고, 로마인 이전에는 그리스인이 그렇게 했다. 모든 이는 이주한다. "**추방이 곧 이주** populorum transportation"(『어머니 헬비아를 향한 위로』VII.5)라면, 로마에서 멀리 떨어져 있다고 괴로워할 이유는 없다. 어머니가 그리움에 젖어 자식이 죽기라도 한 듯 울어야 하는 이유도, 추방을 당했다고 명예를 잃었다고 좌절할 필요도 없다는 것이다. "**무너진 신전들**aedium sacrarum ruinae"은 건재하지 않아도 여전히 추앙받지 않던가?(XIII.8)

자신의 처지에 대한 부정적 감각을 털어버리기 위해 세네카는 또 다른 논거를 제시한다. 참으로 중요한 것은 세상 어디에 있더라도 가치 있다는 것이다. 그렇기에 어디에 있든 그곳을 집으로 여길 수 있다.

지금 바위투성이의 황폐한 코르시카섬에 있다는 것은 중요하지 않다. 중요한 것은 머리 위에 하늘이 있다는 것이다. 그곳에서 다양한 천체들이 뜨고 지고 궤도를 돌고 반짝이고, 긴 빛줄기를 꼬리처럼 늘어뜨린 채 하늘에서 떨어지면서 하늘을 올려다보는 모든 이의 정신을 고귀하게 만든다.(VIII)

그러함에도, 오늘날 우리가 추방이라는 주제를 떠올렸을 때 연상하는 것은 세네카가 아니라 오비디우스다. 16세기 중반 로마(오비디우스가 돌아가길 원했던 바로 그곳)로 '추방된' 조아킴 뒤 벨레에게 영감을 준 것은 『비탄가』였다. 추방된 오비디우스는 모던과 포스트모던 사조의 원형이 되었다. 오비디우스는 역사적인 이유로 쫓겨난 이들, 식민주의자나 독재 등으로 인해 밀려난 뿌리 뽑힌déraciné 이들의 원형이 되었다. 오스트레일리아 작가 데이비드 말루프의 소설 『상상의 삶Imaginary Life』(1978)과 오스트리아 작가 크리스토프 란스마이어의 『최후의 세계』(1988) 역시 오비디우스를 주인공으로 삼았다.

나는 2000년이 되어서야 『변신 이야기』를 다 읽었다. 당시 나는 서른다섯 살이었고, 다시 뉴욕으로 돌아와 살고 있었다. 마침내 나는 이 작품을 원문으로 읽었다. 그것은 생생한 창조의 힘으로 들어가는 여정이었다.

『변신 이야기』는 그리스로마 신화가 쌓여 있는 창고도, 만화처럼 획획 넘기면서 볼 수 있는 재난 이야기도 아니었다. 마침내 나는 이 작품이 비극이라는 것을 깨달았다. 이 작품은 서사 자체도 미묘하게 변신하고 일화들은 극도로 미미한 실오라기로 연결된다. 이 책의 이야기들은 우리를 감싸고 돌며 생명을 위협하는 혼돈부터 현실의 부조리, 해체되는 자아, 다양한 실존까지 모든 것을 다룬다.

오비디우스가 특별히 선호하는 수사적 장치는 여러 시행詩行이나, 때로는 한 시행 안에서 단어를 반복하거나 변형하는 것이다. 우리는 이미 에코에 관한 인용문에서 이 장치를 보았다. 오비디우스는 이 장치를 즐겨 사용하는데, 특히 변신을 묘사하는 구절에서 두드러진다. 언어조차 다른 것으로 변신한다. 오비디우스는 동사의 시제를 바꾸거나, 동사를 명사로 바꾸면서 같은 단어를 달리 사용한다. 다음은 몇 가지 예시다.

venatrixque metu **venantum** territa fugit! (II.492)

·

그리고 여자 사냥꾼은 남자 사냥꾼들이 두려워 달아나네!

··· quique a me **morte revelli**
heu sola **poteras, poteris** nec **morte revelli**. (IV.152~153)

·

··· 오직 죽음만이 내게서 앗아갈 수 있던 그대,
죽음도 그대는 앗아갈 수 없으리니.

Quae quia mendaci **parientem** iuverat **ore**,

ore parit… (IX.322~323)

•

자신의 기만적인 입으로 한 여자가 출산하는 것을 도왔기에
그는 입으로 출산한다네…

… **Lugebre** nobis,
lugebisque alios… (X.141~142)

•

… 우리가 그대를 애도할 테니,
그대는 다른 이들을 애도하리라…

… **amat** et non sentit **amorem**. (X.637)

•

… 그는 사랑하고 사랑을 느끼지는 않네.

… aliisque **dolens** fit causa **dolendi**. (XI.345)

•

… 그는 고생하면서, 다른 이들이 고생하게 하네.

… **decpta**que **decipit** omnes. (XIV.81)

•

… 그는 속았고 모두를 속인다네.

이러한 예는 수없이 많다. 변신은 격렬하고 충격적인 과정으로, '삶 속의 죽음'이라고 할 수 있다. 변신은 안정적인 현실을 뒤집는 공격이기도 하다. 또한 변신은 일종의 동종 요법이며, 정의의 수단이다. 변신은 균형을 회복하고, 개별 존재들에게 합당한 자리를 찾아주기 위한 신성한 정의다.

대략 열흘에 걸쳐 책을 다 읽고 나니 한 가지 사실이 분명해졌다. 『변신 이야기』는 정의에 관한 시다! 단테도 이 책을 정의에 관한 것, 다시 말해 '처벌에 관한 것'이라고 보았다. 다른 존재로 변신한다는 것은 그 자체로 응징의 한 형태이며, poena처벌의 한 종류다. 'versae poena figurae', 즉 '변신이라는 형벌'이다.(X.234) poena라는 단어는 내가 세어본 바로는, 『변신 이야기』에 70회 이상 등장한다. 변신은 변신된 이들과 잘 맞을 수도, 그렇지 않을 수도 있다. 단테가 말한 콘트라파소 contrapasso◇의 뿌리는 중세 신학자가 아니라 오비디우스로 거슬러 올라가야 한다. 목을 축이려 했던 여신 라토나에게 욕설을 내뱉으며 방해한 농부들이 어떻게 되었는지 보자.

"Aeternum stagno" dixit "vivatis in isto!"
Eveniunt optata deae: iuvat esse sub undis
et modo tota cava submergere membra palude,
nunc proferre caput, summo modo gurgite nare,
saepe super ripam stagni consistere, saepe
in gelidos resilire lacus, sed nunc quoque turpes

◇ 「지옥편」에 등장하는 조어로, 지상에서
지은 죄에 상응하여 지옥에서 받게 되는 형벌.

litibus exercent linguas pulsoque pudore,

quamvis sint sub aqua, sub aqua maledicere temptant.

Vox quoque iam rauca est, inflataque colla tumescunt,

ipsaque dilatant patulos convicia rictus.

Terga caput tangunt, colla intercepta videntur,

spina viret, venter, pars maxima corporis, albet,

limosoque novae saliunt in gurgite ranae. (VI.369~381)

•

"그러면 너희들은 영원히 연못에서 살거라!"라고 말하니

여신의 바람이 이루어져, 그들은 물속에서 즐거이 노니는구나.

사지를 움푹한 진창에 완전히 담그고

머리를 내밀고 수면에서 헤엄치네.

종종 방죽에 쪼그려 앉기도 하고,

종종 차가운 물에 다시 뛰어들기도 하고,

내내 상스러운 혓바닥을 놀리며 창피함을 모른 채 말다툼하고

물속에서조차 욕설을 내뱉는구나.

이제 목소리는 쉬고 목구멍은 붓고

커다란 입은 비웃음으로 더 크게 벌어지고,

목이 오그라들어 어깨가 머리가 맞닿고,

등은 푸르고 배는 하얗고,

개구리가 되어 흙탕물에서 뛰어다니네.

오르페우스가 트라케의 여인들에게 살해될 때 바쿠스는 "죄를 지은 그들이 벌을 받지 않게 내버려두지 않았고", 그래서 그들은 모두 울퉁불퉁한 뿌리가 달린 나무로 변신했다. 베 짜기 대회에서 아라크네에게 패한 미네르바도 그러했다. 자신의 아름다운 작품이 파괴된 것을 보고 여신에게 매까지 맞은 아라크네가 괴로워하다가 스스로 목을 매자, 미네르바는 아라크네를 죽게 놔두는 대신 거미로 변신시킨다. 아라크네는 변신하긴 했지만, 계속 베를 짤 수 있게 되었다. 달리 말하면, 아라크네는 과거의 자신과 달라지지 않았으며, 오히려 변신을 통해 더욱 자기답게 되었다. 단테도 지옥에 있는 영혼을 같은 방식으로 대한다. 징벌을 가하지만, 그 징벌을 통해 영혼의 본질은 지속되는 것이다.[5]

Ab urbe condita

아브 우르베 콘디타

✛

도시가 세워진 이래로

리비우스

이름	∞∞∞	티투스 리비우스Titus Livius
생몰 연대	∞∞∞	기원전 59년~기원후 17년
활동 분야	∞∞∞	역사
특징	∞∞∞	로마의 '실록' 편찬자
		초기 인문주의의 토대

이탈리아 북부 파타비움(지금의 파도바)에서 태어나 기원전 30년경에 로마로
유학했다고 알려져 있다. 아우구스투스 황제의 손자를 교육하는 일을
했을 뿐 정치에 몸담지는 않았다. 일생 동안 여러 저서를 집필했다고 하나,
기념비적인 역사서인『로마사』의 일부만이 전해진다. 이 책은 로마 건국부터
아우구스투스 황제의 통치에 이르는 로마의 역사를 담았는데, 그리스어가
아닌 라틴어로 집필하기 위해 그는 라틴어 양식을 개발하는 등 노력을
기울였으며, 방대한 분량을 부드럽고 고풍스러운 문체로 저술했다.

XIV

에피소드의 예술가
· 리비우스

◊　파도바의 티투스 리비우스는 로마의 건국(기원전 753)부터 자기 시대 사건들(기원후 9)에 이르기까지 로마사를 저술한 역사가다. 그는 이 프로젝트의 방대함에 압도되는 느낌을 받았다고 한다.『로마사』제31권 서두에서 그는 서사가 진행될수록 자신은 더 깊은 심연 속으로 내려가는 것 같다고 고백한다.『로마사』는 본래 142권이었으나, 그중 제1권에서 제10권까지 그리고 제21권에서 제45권까지 모두 35권만이 현전한다. 페트라르카는 리비우스에게 쓴 편지에서 이 엄청난 손실을 한탄했다.(『서한집』XXIV.8)

　『로마사』는 서서히 진행되는 몰락에 관한 이야기로, 향수鄕愁의 역사가로서 리비우스의 면모를 잘 보여준다. 사실 향수는 모든 역사서에 깃든 정서이자 주제다. 1776~1788년 출간된 에드워드 기번의『로마제국 쇠망사』에서도 이를 엿볼 수 있다. 리비우스는 서문에서 현재보다 과거에 대해 쓰는 것이 훨씬 즐겁다고 이야기한다. 과거에 관한 글쓰기는 실망스러운 세상에서 시선을 돌릴 수 있게 해주기 때문이다. 페트라르카 또한 자신이 리비우스에 그토록 깊이 연대하는 것은 현재를 잊고자 하는 갈망 때문이라고 말한다. 현재까지 전해지는 리비우스의 책들이 로마 제국의 성립 시기를 찬양하는 글인 것은 결코 우연이 아니다.

리비우스의 책은 많은 부분이 소실되었지만 그래도 4분의 1 이상 남아 있기 때문에, 이것만으로도 로마 역사의 핵심 사건들에 관한 정보를 습득하고 리비우스가 어떤 작가인지 생생하게 파악할 수 있다. 리비우스는 초기 인문주의의 디딤돌이기도 하다. 인문주의는 유럽의 문학적·문화적 정체성 형성에 크게 기여한 고대 문헌들을 재발견하고 재검토하려는 운동이다.

인문주의가 태동하기 전까지 리비우스의 저작들도 방치되고 소실되어 거의 천 년이 지난 뒤에야 빛을 보게 되었다. 우선, 페트라르카가 파편들을 모아 필사본을 만들었다.[1] 그로부터 거의 두 세기 이후 마키아벨리는 리비우스를 본보기 삼아 정치 논고를 저술했는데, 이것이 『군주론』보다 훨씬 중요한 『티투스 리비우스의 첫 열 권에 대한 논고(로마사 논고)』다.

리비우스의 『로마사』는 아우구스투스 시대에 쓰인 산문 중 유일하게 현전하는 작품이다. 리비우스는 스스로가 인정하듯 키케로의 추종자이며, 살루스티우스와는 반대되는 작가다. 리비우스는 풍부하고 분명한 문장 구조와 통사 및 다양한 서사 방식(1인칭 서술과 대화 포함)을 통해, 간접화법에 사용되는 복잡한 동사 체계(수많은 부정사와 접속법)에 대한 숙련된 솜씨를 입증해 보인다. 그 밖에도 규칙적인 형태, 상황에 맞는 단어, 시적 화법 등으로 뛰어난 라틴어 사용 역량을 보여준다. 키케로가 견고한 구조로 통사를 조직했다면, 리비우스는 언어의 규범을 뛰어넘어 복잡하고 상세한 서사를 형성해냈다. 리비우스는 사건, 행위, 감정 상태를 소설처럼 펼쳐 보였다. 이는 살루스티우스의 간결함으로는 성취할 수 없는 것이었다.

키케로를 통해 서사를 익힌 리비우스는 에피소드의 예술가가 된다. 그는 하나의 에피소드 위에 또 다른 에피소드를 쌓아나간다. 사건들이 연쇄적으로 일어나며 점차 고조되어 절정에 이른다. 리비우스는 사건을 살루스티우스나 카이사르처럼 하나의 객관적 일로 축소하지 않는다. 모든 사건에는 복잡한 맥락과 다양한 요소, 환경, 감정이 얽혀 있으며, 그 모두를 고려할 때 놀람과 감탄과 당혹 같은 감정을 불러일으킬 수 있다. 작가나 독자 이전에 그러한 감정을 경험한 사람이 있기 마련이다. 리비우스는 자신이 이야기하는 사건이 오래된 것이면 역사가에게 도달하기 전에 걸러진 기억을 덧붙이기도 한다. 리비우스는 '이야기에 관한 이야기'를 기술하며 자신의 문장을 '원본의 메아리'들로 채운다. 다음은 그에 관한 간단한 예다.

Eo tempore in regia prodigium visu eventuque mirabile fuit. Puero dormienti, cui Servio Tullio fuit nomen, caput arsisse ferunt multorum in conspectu; plurimo igitur clamore inde ad tantae rei miraculum orto excitos reges, et cum quidam familiarium aquam ad restinguendum ferret, ab regina retentum, sedatoque eam tumultu moveri vetuisse puerum donec sua sponte experrectus esset; mox cum somno et flammam abisse. (『Ab urbe condita』 I.39)

여기서 일어나고 있는 일은 무엇인가? 로마의 여섯 번째 왕이 될 세르비우스 툴리우스는 아직 어린아이다. 로마 사람들은 그가 노예의 아들이라고 믿고 있다. 하지만 기적 같은 징조를 통해 그가 자유인으로 태어났으며 이 도시를 이끌 운명임을 입증한다(『아이네이스』 II.679~691에도 아이네이아스의 어린 아들 아스카니우스에 대해 비슷한 징조가 나온다). 이 문장은 정확한 문법, 다양하고 힘 있는 어휘, 음악성, 서사의 활력으로 작가의 원숙함을 보여주는 보석 같은 문장이다. 나의 번역은 다음과 같다.

이때 왕의 궁궐에서 의미와 현상 모두 주목할 만한 징조가 일어났다. 많은 이가 있는 자리에서 잠을 자고 있던 세르비우스 툴리우스라는 아이의 머리가 불타올랐다고 한다. 그러한 기적에 너무도 격한 반응이 일어 왕과 왕비가 놀랐다[깨어났다]. 하인이 물을 가지고 와서 불을 끄려고 했을 때 왕비가 하인을 제지하고 소란을 잠재우며 아이가 스스로 깨어날 때까지 누구도 아이에게 손대지 못하게 했다. 그러자 곧 잠이 아이에게서 달아나고 불꽃도 사라졌다.

다음 문장은 루크레티아에 관한 일화인데, 점증법으로 사건을 극적으로 묘사한다. 왕의 아들 섹스투스 타르퀴니우스는 고결한 루크레티아를 보고 욕망에 사로잡힌다. 며칠 뒤 섹스투스 타르퀴니우스는 루크레티아의 방에 난입해 그녀를 강간한다. 리비우스는 강간범의 건조하고 단순한 말을 흉내 내어 그의 비열함을 명확히 드러낸다.

"Tace, Lucretia," inquit; "Sex. Tarquinius sum; ferrum in manu est; moriere, si emiseris vocem." (I.58.2)

•

"조용히 하라, 루크레티아." 그가 말했다. "나는 섹스투스 타르퀴니우스다. 내 손에 칼이 있으니, 소리를 내면 그대는 죽을 것이다."

루크레티아는 저항하지만, 섹스투스 타르퀴니우스가 계속 저항하면 그녀를 죽이고 시신을 죽은 하인의 품에 두어 그녀의 명예를 더럽히겠다고 하자 굴복하고 만다. 하지만 즉각 로마에서 아버지를 불러오고 아르데아에서 남편을 불러온 다음, 두 사람에게 무슨 일이 있었는지 이야기하면서, 자신이 겪은 폭력을 "pestiferum … gaudium"(I.58.9) 즉 "파괴적인 쾌락"이라고 말한다.

루크레티아의 언어는 명석하고 우아하여, 강간범의 천박한 수사와 날카로운 대비를 이룬다. 어떠한 거짓 감상도, 왜곡된 분노도 없다. 루크레티아는 정의를 추구한다. 그녀의 가족은 그녀에게 정의를 약속한다. 그들은 그녀를 위로하고, 미묘하긴 하지만 각 개인의 책임을 구분하는 데까지 나아간다.

consolantur **aegram animi** avertendo noxam ab coacta in auctorem delicti: mentem peccare, non corpus, et unde consilium afuerit culpam abesse.(I.58.10)

•

그들은 폭행당한 여자에게서 죄를 범한 그에게로 비난을 옮김으로써 영혼이 괴로운 그녀를 위로한다. 그들이 단언하기를, 잘못을 저지르는 것은 육체가 아니라 정신이며, 의도가 없는 곳에는 과실도 없다.

루크레티아는 정의에 관한 자신만의 관념을 갖고 있다. 루크레티아는 자신의 평판만 생각하지 않고 모든 여성의 명예를 생각한다. 리비우스를 통해 루크레티아는 문학과 예술의 역사에서 가장 유명한 여성 아이콘 중 하나가 된다.

ego me etsi **peccato absolvo**, supplicio non libero; nec ulla deinde impudica Lucretiae exemplo vivet.(I.58.11)

•

내가 내 죄를 사한다 해도, 형벌을 면하지는 못한다. 루크레티아를 본보기로 하여 여성들은 이제 더는 더럽혀진 채로 살지 않을 것이다.

루크레티아가 동사 absolvo사면하다와 명사 peccatum죄이라는 사법적 용어를 사용하고 있다는 점이 흥미롭다. 흥미롭게도 이 용어들은 이후 그리스도교에 차용되어 종교적인 의미로 쓰이게 된다. 결국 루크 레티아는 자신의 논리를 끝까지 밀어붙여 스스로 목숨을 끊는다.

Cultrum, quem sub veste abditum habebat, eum in corde **defigit, prolapsaque** in **vulnus** moribunda cecidit.(I.58.12)

•

옷 아래 숨겨두었던 칼을 자신의 심장에 꽂고, 상처 위로 몸을 굽히더니 쓰러져 죽어간다.

이 장면은 사용된 어휘는 디도의 자살을 상기시킨다(사실 리비우스와 베르길리우스 사이에 직접적인 관련이 있는지는 입증할 수 없으며, 이와 같은 예에도 불구하고 베르길리우스가 리비우스의 표현을 차용한 것인지, 아니면 그 반대인지도 분명하지 않다). moribunda죽어가는는 카르타고의 여왕 디도가 자신을 가리켜 사용한 것과 동일한 형용사다.(『아이네이스』 IV.323) prolapsa쓰러져는 『아이네이스』의 conlapsam무너져를 상기시킨다.(IV.664) 리비우스는 "defigit꽂다 ⋯ vulnus상처"라고, 베르길리우스는 "infixum찌르다 ⋯ vulnus상처"라고 썼다.(IV.689)

"aegram animi영혼이 괴로운"라는 표현도 디도 여왕의 "infelix animi 영혼이 불행한"와 유사하다.(IV.529)『아이네이스』제4권(35행과 389행)에서 디도는 두 번이나 aegra라는 말로 정의된다. 두 작가는 사건을 목격한 이들의 반응조차 비슷하게 서술한다. 리비우스는 "conclamat vir paterque남편과 아버지가 소리치다"라고 했고,(I.58.12) 베르길리우스는 "it clamor ad alta atria고함이 높은 아트리움들◇로 향한다"라고 했다.(IV.665~666)

그러나 두 여인의 죽음에는 근본적인 차이가 있다. 디도의 자살은 열정에 의한 것이다(아이네이아스의 후손인 로마인과 카르타고인 사이의 뿌리 깊은 불화를 표현하려던 것이기는 하지만). 디도는 연인에게 버림받았다는 데 대한 분노와 절망 때문에 목숨을 버렸다. 반면 루크레티아의 자살은 정치적이다. 그녀의 죽음이 로마 왕정의 몰락을 유발하게 된다는 사실은 절대 우연이 아니다. 로마인들은 왕의 아들이 한 행동을 혐오했고, 결국 몇 세기 동안 지속되어온 체제에 의문을 제기하기에 이른다.

리비우스는 역사적 사건의 심리적이고 감정적인 반향을 표현한다.『로마사』제5권의 한 부분은 이런 그의 면모를 잘 보여준다. 골족 Gauls이 로마에 침투하여 로마를 정복하려 하는 대목이다. 일어난 사실과 군사적 행동을 보고하는 것만으로 충분할 수 있음에도, 리비우스는 각 사건에 얽힌 감정을 포착하고 극적 효과를 끌어낸다. 그의 이야기에 따르면 골족이 도시에 들어와 보니 시내는 텅 비어 있었다. 나이 든 전사들은 계급을 알리는 휘장을 달고 건물 안으로 물러나 죽을 때를 기다리고 있었다. 불길한 기운이 모두를 감싼다.

in forum **perveniunt**, **circumferentes** oculos ad templa deum arcemque solam belli speciem **tenentem**. Inde, modico **relicto**

◇　atria는 로마의 저택 중앙에 있던 넓은 홀인 아트리움atrium의 복수형 탈격.

praesidio ne quis in dissipatos ex arce aut Capitolio impetus fieret, **dilapsi** ad praedam vacuis occursu hominum viis, pars in proxima quaeque tectorum agmine **ruunt**, pars ultima, velut ea demum intacta et referta praeda, **petunt**; inde rursus ipsa solitudine **absterriti**, ne qua fraus hostilis vagos exciperet, in forum ac propinqua foro loca conglobati **redibant**; ubi eos, plebis aedificiis **obseratis**, **patentibus** atriis principum, maior prope cunctatio **tenebat** aperta quam clausa invadendi. (V. 41.4~8)

정말 멋진 문장이다. 아주 간결하지는 않지만, 첫눈에 보이는 것만큼 복잡하지도 않다. 굵은 글씨로 강조한 몇 개의 주요 동사만으로 전체 문장 구조가 유지된다. 이 동사들은 모두 이동을 나타내는데, 마지막 동사만 예외다. 마지막 동사는 이동을 멈추는 것, 무서운 망설임을 암시한다. 중간에 부차적인 구문들이 들어 있는데, 이 구문들은 밑줄 그은 분사들을 사용하여 마치 수면에 던진 돌 주변으로 퍼지는 물결처럼 행동의 의미를 확장한다. 골족은 여기저기 돌아다니며 물건들을 훔치다 결국 그들을 기다리고 있는 근엄한 노인을 보고 멈추어 선다.

그들은 포룸◇에 다다라 신들의 신전들과 홀로 전쟁의 양상을 띤 성채를 둘러보았다. 성채나 카피톨리노◇◇에서 공격해 올 것을 대비해 소대 하나를 남기고 그들은 흩어져서 텅 빈 거리로 나가 전리품을 찾았는데, 집들이 아직 손 닿지 않은 채로 보물이 가득하리라고 믿으며 어떤 이들은 가까이 있는

◇◇　로마의 일곱 언덕 가운데 하나. 신성한 곳으로 여겨져 유피테르 신전을 비롯해 여러 신전이 세워졌다.

◇　로마 중심에 있던 시장이자 광장. 그리스의 아고라와 비슷한 기능을 했다.

집으로 줄지어 들어가고 다른 이들은 멀리 떨어진 집으로 향했다. 다시 한 번 그들 말고 아무도 없다는 사실에 겁을 먹고 함정으로 걸어 들어가는 것은 아닐까 하여, 일제히 포룸과 그 주변 지역으로 돌아왔는데, 그곳 평민 주거지의 차양은 닫혀 있고 지배층 저택의 차양은 열려 있었으나, 그들은 오히려 닫힌 집보다는 열린 집에 들어가기를 더 꺼렸다.

다양한 장소에서 행위가 발생하고 있지만, 핵심은 골족이 방향을 잃고 헤매는 단 하나의 장면이다. 영화 속이었다면 이 장면에서 음악이 중단되고 배우들의 숨소리와 당황한 효과음만 들려왔을 것이다. 사실 이 장면은 마지막 학살 직전의 숨 고르기 같은 것이다. 이어지는 장면에서 등장인물들은 광기에 차서 학살을 저지른다. 이 피투성이 장면은 일련의 클로즈업과 와이드 샷으로 처리된다. 세 개의 단순한 서사적 부정사형 동사(여기서는 과거 진행형 동사로 기능)는 모두 수동태이며 빠르게 발사되듯 연쇄적으로 나온다. 이러한 문체는 타키투스의 분위기를 풍긴다.

post principum caedem nulli deinde mortalium **parci**, **diripi** tecta, exhaustis **inici** ignes. (V.41.10)

•

도시 지도자들이 학살된 뒤에 어떤 사람도 살아남지 못했다. 약탈당했다. 모두 불탔다.

루크레티아의 이야기는 한 편의 단편소설 같다. 이 이야기는 핵심적인 사실을 필연적 순서에 따라 극적으로 보여주며 거기에 도덕적 교훈을 담았다. 『로마사』의 다른 부분도 소설같이 읽힌다. 특히 마케도니아 필리포스 5세의 두 아들 페르세우스와 데메트리우스가 경쟁하는 제15권의 몇몇 부분(5~6, 21~24, 56~57)은 마치 한 편의 소설처럼 긴장감이 넘치고, 복합적인 감정과 심리(증오, 배신, 회한, 불의로 인한 고통 등)가 묘사된다.

페르세우스는 타고난 권리로 왕좌를 차지할 운명임에도 동생이 죽기를 바란다. 그래서 그는 동생이 로마인들과 지나치게 친하며(외교 사절로 로마에 파견되었다는 걸 고려하면 데메트리우스가 로마인들과 친했음을 부인할 수는 없다) 부친 살해를 시도했다고 꾸며낸다. 고발당한 데메트리우스는 불의의 습격을 당한 셈인데도 노련한 변론으로 페르세우스가 제기한 증거들에 대응한다(두 형제의 연설을 보면 리비우스가 키케로의 뛰어난 제자임을 알 수 있다). 하지만 페르세우스는 다시 동생을 공격하고, 데메트리우스는 결국 아버지의 명령에 따라 살해된다.

절망이 고조되는 상황에서 필리포스는 자신이 죄 없는 아들은 죽이고 사악한 아들은 살려두었음을 깨닫는다. 필리포스는 페르세우스 대신 안티고니드를 후계자로 임명하려 하지만, 갑자기 죽음을 맞이하며 페르세우스에게 유리해진다. 다음 인용문은 필리포스의 부하인 디다스가 잔에 넣은 독약을 먹고 데메트리우스가 죽는 장면이다.

Poculo epoto extemplo **sensit**, et mox coortis doloribus, relicto convivio cum in cubiculum recepisset sese, crudelitatem patris conquerens, parricidium fratris ac Didae scelus incusans **torquebatur**. Intromissi deinde Thyrsis quidam Stuberraeus et Beroeaeus Alexander, iniectis tapetibus in caput faucesque, spiritum **intercluserunt**. Ita innoxius adulescens, cum in eo ne simplici quidem genere mortis contenti inimici fuissent, **interficitur**. (XL.24.6~8)

이 문장에도 많은 동사가 사용되었지만, 주동사(굵은 글씨로 표시)는 매우 적다. 열두 개 중에 네 개만 주동사다. 주동사들은 문장 마지막에 옴으로써 놀라움과 되돌릴 수 없는 단호한 느낌을 부여한다. 나의 번역은 다음과 같다.

그는 잔을 모두 비우자마자 알아차렸다. 바로 고통이 찾아왔으므로 연회장을 떠나 자기 방으로 돌아와서는, 아버지의 잔인함을 통탄하고 형의 범죄와 디다스의 사악함을 생각하며 괴로워했다. 그때 스투베라 출신의 티르시스와 베로이아 출신의 알렉산드로스가 문으로 들어와 그의 머리와 입을 깔개로 덮어 숨을 끊었다. 이리하여 한 가지 죽음의 방법만으로는 충분치 않았던, 이 무고한 젊은이가 살해된 것이다.

전지적인 서술 덕분에 훨씬 더 사무치고 애처로운 인상을 준다. 서술자는 데메트리우스가 결백하다고 선언하고 그의 적들은 자기만

족적인 폭력 행위를 저질렀다며 비난한다. 몇 장 뒤에 등장하는 필리
포스의 죽음도 살펴보자.

··· cum Amphipolim venisset, gravi morbo est implicitus. Sed
animo tamen aegrum magis fuisse quam corpore constat; curisque
et vigiliis, cum identidem **species** et **umbrae** insontis interempti
filii agitarent, cum diris exstinctum esse exsecrationibus alterius.
(XL.56.8~9)

•

··· 암피폴리스에 도착하자 그는 심각한 병에 걸렸다. 그것이 육체의 병이기
보다 영혼의 병이라는 것이 알려졌음에도, 그는 죄 없이 살해된 아들의 혼령
과 환영들에 시달려 고뇌와 불면을 겪다가 또 다른 아들에 대한 저주를 입
에 담은 채 죽었다.

이번에도 아주 빠르게 전개되는 몇 줄의 문장으로 상황이 종료된
다. 원한 있는 유령의 등장을 나타내는 species와 umbrae그림자, 유령라
는 단어에 담겨 있는 힘을 간과해서는 안 된다(species는 명사 spectacu-
lum의 동족 명사이며, 두 단어 모두 '보다'라는 뜻의 동사 specio의 어근을 공
유한다)! 고발과 반론이라는 두 개의 변론, 즉 두 형제 사이의 날카로운
대결로 시작해, 뒤늦게 정신을 차린 아버지가 죽어가며 남기는 말에서
그 대결이 되살아나 뒤집히는 걸 볼 수 있다. 그의 유언에서 드러나는
잘못된 행위에 대한 비난이 바로 이 소설의 주제다.

omnia vincit amor

옴니아 윙키트 아모르

✣

사랑이 모든 것을 이긴다

베르길리우스

이름 ⚬⚬⚬⚬⚬ 푸블리우스 베르길리우스 마로Publius Vergilius Maro

생몰 연대 ⚬⚬⚬⚬⚬ 기원전 70년~기원전 19년

활동 분야 ⚬⚬⚬⚬⚬ 문학(시)

특징 ⚬⚬⚬⚬⚬ 애국심, 교양, 기교의 조화

최초로 '유토피아'를 그려낸 작가

로마의 건국 서사시『아이네이스』의 저자로, 로마의 대표 시인으로
추앙받는다. 북이탈리아 만투아(지금의 만토바)에서 태어나 16세 때
로마에서 웅변술과 수사학 등을 수학했고 이후 에피쿠로스학파 철학을
배웠다. 20세에『목가』를 쓰기 시작해 30대 초반에 완성했다. 이 작품에서
베르길리우스는 평온한 전원 생활을 노래하며, 전쟁과 토지 몰수로 무너진
농촌 생활의 비통함을 이야기한다. 그 뒤에 쓴『농경시』역시 완성에 7년이
걸렸다고 한다. 아우구스투스의 권유로『아이네이스』집필에 착수하여
11년에 걸쳐 열두 권에 달하는 대작을 남겼다. 이 작품은 단테의『신곡』,
밀턴의『실낙원』등에도 영향을 준 것으로 유명하다.

XV

유토피아가 시작된 곳
• 다시 베르길리우스

◊   고등학교 2학년 때의 어느 날, 수업 시작 직전에 선생님이 교무실로 불려가시면서 "니콜라, 네가 나와서 첫 줄부터 읽고 번역해보거라"라고 하셨다. 니콜라는 바로 나였고, 그래서 나는 반 친구들 앞에 서서 모든 문학작품 중에서 가장 오래 읽히는 도입부를 해석하기 시작했다.

> Tityre, tu patulae recubans sub tegmine fagi
> silvestrem **tenui Musam meditaris** avena;
> nos patriae finis et dulcia linquimus arva,
> nos patriam fugimus; tu, Tityre, lentus in umbra
> formosam resonare doces Amaryllida silvas. (『Eclogae』 I.1~5)

아무런 준비도 되지 않은 상태에서 선생님 대신 강단에 섰던 건 정말 강력한 경험이었고, 교직에 대한 의지를 심어준 경험이었다. 하지만 그보다 강렬했던 것은 이 문장을 읽으며 내가 느꼈던 경이감이다. 이 경이감은 한순간도 약해지지 않고 평생 나를 사로잡았다.

　나는 언제나 베르길리우스의 『목가』로 돌아오곤 했다. 위에서 언급한 『목가』의 도입부는 나의 안내자이자 마음의 고향이었다. 미국에서 박사 학위를 딴 뒤, 나는 이탈리아로 돌아왔다. 그리고 『목가』를 번역하기 시작했다. 끝까지 번역하는 게 목표였으나, 곧 다른 일들에 눈을 돌리게 되었다. 나는 늘 능력보다 욕심이 많았고, 그래서 이 번역 작업은 진척되지 못했다. 그래도 언젠가는 첫 단어 Tityre부터 다시 시작해 번역을 완수하리라 생각했다.

　사실 『목가』에 쓰인 라틴어는 상당히 '기초적'이다. 이 책의 문장은 시행 전환을 제외하고는 단순하며 아포리즘적이다. 의고체擬古體 어휘도 없다. 이것이 우리가 『목가』에서 라틴어 문학을 통틀어 가장 명확하고 기억에 남는 문장을 만나게 되는 이유다.

　… quis enim modus adsit amori?(II.68)

　•

　… 사랑에 무슨 척도가 있으랴?

　iam redit et Virgo(IV.6)

　•

　이제 처녀[자리]도 회귀한다[정의의 여신 아스트레아가 별이 되어 처녀자리로 변신했다].

incipe, parve puer, risu cognoscere matrem(IV.60)

·

어린아이야, 미소로 엄마를 알아보기 시작하여라.

Pastores, hedera nascentem ornate poetam(VII.25)

·

목자들아, 새로 태어난 그대들의 시인을 담쟁이덩굴로 꾸며라.

omnia nunc rident(VII.55)

·

이제 모두가 웃고 있다.

fors omnia versat(IX.5)

·

운運이 모든 것을 뒤집는다.

omnia vincit Amor.(X.69)

·

사랑이 모든 것을 이긴다.

하지만 이토록 평이한 문장에도 가장 세심한 번역으로도 완전히
포착할 수 없는 무언가가 있다. 각 단어는 주변 단어들과 음악적 조화

를 이루며, 사라지지 않는 절대적인 의미와 의미론적 복합성을 지닌다. 그것은 마치 『아이네이스』(VI.140~148 및 183~211)의 황금 가지처럼 꺾었다고 생각하는 순간 새로 생겨난다.

앞에서 살펴본 『목가』의 도입부 시행을 다시 살펴보자. patulae, recubans, tegmine, meditaris, linquimus, resonare 같은 단어들은 명확하고 단순하지만 마법의 주문처럼 신비한 효과를 낸다. 이 단어들은 의미가 정확한 동시에 은유적이다. 때로는 은유를 통해서만 정확한 의미에 도달한다. musam은 '무사이'가 아니라 '시적인 노래'를 의미하며, meditaris는 '~을 숙고하다'라는 뜻이 아니라 숙고의 결과를 가리키므로, '너는 작곡한다'라는 의미가 된다(둘째 행 전체가 목가 6의 8행에서 단어 순서만 바꿔서 재등장한다. "agrestem tenui meditabor harundine Musam"). tenui는 작은 갈대 피리를 가리키지만, 문체의 하위 사용역을 나타내기도 한다. 그럼 이 시행을 번역해보겠다.

> 티티루스, 너도밤나무 너른 그늘에 누워
> 가는 갈대 피리로 숲의 노래를 작곡하고 있구나.
> 우리는 고향 땅과 이 달콤한 밭을 버리고
> 우리 집에서 달아나는데, 너, 티티루스는 그늘에서 편안히
> 고운 아마릴리스의 소리를 내도록 숲을 가르치는구나.

나는 전통에 따라 musam을 '노래'라고 번역했다. musam이란 단어에는 강력한 함의들이 있어 전원시의 맥락에서 이중 효과를 낸다.

신적인 감각으로 목동의 현실을 표현함과 동시에, 시를 신성한 예술로 승격시킨다. 거시적인 것과 미시적인 것을 모두 아우르는 이 의미론적 양가성 안에서 우리는 베르길리우스의 가장 두드러지는 덕목을 맛보게 된다.

작중 화자인 목동 멜리보이우스는 자기 땅을 빼앗겼다. 이 슬픈 상황은 역사적 사건을 반영한 것이다. 아우구스투스는 농민들의 토지를 몰수해 참전 군인들에게 주기로 했다. 베르길리우스 또한 자기 땅이 몰수되는 것을 지켜보아야 했다. 이 시에 등장하는 티티루스는 다행히 자신의 땅에 계속 머무르며 염소를 치고 햇볕을 쬐며 사랑 노래를 부를 수 있다. 그의 세계는 더없이 목가적이다. 자연은 보호받고 보호하며, 감정적이고 살아 있으며, 사람들의 일에 관련되고 사람들의 죽음을 슬퍼한다. 목동들은 성애, 우정, 시에만 신경 쓸 뿐이다.

시carmen(또는 '노래')는 인간 세계를 표현하는 가장 강력한 형식이다. 목가 8에서 마법사가 사랑하는 이의 마음을 마법 주문으로 능숙하게 다루는 것처럼 시는 초자연적인 위로를 주기도 한다.

Tale tuum **carmen** nobis, divine poeta,
quale sopor fessis in gramine, quale per aestum
dulcis aquae saliente sitim restinguere rivo. (V.45~47)
·
우리에게 그대의 노래는, 신성한 시인이여,
피곤할 때 풀밭에서 자는 잠과 같고,

시원한 강물이 출렁이는 물가에서 마른 목을 축이는 것 같구나.

이렇게 시인은 독자를 유토피아로 인도한다. 역사, 도시, 건물, 정치, 죽음(목가 5에 나오는 죽음에 관한 아름다운 시행을 보라)에서 멀리 떨어진, 행복의 이상향이라고 할 수 있다. 목가적 유토피아는 서구 문화에서 가장 오래 지속되는 신화(이자 문학적 원형) 가운데 하나다. 이런 이상향은 인문주의 시대의 라틴어 전원시에서도, 자코포 산나차로의 『아르카디아Arcadia』에서도 볼 수 있다. 아리오스토의 『광란의 오를란도』와 토르콰토 타소의 『아민타Aminta』 및 『해방된 예루살렘』, 필립 시드니의 『아카디아Arcadia』와 셰익스피어의 『뜻대로 하세요』에도 등장한다. 목가적 유토피아는 체제 해방과 체제 비판 사이, 속세를 잊고자 하는 욕망과 속세에 대한 고뇌 사이를 오가지만, 언제나 향수를 노래한다는 점에서는 변함이 없다.

베르길리우스에 대해서는 할 이야기가 무척 많지만, 내가 여기서 이야기하려는 것은 초기 베르길리우스의 단순한 글에서 서구 문화의 두 가지 원형을 발견할 수 있다는 사실이다. 첫째 원형은 '태고의 풍경'이다. 베르길리우스는 고향 만토바의 시골 풍경을 기반으로 이 풍경을 창조한다. 둘째 원형은 '재생의 꿈'이다. 『목가』로 돌아가는 것은 수천 년 전의 이미지로 돌아가는 것이다. 이 작품에는 자연에 대한 묘사가 아주 풍부한데, 그중 가장 대표적인 구절을 살펴보자.

Fortunate senex, hic inter flumina nota

et fontis sacros frigus captabis opacum;

hinc tibi, quae **semper**, vicino ab **limite saepes**

Hyblaeis apibus florem depasta salicti,

saepe levi somnum suadebit inire susurro;

hinc alta sub rupe canet frondator ad auras,

nec tamen interea raucae, tua cura, palumbes

nec gemere aeria cessabit turtur ab ulmo. (I.51~58)

•

복된 늙은이여, 여기 익숙한 강들과

신성한 샘들 곁에서, 그대는 시원한 그늘을 찾으리니,

여기 산울타리 경계 곁에서 늘

히블라의 벌들이 버드나무꽃을 빨며

속삭임으로 그대를 달래어 잠들게 하리라.

여기 절벽 아래, 나무꾼들이 바람에 맞추어 노래하리니,

비둘기도 목쉰 노래를 멈추지 않고, 그대의 사랑,

느릅나무의 멧비둘기도 신음을 멈추지 않으리라.

이는 멜리보이우스가 티티루스에게 하는 말이다. 19세기 이탈리아의 낭만주의 시인 레오파르디는 부사 '늘semper'과 명사 '산울타리saepes'가 들어 있는 53번째 행을 떠올리며 「무한Infinito」의 첫 구절을 썼다.

이 외로운 언덕은 늘 나에게 소중한데

이 산울타리가 시야를 가려

마지막 지평선이 보이질 않네.

그러나 여기 앉아 바라보니 볼 수 있구나,

내 마음의 눈으로, 저 너머 끝없는 공간과

초인적 침묵과 바닥 모를 고요.[1]

레오파르디가 반복적으로 검토한 '한계'라는 관념이 베르길리우스의 글에서는 명사 limes의 탈격 형태인 limite로 쓰였다. 레오파르디는 여기서 무한이라는 관념을 끌어냈다. 다음 예문은 다프네가 멜리보이우스에게 말하는 장면이다.

huc ades, o Meliboee; caper tibi salvus et haedi;

et, si quid cessare potes, requiesce sub umbra.

Huc ipsi potum venient per prata iuvenci,

hic viridis tenera praetexit harundine ripas

Mincius, eque sacra resonant examina quercu. (VII.9~13)

.

멜리보이우스여, 오라, 그대의 염소와 새끼염소들은 안전하니,

그대가 잠시 머물 수 있다면, 그늘에 누우라.

이곳에서 송아지들은 초장을 가로질러 스스로 물을 마시고,

미니키우스는 부드러운 갈대로 자신의 물가를 덮으리니,

신성한 참나무 높은 곳에서 벌떼 소리가 울려 퍼지리라.

모이리스와 리키다스가 노래하는 다음 시행에서, 베르길리우스는 전원 풍경을 님프 갈라테아의 영역인 바다와 명확하게 대비시킨다.

Hic ades, o Galatea; quis est nam ludus in undis?
hic ver purpureum, varios hic flumina circum
fundit humus flores, hic candida populous antro
imminet et lentae texunt umbracula vites.
Huc ades; insani feriant sine litora fluctus. (IX.39~43)

•

갈라테아여, 오라, 파도 위에 무슨 즐거움이 있으랴?
여기는 봄이 붉어지고, 여기는 땅이 꽃들을 쏟아내어
강가는 온통 가지각색 울긋불긋, 여기는 흰 포플러가 몸을 기울여
동굴에서 나오고, 덩굴이 뒤얽혀 그늘을 드리우네.
오라, 어리석은 파도는 바닷가에 부서지게 두고서.

이 인용문에서도 드러나는 것처럼, 베르길리우스는 전원 풍경을 묘사하며 동식물을 정확하고 자세하게 표현한다. 식물로는 덤불arbusta, 가막살나무vinurna, 개암나무coryli, 참나무quercus, 양아욱hibiscus, hibiscum이 있고, 동물로는 노루capreoli, 벌apes, 황소boves 매미cicadae 등을 찾아볼 수 있다. 주변 환경으로는 샘fontes, 강flumina, 산montes, 동굴antra, 숲silvae 등

이 묘사된다. 사과poma, 밤castaneae, 우유lac, 자두pruna 등 전원 식단의 예시도 찾을 수 있다. 이러한 목록을 나열하다 보면 끝이 없을 것이다.

모든 항목을 나열하기보다는 특별한 풍경 요소 하나를 언급하고 싶다. 이 요소는 손으로 잡을 수도 없고 수량화할 수도 없지만, 그것만의 특별한 힘이 있고, 율동적이기까지 한 것이다. 바로 '그림자' 혹은 '그늘'로 해석되는(이탈리아어를 포함해서 다른 현대 언어에서는 둘 사이의 구분이 없다) umbra다. 베르길리우스는 이 모호한 작은 단어조차 그만의 솜씨로 특별하게 활용한다. 『아이네이스』에서는 이 단어를 거듭 사용하여 기억에 남을 만한 효과를 냈다. 『농경시』에서도 그러하다. 앞에서 보았듯이, 그의 첫 목가는 umbra로 시작되어 umbra로 끝난다.

maioresque cadunt altis de montibus **umbrae**. (I.83)

•

높은 산이 더 긴 그림자를 드리운다.

umbra라는 단어는 계속 반복되면서 열 번째이자 마지막 목가를 마무리한다.

Surgamus; solet esse gravis cantantibus **umbra**,
iuniperi gravis **umbra**; nocent et frugibus **umbrae**.
Ite domum saturate, venit Hesperus, ite capellae. (X.75~77)

•

일어나자. 그늘은 노래하는 이들에게 해롭다네.

향나무가 드리우는 그늘은 해롭다네. 그늘은 작물을 망친다네.

헤스페로스◇가 오고 있으니, 나의 염소들아, 잘 먹고 집으로 가거라.

umbras는 『아이네이스』의 마지막 단어로도 등장하며, 거기에서는 죽은 이들의 나라를 가리킨다. umbra는 내가 가장 아름답다고 생각하는 라틴어 단어다. 어두운 첫 모음에서 시작하여 빛나는 마지막 모음으로 나가는 과정에 세 자음의 협주가 이어진다. 어두운 인상을 연장시키는 비음 m, 중간 음(또는 울림소리)인 순음脣音 b, 빛을 향해 밀어내는 맑은 치음齒音 r이 이어지는 것이다.

어원학적으로 umbra는 '비'를 뜻하는 imber(그리스어로는 ombros)와 관련이 있다. 두 단어 모두 빛이 부족한 상태를 가리킨다. 베르길리우스는 이 멋진 어원학적 유래를 알고 있었던 것으로 보인다. 다음에 인용한 구절에서 두 단어가 함께, 그것도 같은 위치에 등장하는 것이 우연은 아닐 테니까.

Aret ager; vitio moriens sitit aeris herba;

Liber pampineas invidit collibus **umbras**:

Phyllidis adventu nostrae nemus omne virebit,

Iuppiter et laeto descendet plurimus **imbri**. (VII.57~60)

이 구절은 코리돈과 티르시스의 노래 대결을 그리는 목가 7의 중

211

간 부분으로, 티르시스가 부르는 노래다. 다음은 내가 번역한 것으로, umbras와 imbri를 이용한 언어유희는 살리지 못했다.

들은 메마르고, 묵은 공기에 풀이 죽는구나.
바쿠스는 언덕의 덩굴 그늘을 시기하지만,
나의 필리스가 올 때 숲은 다시 피어나고
비옥한 비와 함께 유피테르가 기쁘게 내려오리라.

베르길리우스는 그늘이라는 단어를 이용해 태양의 빛살이 닿지 않는 세계가 있음을 시사한다. 그늘은 보이지 않는 존재이며, 『아이네이스』 제4권과 앞에서 본 시의 마지막 행에서 목격할 수 있듯이 죽은 이들의 영혼을 의미하기도 한다. 그늘은 무더위를 피할 수 있는 피난처이고 열기를 식힐 수 있는 장소이며(시의 마지막 행에서처럼 늘 쾌적한 것만은 아닐지라도), 타오르는 사랑의 불길에 반대되는 것이다.(『목가』 II.67~68) 또한 그늘은 신비, 주술, 저승의 상징이며 매일 저녁으로 의례화되는, 이승에 대한 저승의 침투다. 그림자라는 단어는 베르길리우스의 라틴어가 지닌 의미론적이고 감정적인 양가성을 잘 보여준다.

앞에서 언급한 '재생의 꿈'은 여러 측면에서 그리스도교에 양분을 공급했고, 14~15세기에는 인문주의 문화로 분출되었다. 19세기 역사가들은 이를 가리켜 르네상스, 곧 재탄생이라고 했다.[2] 그리스 철학과 시에 관심이 많던 베르길리우스는 목가 4에서 황금시대의 귀환을 노래했다(그리스도인들은 이를 메시아에 대한 예언으로 읽었다).

황금시대란 역사 이전, 인류가 고된 노동이나 고통을 알지 못하고 생존에 필요한 모든 것을 자연에서 얻었던 시대다. 베르길리우스가 그린 목가적 세계 자체를 일종의 황금시대로 볼 수 있다. 앞서 지적했듯이 모든 목가는 하나의 유토피아이기 때문이다. 완벽한 목가적 이상이 황금시대가 아니라면 대체 무엇이겠는가?

베르길리우스가 라틴어의 새로운 지평을 열고 표현의 정점에 도달할 수 있었던 것은 유토피아를 그려내려는 그의 노력 덕분이다. 베르길리우스는 단순히 상상의 무언가를 그려내려는 것이 아니라 불가능한 어떤 것, 경험이나 기억으로 얻을 수 없고 반反직관적이며 역설적인 무언가를 표현하려고 애썼다.

Ipsae lacte domum referent distenta capellae
ubera, nec magnos metuent armenta leones;
occidet et serpens et fallax herba veneni
occidet; Assyrium vulgo nascetur amomum.
At simul heroum laudes et facta parentis
iam legere et quae sit poteris cognoscere virtus,
molli paulatim flavescet campus arista
incultisque rubens pendebit sentibus uva
et durae quercus sudabunt roscida mella. (IV.21~30)

•

염소들은 젖통이 우유로 부풀어 올라 스스로 집에 돌아가리라.

소들은 사자를 무서워하지 않으며

뱀들도 죽고, 기만적인 독초도 죽으리라.

들판은 아시리아의 향신료가 넘쳐나리라.

그대가 영웅들의 영광과 아버지의 행적을 읽는다면

미덕이 무엇인지 알리라.

들판은 밀이 익어 서서히 황금으로 물들고

야생 덤불에 포도가 열리며

가장 단단한 참나무에 신선한 꿀이 흐르리라.

이 문장은 adynata, 즉 논리적으로 불가능한 것을 나열한 것이다. 염소는 사람이 이끌지 않으면 집에 오지 않는다. 소는 사자를 무서워한다. 뱀은 사라지지 않을 것이고 독초도 마찬가지다. 하지만 베르길리우스는 불가능한 것을 가능한 것인 양 말하고 있다. 그가 이렇게 말하는 것은 그가 양가성에 충실하기 때문이다. 그는 umbra를 내세워 빛과 어둠을 하나로 묶고, 한 번에 말할 수 있는 것보다 더 많은 것을 이야기해냈다.

patet omnibus veritas

파테트 옴니부스 웨리타스

✣

진리는 모두에게 열려 있다

세네카

이름 ····· 루키우스 안나이우스 세네카Lucius Annaeus Seneca

생몰 연대 ····· 기원전 약 4년~기원후 65년

활동 분야 ····· 철학(스토아학파), 정치

특징 ····· 인간의 추악함을 목격하고도 선한 본성을 믿음
명상적인 사상가의 언어

로마의 정치인이자 철학자이다. 스페인 코르도바에서 태어나 로마에서
자라면서 수사학과 철학을 공부했고 정계에 들어서면서 부침을 겪었다.
네로가 황제에 오른 54년부터 약 5년간 황실 고문으로서 네로의 조언자
역할을 했으나 이후 영향력이 감소하다가, 음모 사건에 연루되면서 네로
황제에게서 자살을 명령받고 스스로 목숨을 끊었다.
그는 스토아 철학을 계승한 것으로 유명하며, 많은 철학서를 썼다.
『루킬리우스에게 보내는 도덕 서한』은 동료 루킬리우스에 보내는 서간의
형태로 된 그의 대표적 철학서이다. 또한 그가 쓴 희곡 작품은 인간의 정념에
중점을 두면서 광기와 잔혹한 서술에 거침이 없는 것이 특징이다.

XVI   행복을 가르쳐줄 수 있다면
                                    • 세네카

◊   모든 고전 작가 중에서 어떻게 살아야 하는지 가장 많이 가르쳐준
사람은 세네카다. 베르길리우스는 나를 감동시키고, 키케로는 생각과
말과 행동 모두에서 완벽을 꿈꾸게 한다. 하지만 세네카는 행복을 가
르친다.

행복은 상상하거나 갈망하거나 선망하는 무언가가 아니다. 행복
은 바로 여기, 손이 닿는 거리에 있다. 행복은 희망spes과는 관계가 없
다. 세네카는 공개적으로 희망에 대한 이의를 제기했다.(『루킬리우스에
게 보내는 도덕 서한』 5.7~8) 희망하는 것은 행복을 나중으로 미루고 공
포, 불확실, 좌절을 기꺼이 받아들이는 것이다. 희망하는 것은 우리가
가진 가장 소중한 자원인 시간을 허비하는 것이다.

자신의 내면을 명확히 이해하고, 자신에게 필요한 것을 정확히
알며, 본질적인 것과 허황된 것을 구분할 줄 아는 이들, 홀로 남겨졌
을 때 자기 자신과 함께하는 법을 아는 이들은 행복하다. 불만족, 불

안, 실망, 낭비, 공허, 권태, 구토(영어 단어 nausea는 배船를 뜻하는 그리스어 naus에서 비롯되어 본래 뱃멀미를 가리키는데, 키케로가 구토의 뜻으로 썼고, 세네카는 심리학적 함의를 불어넣어 『루킬리우스에게 보내는 도덕 서한』편지 24에서 '삶에 대한 역겨움'이란 뜻으로 썼다)를 피하는 이들은 행복하다. 자신의 역량을 알고 그 이상을 바라지 않으며, 자신의 노력으로 필요한 것을 얻고, 그래서 집과 가정을 빼앗긴다 해도 다시 일어설 수 있는 이들은 행복하다. 두려움이 없고, 대중의 의견에 휩쓸리지 않으며, 가상의 위험에서 자신을 보호하며, 세상사에 당황하지 않고, 독립적으로 남아 있는 이들은 행복하다. 자신 있게 판단하고, 자기 갈 길을 가며 자신의 지성을 신뢰하는 이들은 행복하다. 스승을 존경하지만 "patet omnibus veritas진리는 모두에게 열려 있다"(『루킬리우스에게 보내는 도덕 서한』 33.11)는 사실을 알아 스승의 노예가 되지 않는 이들은 행복하다. 자신의 시간을 다른 이가 훔쳐 가지 못하게 하고, 내면을 들여다보며 조화를 찾는 이들은 행복하다.

세네카는 인간의 추악함과 비참함을 보았으나 인류의 신성한 본성을 옹호했다.

Totum hoc quo continemur et unum est et deus; et socii sumus eius et membra. Capax est noster animus, perfertur illo si vitia non deprimant.(『Epistulae morales ad Lucilium』 92.30)

•

우리를 둘러싼 모든 것은 하나이며 신이다. 우리는 신의 협력자이며 수족이다. 우리의 정신은 위대하다. 악덕이 끌어내리지 않는 한 정신은 높이 올라 갈 수 있다.

세네카는 스토아학파 철학자였으나, 에피쿠로스를 포함한 다른 학파를 무시하지 않았다. 또한 키케로처럼 정치의 희생양이었으며, 잔혹한 권력의 희생자이기도 했다. 또한 세네카는 공적 참여negotium와 사적인 위안otium 사이에서 생겨나는 '로마적인 갈등'의 완벽한 상징이다.

키케로와 달리 세네카는 자신의 제자였던 네로 황제가 그를 치려 하자 스스로 목숨을 끊었다. 그의 죽음은 타키투스가 묘사한 덕분에 (『연대기』 XV.62~63) 소크라테스의 죽음과 더불어 고대 세계에서 가장 유명한 죽음이 되었다. 루벤스를 포함하여 많은 화가가 이 장면을 그림으로 남겼다. 몬테베르디는 오페라 〈포페아의 대관식〉에 이 장면을 차용했다.[1] 손목과 다리의 핏줄을 자르자 피가 천천히 흘러나오는 가운데 세네카는 마지막 가르침을 남긴다. 그런 다음 독약을 마셨지만, 그것조차 그의 심장을 멈추게 하는 데 충분하지 않았다. 그는 상당한 시간이 흐른 뒤에야 따뜻한 욕조에서 숨을 거뒀다.

세네카의 라틴어는 명료하다. 그는 문제의 중심으로 곧장 들어가지, 복잡하게 늘어놓지 않는다. 불평이나 분노 같은 감정을 내보이지도 않는다. 세네카의 친구 안나이우스 세레누스는 『영혼의 평정에 관하여』 앞부분에서 이상적인 언어에 관해 이야기하는데, 이것은 세네카 자신이 생각하는 이상이기도 하다.

In studiis puto mehercules melius esse res ipsas intueri et harum causa loqui, ceterum verba rebus permittere, ut qua duxerint, hac inelaborata sequitur oratio ⋯ aliquid **simplici stilo** scribe: minore labore opus est studentibus in diem.(『De tranquillitate animi』 1.14)

•

문학 연구에서 나는 정말로 사물을 직접 다루는 것, 그리고 사물을 대신하여 말하는 것, 즉 사물이 이끄는 대로 담론이 자연스럽게 따라가도록 사물이 단어들을 구술하게 하는 것이 최선이라고 주장한다. ⋯ **단순한 문체**로 쓰라. 날마다 쓰는 사람은 노작勞作의 필요가 적다.

stilus는 밀랍을 칠한 서판에 글씨를 쓸 때 사용하는 철필鐵筆을 뜻한다. 하지만 그 시대 다른 작가들과 마찬가지로 세네카도 이 단어를 '문체'라는 의미로 썼다. '단순한'이라고 번역한 simplex는 흥미로운 형용사다. 어근 sim은 단일성을 가리킨다. 시간과 관련된 부사 semper항상와 semel한 번에서 같은 어근을 볼 수 있다. 명사 simplicitas도 있는데, 이는 '성실'이나 '충성'에 비유할 수 있는 어떤 자질을 의미한다(예를 찾으려면 『영혼의 평정에 관하여』 15.I과 17.2를 보라).

'단순한 문체'는 세네카에게 단순한 수사적 원칙 그 이상이다. 세네카는 『루킬리우스에게 보내는 도덕 서한』 40.4에서도 "**oratio incomposita esse debet et simplex**연설은 어지럽지 않고 단순해야 한다"고 말했다. '단순한 문체'는 그의 철학 기초이기도 하다. 연설의 원칙이기 이

전에 생각의 원칙이며, 언어의 명확성 이전에 정신의 명확성을 추구해 야 한다는 뜻이기도 하다. 실질적인 면에서, '단순한 문체'란 은유를 피 하고 직유에 의지하는 것을 의미한다.

illi, qui **simpliciter** et demonstrandae rei causa eloquebantur, **parabolis** referti sunt, quas existimo necessarias, non ex eadem causa qua poetis, sed ut imbecillitatis nostrae adminicula sint, ut et dicentem et audientem in rem praesentem adducant. (『Epistulae morales ad Lucilium』 59.6)

•

단순하게 그리고 논증적으로 말한 이들은 직유로 가득하다. 나는 **직유**를 필 수적이라고 보는데, 시인에게 직유가 필수적인 것과 같은 방식에서가 아니 라, 화제가 되는 대상에 화자와 청자 모두의 주의를 집중시키는 데 직유가 도움을 주어 우리의 [지적인] 결점들을 받쳐주기에 그러하다.

여기서 직유에 해당하는 라틴어 단어는 parabola(그리스어 parabole 에서 유래)다. 이 단어는 성경에서도 볼 수 있는데, 복음사가 마르코는 다음과 같이 말했다. "[Jesus] docebat eos in parabolis multa예수는 그들에 게 비유로 많은 것을 가르쳤다." 예수의 수사법과 세네카의 수사법이 유사 한 것을 간과해서는 안 된다.

세네카의 라틴어는 자연스러움을 지향하고, 의도적인 세련미를 지양한다. 그는 concinnitas, 즉 키케로의 글에서 볼 수 있는 정제되고 계획적인 우아미를 여성적인 나약함으로 본다.(『루킬리우스에게 보내는 도덕 서한』 115.2) 세네카의 라틴어는 명상적인 사상가의 라틴어다. 이런 이유로 세네카의 라틴어는 키케로의 라틴어에 대비되는 가장 강력한 맞수가 된다. 세네카의 라틴어는 키케로의 라틴어에 대한 음화陰畫라고 할 수 있다. 세네카의 라틴어에는 키케로 같은 세련미나 풍부함은 없다. 세네카의 문장은 구조가 간결하며, 종종 접속사를 삭제하고, 논쟁보다 훈계를 선택한다. 반복적인 구조를 사용하거나('non아니… non… non…' 'alius다른 하나는… alius… alius…'), 비유와 대조로 압축해 설명한다. 그런 특징이 잘 드러나는 문장을 예로 들면 다음과 같다.

Non exiguum temporis habemus, sed multum perdidimus.(『De brevitate vitae』 1.3)

•

우리의 시간이 적지 않지만, 많이 잃었다.

같은 페이지에서 더 내려가 보면 동일한 병치, 반복 구조가 두 번이나 등장한다.

… non accipimus brevem vitam sed fecimus, nec inopes eius sed prodigi sumus.(『De brevitate vitae』 1.4)

•

… 우리에게 주어진 삶은 짧지 않지만, 우리는 삶을 [짧게] 만들며, 우리에게 삶이 부족하지 않지만, 우리는 삶을 허비한다.

세네카는 속담 같은 구절로 생각을 압축하는 능력이 있다. 다음은 『행복한 삶에 관하여De vita beata』에서 가져온 예다.

Nemo sibi tantummodo errat…(『De vita beata』 1.4)

•

오직 자신에게만 오류를 범하는 사람은 없으니[한 사람의 오류는 다른 이들에게도 퍼진다]…

… argumentum pessimi turba est.(『De vita beata』 2.1)

•

… 군중은 최악의 근거다[모두가 좋아하는 것이 가치 있는 것일 리 없다].

… omnis ex infirmitate feritas est.(『De vita beata』 3.4)

•

… 잔인함은 모두 약함에서 태어난다.

하지만 잊지 말아야 할 것은, 세네카가 키케로에게 편향된 생각이나 선입견을 갖고 있지 않았다는 사실이다. 세네카는 키케로의 글이 자신과 전혀 다르다는 것을 인정하고 그를 찬양하기도 했다. 키케로의 웅변을 그리스적인 것에 맞서는 로마적인 것의 핵심으로 여기고 옹호한 것인 대표적이다.(『루킬리우스에게 보내는 도덕 서한』 40.11)

Cicero quoque noster, a quo Romana eloquentia exiluit, gradarius fuit.(『Epistulae morales ad Lucilium』 40.11)

•

로마의 능변의 원천인 우리의 키케로조차 한 걸음씩 나아갔다.

Lege Ciceronem: **compositio** eius **una** est, pedem curvat lenta et sine infamia mollis.(『Epistulae morales ad Lucilium』 100.7)

•

키케로를 읽어라: 그의 구성은 통일되어 있고, 천천히 앞으로 나아가며, 과도하지 않게 세련되다.

마지막 인용문에서 compositio구성를 서술하는 형용사 una통일된는 simplex단순한의 유의어다. 세네카의 글쓰기는 눈에 보이는 모든 것을 명확하게 하고 단순화하는 과정이다. 세네카는 글을 모든 측면에서 검토하며, 거꾸로 뒤집어보기도 한다. 이를테면, 죽음은 우리 앞이 아니라 우리 뒤에 있다.

In hoc enim fallimur, quod morten prospicimus: magna pars eius iam praeterit; quidquid aetatis retro est mors tenet.(『Epistulae morales ad Lucilium』 1.2)

•

이 점에서 우리는 자신을 속인다. 죽음이 우리의 미래에 있다고 생각하는 것이다. 대체로 죽음은 이미 우리 뒤에 있다. 죽음은 우리 뒤에 놓인 모든 시간 속에 머물고 있다.

또한 우리는 과거의 것은 더는 내 소유가 아니라고 생각하지만, 오히려 현재 가지고 있지 않은 것은 누구도 앗아갈 수 없다.

Mihi crede, magna pars ex iis quos amavimus, licet ipsos casus abstulerit, apud nos manet; nostrum est quod praeterit tempus nec quicquam est loco tutiore quam quod fuit.(『Epistulae morales ad Lucilium』 99.4)

•

나를 믿어라, 비록 우연이 우리가 사랑했던 이들을 훔쳐 가버렸음에도, 그들의 더 큰 부분은 우리와 함께 머문다. 지난 시간이야말로 우리의 것이다. 한때 존재했던 것보다 더 확실한 발판 위에 서 있는 것은 없다.

세네카는 규정하거나 지시하려 하지 않는다. 그는 본보기를 강요하지 않고, 겉으로 보이는 것을 해체한다.

rebus persona demenda est… (『Epistulae morales ad Lucilium』 24.13)

•

사물에서 가면을 벗겨야 한다…

세네카는 루킬리우스는 물론 누구에게 편지를 쓸 때도, 그들에게 '무엇이 되어야 한다'고 말하지 않고, 합리성에 비추어 '그들이 참으로 누구인지' 말한다. 세네카가 본 진실은 기존 관념과는 정반대이기도 했다. 우리가 흔히 악하다고 여기는 것에 선이 있다. 우리를 위로해주는 사치, 교제, 좋은 음식 같은 선의 환영에 악이 있다.

앞에서 세네카가 추방은 그저 이동일 뿐이라고 한 것이 대표적인 예다. 왜 추방을 망신이라 여겨야 하는가? 하늘의 별은 물론 살아 있는 모든 것이 유동적인데 말이다. 이성을 통해 분석해보면 모든 것이 달라진다. 다음은 『영혼의 평정에 관하여』에서 발췌한 예문이다.

Adhibe rationem difficultatibus: possunt et dura molliri et angusta laxari et gravia scite ferentes minus premere. (『De tranquillitate animi』 10.4)

•

난제에 이성을 적용하라. 단단한 것은 부드러워질 수 있고 좁은 것은 넓어질 수 있으며, 무거운 것도 능숙하게 견디는 이에게는 덜 무겁다.

키케로의 추종자 퀸틸리아누스는 젊은 작가들이 지나치게 세네카에게 이끌리는 것을 우려했다. 그래서 세네카를 반순응주의anticonformism라며 비난하기도 했다. 하지만 퀸틸리아누스도 세네카의 폭넓은 지식과 다작多作과 재치, 그리고 악덕에 대한 혐오를 높이 평가했다.(『웅변술 교육』 X.I.125~131) 결국에는 키케로가 승리하여 서구 문학의 전통을 확립했으나 세네카의 영향력도 잊어서는 안 된다. 페트라르카의 『서한집』만 보아도 『루킬리우스에게 보내는 도덕 서한』에 많은 빚을 졌다. 몽테뉴 역시 『에세』에서 끊임없이 세네카를 모방하고 인용했다.

2003년에 내 친구 홀리오 안기타 파라도는 《엘 문도》의 특파원으로 일하다 이라크에서 살해되었다. 당시 서른세 살이었다. 나는 큰 슬픔에 빠진 그의 파트너에게 세네카의 『마르키아를 향한 위로』를 선물했다. 내가 하는 어떤 말보다 세네카의 말이 훨씬 위로가 되리라 생각했다.

어떤 이들은 죽음 앞에서, 특히나 참혹한 죽음 앞에서는 어떤 말도 의미가 없다며, 말은 없는 게 낫다고 한다. 나 역시 말이란 우리의 감정을 표현하는 한 가지 수단일 뿐이라는 걸 인정한다. 하지만 여전히 내가 확신하는 것이 하나 있으니, 우리는 어느 때든, 특히 가장 어려운 순간에 말에 의지할 권리가 있다는 사실이다. 우리는 말의 힘을 믿고, 필요한 순간 말하기를 주저하지 말아야 한다.

자신의 언어가 부족하다고 느껴질 때도 있을 것이다. 그러나 그렇다고 해서 미리 두려워하며 말하기를 포기해서는 안 된다. 내 안에서 적절한 말을 찾을 수 없다면 다른 사람에게서 빌려와야 한다. 그 말이 내게 참되게 느껴진다면, 그 말은 나의 말이 된다. 그러므로 나는 세네카의 말을 빌려 말할 수 있었다.

내가 세네카에 대해 강조하고 싶은 것은, 그가 말을 잘했을 뿐 아니라 말하는 데 두려움이 없었다는 점이다. 심지어는 사랑하는 이의 죽음 앞에서도 말하기를 두려워하지 않았다. 왜 죽음 앞에서 침묵해야 하는가? 왜 울음과 침묵만이 가치 있는 양 가장해야 하는가? 말은 생명이다. 살아 있는 우리는 말을 포함해 어떠한 형식으로든, 생명으로 죽음에 맞서야 한다.

세네카는 아들을 잃은 마르키아에게 우리가 영원히 살 수 없는 존재임을 상기시킨다. 세네카는 인간이란 무엇인지 묻고, 자신의 답을 제시한다. "imbecillum corpus et fragile, suapte nautra inerme연약하고 부서지기 쉬운 육체는 본래 무방비하다…"(11.3) 그리고 이렇게 말한다. "[o]mnia humana brevia et caduca sunt인간의 모든 것은 찰나이며 무상하다."(21.1)

기나긴 시간 속에 인간의 삶은 한순간에 지나지 않는다. 아주 조금이라도 살아갈 날을 늘린다고 해서 무엇을 얻겠는가?(21.2) 인간의 유한성에 대한 성찰은 라틴어 문학의 중심이다. 몇몇 종교적 성찰을 제외하면, 오늘날과 같은 기술의 시대에 인문학이든 과학이든 어느 분야의 누가 그만한 지혜와 용기를 가지고 유한성을 대면하려 할까?

『마르키아를 향한 위로』에서 마르키아의 아들은 하늘에 올라가 별이 된다. 마르키아의 아들은 그곳에서 죽은 이들의 영혼을 만나고, 그의 할아버지인 용감한 크레무티우스 코르두스(티베리우스 황제의 근위대 사령관이었던 세야누스가 자결을 강요했다)와도 재회한다. 크레무티우스는 기뻐하며 손자에게 창공을 구경시켜주고 자연의 비밀들을 밝혀준다.(25.1~3) 천국에 이른 마르키아의 아들에 관한 이 대목은(키케로의 『스키피오의 꿈』과 연결해서 읽어야 한다) 『마르키아를 향한 위로』의 절정이다. 이 책을 훌리오의 파트너에게 주면서 내가 염두에 두었던 부분도 바로 이 대목이다.

Sic itaque te, Marcia, gere, tamquam sub oculis patris filique posita, non illorum, quos noveras, sed tanto excelsiorum et in summo locatorum; erubesce quicquam humile aut vulgare cogitare et mutatos in melius tuos flere. Aeternarum rerum per libera et vasta spatia dimissi sunt; non illos interfusa maria discludunt nec altitudo montium aut inviae valles aut incertarum vada Syrtium: omnia ibi plana et ex facili mobiles et expediti et in vicem pervii sunt intermixtique sideribus.(『Consolatio ad Marciam』 25.3)

•

그러니 마르키아, 당신의 아버지와 아들이 지켜보고 있듯이 처신하십시오. 하지만 그들은 이제 당신이 알던 존재가 아니라, 저 높은 곳에 머무는 훨씬 더 높은 존재입니다. 저속하고 천박한 생각을 하는 것과, 더 나은 존재로 변한 이들을 위해 우는 것을 부끄러워하십시오. 이제 그들은 자유롭고 광대한 영원의 공간으로 풀려났습니다. 그들 사이에는 서로를 갈라놓는 바다도 없고 드높은 산도 없고 지날 수 없는 계곡도 없고 시르티스의 위험한 모래밭도 없습니다. 이제 그들 앞에 놓인 길은 평탄하므로 장애물도 없이, 별들과 상호 공존하는 가운데 빠르게 움직입니다.

『마르키아를 향한 위로』의 마지막 부분(26.2~7)에서 세네카는 별들 사이에서 살아가는 크레무티우스의 이야기를 하며, 그렇게 멀리에서 바라볼 때 인류가 얼마나 작고 측은해 보이는지 말한다. 인간세계에는 폭력과 기만과 불화만 있을 뿐이다. 불쌍한 인간에게 닥치는 것은 언제나 시간(vetustas나이 듦, 26.6)이지만 불멸을 확신한다. 산은 무너져 내리고, 바다는 말라 없어지고, 인간의 흔적은 사라지고, 도시들은 심연에 삼켜지고, 세계적인 불길(스토아철학에서 말하는 주기적인 대화재)에 모두 휩싸일 것이다. 행복하고 영원한 영혼들도 예외가 아니다. 그러고 난 뒤, 신들이 적당하다고 생각하는 시점에 우리는 다시 시작할 수 있게 될 것이다.[2]

Nemo nostrum solide natus est

네모 노스트룸 솔리데 나투스 에스트

⊹

우리 중에 날 때부터 굳센 사람은 아무도 없지요

아풀레이우스

❖

이름 ∞∞ 루키우스 아풀레이우스Lucius Apuleius

생몰 연대 ∞∞ 기원후 약 125년~170년

활동 분야 ∞∞ 문학(소설)

특징 ∞∞ 위트 넘치는 세속적인 소설가
저속하고 거친 어휘, 구어, 신조어, 풍자와 패러디

로마의 학자이자 소설가이다. 북아프리카의 마다우로스에서 태어나
카르타고, 아테네 그리고 로마에서 수학했으며, 풍자 정신이 깃든 작품을
발표했다. 그의 대표작『황금 당나귀』는 황당한 모험에 관한 상상력 넘치는
작품으로, 완전하게 남아 있는 유일한 라틴어 소설이다.

페트로니우스

❖

이름 ∞∞ 가이우스 페트로니우스 아르비테르Gaius Petronius Arbiter

생몰 연대 ∞∞ 기원후 27년~66년

활동 분야 ∞∞ 문학(소설), 정치

특징 ∞∞ 예리한 통속 소설가, 악한소설惡漢小說의 원형
『위대한 개츠비』,「도리언 그레이의 초상」에 영향

정치인이자 문인으로, 네로 황제의 총애를 받았으나 66년 네로의 의심을
받자 스스로 목숨을 끊었다.『사티리콘』은 현전하는 가장 오래 된 로마
소설로, 수많은 특이하고 비정상적인 인물이 등장한다. 도덕을 떠나 재미를
추구하는 내용이며 풍자 속에서 당시 로마 사회의 생활방식도 엿볼 수 있다.

XVII

라틴어 소설의 열정과 상상력
• 아풀레이우스와
페트로니우스

◊   소설은 라틴어 문학에서 가장 반反고전적인 장르다. 라틴어 소설
은 그리스의 본보기를 따라 대체로 모험담이며 여행과 역행, 모호함과
혼란스러움으로 가득하다. 이러한 모험성은 언어 자체에도 깃들어, 작
가를 통제(그리고 유혹)하여 반전과 격변이 무한하게 이어지게 한다.

이 장에서는 현전하는 두 편의 라틴어 소설을 살펴보려 한다. 페
트로니우스의 『사티리콘』과 아풀레이우스의 『황금 당나귀』다. 아풀레
이우스의 작품은 '변신 이야기Metamorphoses'라는 제목으로도 알려져 있
으며, 다행히도 작품 전체가 온전하게 남아 있다.

나는 고등학교 3학년 때, 조숙했던 친구의 추천으로 페트로니우
스의 소설을 이탈리아어 번역본으로 읽었다. 결말이 확실하지 않아서
당황했고, 추천해준 친구의 취향이 의심될 정도로 성을 표현하는 방식
에 실망했던 기억이 난다. 하지만 첫 만남이 그토록 씁쓸했음에도 기
묘한 인상이 남아 뇌리에서 떠나질 않았다. 그건 마치 멀리서 깜빡이

는 불꽃, 음울한 희극, 기괴한 공포 같은 것이었다. 지금도 여전히 『사티리콘』이라는 제목을 들으면 그런 느낌이 불쑥 올라온다.

고등학교를 졸업하고서 여름 동안에 이 작품을 라틴어로 다시 읽었는데, 예전과는 다른 만족감을 느꼈다. 그래서 아풀레이우스의 소설도 라틴어로 읽어보았다. 나는 그 즉시 아풀레이우스가 좋아졌다. 페트로니우스의 주인공 엔콜피우스보다 아풀레이우스의 주인공 루키우스가 더 와닿았기 때문만은 아니다. 마법과 열정이 뒤섞인 아풀레이우스의 서사가 훨씬 더 내 취향에 맞았다. 나는 또한 두 소설이 얼마나 닮았는지를 깨달았다. 아풀레이우스를 향한 사랑은 페트로니우스에 대한 애정도 키워주었다.

두 저자의 문체가 여러 면에서 서로 다름에도, 둘 다 놀라운 상상력이 작품 전체를 지배하는데, 특히 어휘 면에서 그러하다. 후대 작가들, 심지어는 제임스 조이스를 비롯한 현대 작가들에게서도 그들과 유사한 점을 발견할 수 있지만, 페트로니우스와 아풀레이우스는 어떤 전통의 시조가 되지는 않았다. 두 작가는 너무나 독창적이고 너무나 단테적Dantesque이며, 놀라울 정도로 개방적이고, 사육제 같고 광대 같은 것, 전복적인 것에 취해 있었다.

하지만 15세기 말에 아풀레이우스 문체의 복귀(키케로주의에 대한 일종의 저항으로서 분야를 가리지 않는 어휘 사용과 구식 어휘의 부활이 특징적이었다)가 이루어진다. 보카치오가 재발견하고 마테오 보이아르도가 번역한 『황금 당나귀』가 볼로냐의 인문주의자 필리포 베로알도를 통해 출간된 것이다.[1] 아풀레이우스의 재발견은 귀스타브 플로베르의 『보바리 부인』에 영향을 주었다. 플로베르는 『황금 당나귀』를 "향香과 오줌이, 잔혹함과 신비주의가 눈부시게 뒤섞인 걸작"이라고 선언했다.[2] 아풀레이우스의 영향은 1800년대에도 지속되었다. 다음 인용문에서 보듯, 2세기 로마를 배경으로 하는 월터 페이터의 소설 『쾌락주의자 마리우스Marius the Epicurean』는 이러한 사실을 잘 드러낸다.

다른 이들은 토속어를 잔혹하게 다루거나 무시해버릴지 모른다. 하지만 토속어는 사람들을 매혹하고 장악하는 참된 '열린 들판'이다. 그(직접 문학 치유 프로그램을 시작한 플라비아누스)는 그것을 진지하게 연구하며, 모든 구문과 단어의 힘을, 마치 귀금속이나 되는 것처럼 정확하게 잴 것이다. 각각의 구문과 단어에서 나중에 결부된 의미들을 풀어내고 본래 타고난 의미로 돌아갈 것이다. 잠재적인 비유적 표현의 모든 풍부함을 완전한 의미로 회복하고, 낡고 탁해진 이미지들을 재생하거나 되살릴 것이다. 라틴어 문학과 라틴어는 틀에 박힌 관례와 권태로 죽어가고 있다. 무엇보다도 필요한 것은 사고와 표현 사이에, 감각과 용어 사이에 자연적이고 직접적인 관계를 재확립하는 것이며, 말의 원시적 힘을 회복해주는 것이다.
결국 말, 모든 섬세한 힘으로 조종된 말은, 그 자신을 위한 전쟁 도구가 되어야 한다. 우선은 강력한 인상을 받고, 다음은 생생하게 또렷한, 즐거운, 그 자신에게 활기찬 흥미를 주는 것을 다른 이들에게 가시적으로 만들어줄 수단을 찾아야 한다. 다만 어중간하거나 유순하거나, 절반만 진실된 것은 제외해야 한다. 이러한 문학적 예술에 관한 세심함이 정말로 일종의 기사도적인 양심을 플라비아누스 안에서 처음으로 일깨웠다. 문체에 대한 관심! 실행하는 인내심! 옛 관용구의 의미심장한 어조에 대한 조사! sonatia verba et antiqua울려 퍼지는, 오래된 단어들![3]

이 단락은 라틴어에 바친 가장 아름다운 헌사로 꼽힌다. 이 소설을 발표하기 1년 전인 1884년 위스망스는 자신의 소설 『거꾸로』(유럽 퇴폐주의를 가장 유려하게 그려낸 것으로 인정되는 작품)에서 아풀레이우스와 페트로니우스를 향해 경이로운 헌사를 바쳤다. 위스망스의 주인공 데제셍트는 케케묵은 모든 것을 혐오하며 '고전주의'라면 진저리를 친다. 그래서 베르길리우스, 호라티우스, 키케로라면 질겁하고, 추상적인 관념을 쑤셔 넣어 언어를 망쳤다고 신학자들을 비난한다.

하지만 그는 테르툴리아누스◇에게 매혹되었다는 걸 인정한다. 테르툴리아누스는 헬리오가발루스만큼 성관계에 미쳐 있고 지나치게 욕망이 넘치는 황제 치하에서 정결과 청빈을 설파한 인물이다. 그는 또한 알렉산드리아 출신의 시인 클라우디아누스를 위대한 마지막 이교도 시인이라고 보았다. 데제셍트는 특히 페트로니우스를 비범한 힘과 기량을 지닌 인물로 평하는데, 비평가로서 위스망스의 재능이 드러나는 부분이기도 하다.[4]

오스카 와일드는 「도리언 그레이의 초상」의 주인공을 『사티리콘』의 주인공과 비교하기도 했으며, 1902년에 번역본을 직접 출간했다고 한다. 하지만 이 번역본은 세바스찬 멜모스라는 필명으로 출간되었기에 진짜 번역자가 누구인지는 여전히 불분명하다.

저속하고 거친 어휘, 구어 표현, 신조어, 의고체, 그리스풍, 뒤틀

◇ 초기 그리스도교 신학을 확립한 평신도 신학자다. 라틴어를 사용해 신학 논의를 진척시킨 최초의 인물로 평가되며, 특히 삼위일체 Trinitas라는 용어를 처음 사용한 것으로 유명하다.

리고 오용된 용법, 풍자와 패러디, 과잉 표현 등이 한데 모여 풍요롭고 빛나는 산문을 완성한다. 이를 두고 바로크적이라거나 퇴폐적이라고 할 수도 있는데, 무엇보다 아풀레이우스에 관한 적확한 묘사라고 할 수 있다. 말하자면 키케로의 규칙과 정반대되는 것이다.

페트로니우스는 『사티리콘』의 첫 부분에서 웅변술의 퇴락(새뮤얼 테일러 콜리지가 『문학의 전기Biographia Literaria』에서 "감탄스러운 대화"라고 했던 『대화편』에서 타키투스 또한 제기한 주장)을 한탄하며, 미사여구만 가르치는 쓸모없는 웅변 학교를 비난한다. 네로 황제 치하, 캄파니아의 한 도시(나폴리, 쿠마, 포추올리 가운데 한 곳)를 배경으로 하는 『사티리콘』은 그로테스크한 공허함을 성토하고, 앞뒤가 맞지 않는 말로 비현실적인 묘사를 이어간다.

이 소설에서 가장 길고 유명한 에피소드는 해방 노예인 트리말키오의 저녁 식사(트리말키오Trimalchio는 F. 스콧 피츠제럴드의 『위대한 개츠비』의 원제목이기도 하다) 장면이다. 이 에피소드에서 흰소리는 끝도 없이 나오는 음식만큼 중심적인 역할을 한다. 식사 시중을 드는 하인들은 서로 맞지도 않는 노래를 부르고, 주인장의 이야기를 포함해 단편적인 토론들은 모두 허튼소리에 지나지 않는다. 혐오스러운 졸부 트리말키오는 공연한 허세를 부리기 시작한다.

Nemo nostrum solide natus est. Ego nullum puto tam magnum tormentum esse quam continere. Hoc solum vetare ne **Iovis** potest. Rides, Fortunata, quae soles me nocte **desomnem** facere? Nec tamen in triclinio **ullum vetuo** facere quod se iuvet, et medici vetant continere. Vel si quid plus venit, omnia **foras** parata sunt: aqua, **lasani** et cetera minutalia. Credite mihi, **anathymiasis** si in cerebrum it, et in toto corpore fluctum facit. (『Satyricon』 47)

•

여기 있는 우리 중 누구도 날 때부터 굳센 사람은 없지요. 나는 참는 것보다 더 큰 고통은 생각할 수도 없소. 그건 유피테르조차 막을 수 없는 한 가지라오. 나를 밤새 깨어 있게 하는 포르투나타, 당신이 웃는 소리가 내게 들리는 거요? 내 집의 식당에서도 손님들은 자유로이 좋을 대로 행동하고, 의사들은 참는 것을 경고한다오. 그런데 자연이 정말로 부르러 온다면, 모든 것이 여기 손 닿는 거리에 있소. 물이며, 그릇이며, 당신이 필요로 할 만한 것은 무엇이든지. 내가 당신에게 말을 할 때는 나를 믿으시오. 아나티미아시스가 뇌로 가도록 내버려두면 온몸이 부글거린다오.

트리말키오는 발산 또는 증기를 의미하는 그리스어 단어 아나티미아시스anathymiasis를 비롯해 '과학적인' 어조를 사용하지만 대화를 전혀 고양시키지 못하고 있다. 사실 트리말키오가 포르투나타를 불러내자기 내장의 문제를 거론하면서 오히려 모든 게 하강한다. 심지어 다른 손님들도 그의 넓은 마음에 감사를 표하고 나서 잔으로 얼굴을 가리고 웃음을 참는다.

트리말키오의 선언은 우아미와 일관성이 결여되었다는 것을 접어두더라도 문법에 맞지 않고, 구어적이다. 더 널리 쓰이는 Iupiter 대신 Iovis(소유격 형태)를 사용하고, veto 대신 vetuo(변칙적 형태), 대명사 quemquam 대신 형용사 ullum, foris 대신 foras, 중성형 lasana 대신 남성형 lasani가 쓰인다. 그리고 desomnem이란 단어가 나오는데, 이 단어는 다른 어떤 텍스트에서도 찾을 수 없다.

아풀레이우스는 페트로니우스에 영향을 받은 것으로 보이지만, 사회 비판보다는 어원에 몰두하는 경향을 보인다. 아풀레이우스의 글에는 사라진 전통에 대한 향수가 있다. 철학적(플라톤적)인 이 소설은 가장 희귀하거나 가장 귀중한 어휘 모음집처럼 읽힌다. 박물관의 진열장이나 벼룩시장이 생각날 정도다.

주인공 루키우스가 당나귀로 변하는 장면을 살펴보자. 우선 이 장면의 맥락을 설명하면, 루키우스는 호기심 많은 젊은이인데, 테살리아에 있는 마녀의 집을 찾아가게 된다. 그는 마녀가 연고를 바르고 새로 변신하는 것을 보고서, 자기도 따라 해보겠다고 결심한다. 하지만 연인이 잘못된 연고를 가져다준 바람에 새가 되지 못하고 당나귀가 되어버린다. 당나귀가 된 그는 위험과 멸시를 받지만 결국 험난한 여정 끝에 이시스 여신의 도움으로 인간의 모습을 회복하고, 이시스 여신의 충실한 추종자가 된다(약 300년 뒤에 아우구스티누스는 영혼을 파괴하는 venenum curiositatis호기심의 독에 대해 말한다. 『고백록』 XIII.21.30).

nec ullae **plumulae** nec usquam pinnulae, sed plane pili mei crassantur in saetas et cutis **tenella** duratur in corium et in **extimis** palmulis perdito numero toti digiti coguntur in singulas ungulas et de spinae meae termino grandis cauda procedit. **Iam** facies enormis et os prolixum et nares hiantes et labiae **pendulae**; sic et aures immodicis horripilant auctibus. Nec ullum miserae reformationis video solacium, nisi quod mihi **iam** nequeunti tenere Photidem natura crescebat.(『Asinus aureus』 III.24)

•

깃털도 솜털도 전혀 없다. 그 대신 털이 두꺼워져 억세지고 부드러운 피부가 단단해져 가죽이 된다. 손바닥과 발바닥 끝에서는 손가락과 발가락이 합쳐져 두툼한 발굽이 되고, 척추 끝에서 커다란 꼬리가 솟아 나온다. 이제 내 얼굴은 거대하고, 입은 튀어나오고, 콧구멍은 떡 벌어지고, 입술은 축 처졌다. 내 귀도 지나치게 커지고 털에 덮였다. 이 비참한 변신에서 내가 얻을 수 있는 유일한 위안은, 앞으로는 포티스를 안을 수 없지만 적어도 나의 그것이 커졌다는 것이다.

오비디우스처럼 아풀레이우스도 세세한 부분들을 매우 정확하게 묘사한다. 루키우스의 변신이 진행 중임을 표현하고자 '이제'를 뜻하는 iam을 사용하는데, 지금 목격하고 있는 일은 범상치 않은 일이라는 걸 독자에게 알려주려는 장치다. 유감스럽게도 지소사指小辭(plumulae, pinnulae, tenella, palmulis, ungulas)는 번역문에서 표현되지 않는다.

아풀레이우스는 카툴루스처럼 이 단어들을 감정적인 목적으로 사용했다. 이는 당시 사용되었던 구어적 표현이다. 라틴어 지소사에서 나온 많은 이탈리아어 단어가 일상적인 담화에서 사용된다는 사실이 그 증거다. fratello형제(라틴어 frater의 지소사 fraterculus에서 유래), vecchio늙은(vetus의 지소사 vetulus에서 유래), orecchio귀(auris의 지소사 auricula에서 유래) 등이 대표적인 예다.

라틴어로 소설을 쓴 작가들은 문학뿐만 아니라 구어 담화도 언어적 양식으로 삼았다. 그로 인해 라틴어가 토착 방언으로 진화하는 과정에서 나타난 흥미로운 사례들이 남기도 했다. 하지만 A 지점에서 B 지점으로의 진화 과정은 명확하지 않다. 이를테면, 고대 문헌에서 나왔지만 나중에 이탈리아어가 된 단어를 어떻게 이해해야 할까? 그 단어는 고대부터 구어 표현이었던 것일까? 아니면 어느 작가가 자신의 소설에서 되살려내면서 구어 표현이 된 것일까? 그것도 아니라면 문학을 통해서 구어로 들어오게 된 것일까?

예를 들어 영어 단어 exotic이국적인의 어원인 exoticus낯선 이는 그리스어 exoticós의 차용이다. 이 단어는 플라우투스의 작품(『유령Mostellaria』 I.I.41)에 등장하며, 아풀레이우스는 그리스어가 모국어인 루키우스가 자신에겐 라틴어가 외국어임을 선언하는 소설의 서두에서 이 단어를 사용한다.

다음은 『황금 당나귀』에 실린 아모르와 프시케 이야기의 일부다.

프시케Psyche(그리스어로 '영혼')는 루키우스처럼 호기심에 희생되어, 일련의 시련을 거친 뒤 사랑을 쟁취하고 신들의 세계에 들어간다. 프시케가 정체를 숨긴 남편 아모르의 모습을 보고 자신이 세웠던 잔인한 계획을 철회하는 대목이다.

Videt capitis aurei genialem caesariem ambrosia temulentam, cervices lacteas genasque purpureas pererrantes crinium **globos** decoriter impeditos, alios **antependulos**, alios **retropendulos**, quorum **splendore** nimio fulgurante iam et ipsum **lumen lucernae vacillabat**; per umeros volatalis dei pinnae roscidae micanti flore candicant et quamvis alis quiescentibus **extimae plumulae tenellae** ac delicatae tremule resultantes inquieta lasciviunt; ceterum corpus glabellum atque luculentum et quale peperisse Venerem non paeniteret. Ante lectuli pedes iacebat arcus et pharetra et sagittae, magni dei propitia tela.(『Asinus aureus』 V.22~23)

•

그녀가 보니, 황금 머리에서 흘러내린 남편의 머리털은 암브로시아◇에 취했고, 둥글게 뭉친 우아한 머리카락이 우윳빛 하얀 목덜미와 장밋빛 뺨 위로 흐른다. 어떤 머리털은 앞으로, 다른 머리털은 뒤로 흘러내리고, 등잔 불빛이 머리카락의 강력하고 윤기 나는 광채 안에서 가볍게 떨린다. 날개 달린 신의 어깨 위로, 이슬에 젖은 깃털이 하얀 꽃으로 빛난다. 그의 날개는 잠잠

◇ 신들의 음식이나 음료. 축자적인 의미는 '불멸不滅'이다.

하지만, 그러함에도 그 부드럽고 섬세하고 작은 바깥쪽 깃털들은 날리고 떨리면서 어지러이 노닌다. 나머지 그의 몸은 무척이나 매끈하고 윤이 나니, 베누스는 그를 낳았음을 후회하지 않을 것이다. 그의 작은 침대 발치에는 위대한 신이 믿고 의지하는 무기인 활과 화살과 화살집이 놓여 있다.

루키우스의 변신 장면에 나왔던 단어들이 이 문장에서도 반복된다(plumulae-plumulae, tenella-tenellae, extimis-extimae, pendulae-antependulos/retropendulos). 하지만 이 문장에서 단어들의 함의는 달라진다.

아풀레이우스는 지소사, 환치법(머리가 아니라 머리털을 묘사하기 위해 genialem남편의를 사용하고 머리털이 아니라 머리를 묘사하기 위해 aurei황금의를 사용한 것은 이중환치법, 심지어 개념적이고 통사적인 이중 교차배열법의 사례다), 단순한 은유(암브로시아에 취한 머리털, 꽃피우는 날개), 확장된 은유(splendore광채가 globos둥글게 뭉친의 의미를 확장하여 단순히 둥근 모양을 넘어서 천체를 가리키게 한다), 신조어(decoriter, antependulos, retropendulos), 어원을 활용한 언어유희(lumen빛과 lucerna등잔), 활유법(lumen빛… vacillabat떨린다, 이 장치는 바로 앞 구절에서도 볼 수 있는데, 불경스러운 일—신을 살해하려는 행위—을 두려워한 칼이 프시케의 손에서 미끄러진다), 무리한 통사구조(inquieta lasciviunt에서 '희롱하다', '장난하다'라는 뜻의 자동사 lascivio가 중성 복수형 inquieta불안한, 부단한를 직접 목적어로 취하게 했다), 두운(capitis머리, caesariem머리털, cervices목덜미, tenellae부드러운, peperisse낳았다, paeniteret후회하다) 등 글을 꾸밀 수 있는 모두 수단을 동원한다.

페트로니우스와 아풀레이우스는 어떤 사람이었을까? 페트로니우스에 대한 문헌 자료는 거의 없다. 타키투스만 『연대기』(XVI.18~19)에서 페트로니우스라는 사람에 대해 언급했다. 하지만 세부 사실들이 모호하고 『사티리콘』에 대해 전혀 언급하고 있지 않기 때문에 타키투스가 말하는 페트로니우스가 소설가 페트로니우스인지 확신할 수 없다. 그러나 이 페트로니우스에 대한 묘사는 소설에서 우리가 추론할 수 있는 작가의 이미지와 일치한다.

타키투스의 이야기에 따르면 페트로니우스는 정치인이었다(연대는 정확하지 않으나, 비티니아에서 대리 총독을 지내고 이후에 총독이 되었다). 가장 두드러지는 특징은 그가 유쾌하고 몸가짐이 세련되었으면서도 과시적이지 않았다는 것이다. 네로 황제는 그를 훌륭한 몸가짐elegantiae arbiter의 본보기로 선정했다. 네로의 총애를 받은 사령관 티겔리누스는 그를 질투하여 그가 정부 전복 음모를 꾸민 가이우스 칼푸르니우스 피소의 공범 스케비누스와 친분이 있다는 이유로 그를 고발했다.

페트로니우스는 세네카와 마찬가지로 가만히 앉아서 고문을 기다리기보다 자기 손으로 목숨을 끊는 편을 택했다. 하지만 두 사람의 마지막은 달랐다. 세네카와 달리 페트로니우스는 철학적 담화 대신 사소하고 가벼운 일들에 대해 잡담을 나누었고, 손목에 그은 상처를 열었다 막았다 하면서 노래와 가벼운 운문을 듣고자 했다. 그런 다음 네로에게 그를 비판하는 편지를 써 보내고, 자신의 인장을 파기하여 누구도 자신을 사칭할 수 없게 했다. 그리고 마지막에는, 죽음으로 넘어가는 가장 자연스러운 방법이라며 잠을 자러 갔다.

아풀레이우스의 생애는 페트로니우스와는 정반대다. 아풀레이우스는 자전적 이야기를 남겼다. 로마의 아프리카 속주에 있는 마다우라(오늘날 알제리의 마다우로스에 가깝다)에서 태어나, 카르타고와 아테네에서 공부했고 제국 전역을 돌아다니며 뛰어난 강사로 이력을 쌓고 철학자로 명성을 얻었다. 그리스어와 라틴어 모두 뛰어났고(비록 라틴어 저술은 몇 편밖에 전해지지 않지만), 기교가 뛰어난 작가로 알려졌다.

아풀레이우스는 서른 살이 되었을 때, 아들이 둘이나 있는 마흔 살의 부자 과부 푸덴틸라와 결혼했다. 푸덴틸라의 작은아들이 죽었을 때 그녀의 친척들이 아풀레이우스를 법정으로 끌고 가서, 그가 미약媚藥을 사용해 푸덴틸라를 꾀어낸 것이라고 고발했다.

아풀레이우스는 눈부신 반론으로 자신을 변호했는데, 유머와 자신감으로 가득한 그의 변론은 법정의 형식에 맞지 않는 것이었지만 많은 사람을 사로잡았고, 『마법에 관하여』라는 책으로도 전해진다. 아풀레이우스는 자신의 미모를 비난하는 이들에게는 아름다움이란 신의 선물이며 철학자 피타고라스야말로 당대 최고의 미인이라고 말한다. 자신의 머리를 보지 못했냐고도 묻는데, 그의 머리는 빗지 않아 헝클어지고, 제멋대로 엉켜 있었기inenodabilis 때문이다.

그러자 푸텐틸라의 친척들은 그가 푸텐틸라에게 선물했던 치약dentrifricium을 증거로 제시한다. 아풀레이우스는 이렇게 반박한다. "그래서 어쨌다는 것인가! 그러면 켈티베리아인들이 하듯이 오줌으로 양치를 하라는 것인가? 아니면 그녀가 더러운 입을 그대로 두는 게 낫다는 것인가?[5] 입은 인간의 몸에서 가장 눈에 잘 띄고 고귀한 부분이 아니던가?" 다음 인용문은 아풀레이우스가 얼마나 대담하게 입을 찬양했는지 보여준다. 여기에서도 조롱과 인문주의 사이를 맴도는 아풀레이우스의 비범한 위트가 날카롭게 빛난다.

Crimen haud contemnendum philosopho, nihil in se sordidum sinere, nihil uspiam corporis apertum immundum pati ac fetulentum, praesertim os, cuius in propatulo et conspicuo usus homini creberrimus, sive ille cuipiam osculum ferat seu cum quicquam sermocinetur sive in auditorio dissertet sive in templo preces alleget. Omnem quippe hominis actum sermo praeit, qui, ut ait poeta praecipuus, dentium muro proficiscitur. Dares nunc aliquem similiter grandiloquum: diceret suo more cum primis cui ulla fandi cura sit impensius cetero corpore os colendum, quod esset animi vestibulum et orationis ianua et cogitationum comitium. Ego certe pro meo captu dixerim nihil minus quam oris illuviem libero et liberali viro competere. Est enim ea pars hominis loco celsa, visu prompta, usu facunda. Nam quidem feris et pecudibus os humile et deorsum ad pedes deiectum, vestigio et pabulo proximum; nunquam ferme nisi mortuis aut ad morsum exasperatis conspicitur. Hominis vero nihil prius tacentis, nihil saepius loquentis contemplere.(7)

•

자신에게 아무런 먼지도 허용하지 않고, 드러난 몸의 어느 부분에도, 특히 입 주변에, 오물이나 악취를 용납하지 않는다는 비난은 철학자에게 합당하다. 입맞춤을 하든, 대화를 나누든, 사람들 앞에서 말을 하든, 신전에서 기도를 하든, 입은 자주 사용되고 쉽게 눈에 띈다. 사실 모든 사람은 말이 행동에 앞서고, 최고의 시인[호메로스]이 말하듯이 말은 우리 치아의 벽을 통과한다. 이제 언어를 아주 잘 다루는 어떤 사람을 상상해보자. 그는 자신의 말로, 가장 권위 있는 사람들과 마찬가지로, 자신의 말에 신경 쓰는 사람이라면 몸의 다른 모든 부위보다 입을 보호해야 한다고 할 것이다. 입은 영혼의 대기실이며, 발화의 출구이며, 생각의 집회소이기 때문이다. 나는 자유인으로 태어나 자유로운 정신을 지닌 사람에게 불결한 입보다 적절하지 못한 것은 없다고 확실하게 말할 수 있다. 실제로 입은 사람의 몸에서 높은 위치를 차지하며, 가장 먼저 보이는 부위이고, 능변의 수단이다. 당신은 야생 짐승과 동물들의 입이 낮은 위치에 있고, 아래로 땅을 향해 발굽 곁에 풀과 발자국 사이에 놓여 있어 죽었을 때나 깨물려고 할 때를 제외하곤 절대 보이지 않는다는 걸 알게 될 것이다. 하지만 말을 하지 않는 사람에게서 가장 먼저 주목하게 되는 것도 입이고, 말을 하기 시작한 사람에게서 입보다 더 많이 주목하게 되는 것도 없다.

Dilige et fac quod vis

딜리게 에트 파크 쿼드 위스

✥

사랑하라, 그리고 당신이 원하는 것을 하라

아우구스티누스

❦

이름	∞∞∞	아우렐리우스 아우구스티누스Aurelius Augustinus
생몰 연대	∞∞∞	기원후 354년~430년
활동 분야	∞∞∞	종교
특징	∞∞∞	그리스도교 교회의 대표적인 교부
		고대 문화 최후의 위인, 또는 최초의 중세인

신학자이자 철학자로서, 교부철학과 신플라톤학파의 철학을 종합하여
교회의 교의에 이론적인 기초를 다졌다. 그의 대표작『고백록』은 총 열세
권으로 이루어졌다. 제1~9권에는 마니교에 빠졌다가 그리스도교에
귀의하기까지 자신의 자전적인 참회 내용을 담았고, 제10~13권은 신의
인식을 주제로 하는 사색으로서 성서와 진리에 관한 실존적 탐구를
보여준다.『신국론』은『고백록』의 관점을 역사·문화로 확대했다. 인간에
대한 신의 구원 계획의 실현과정이 역사라고 파악하며, 교회라는 보편적인
인간공동체의 확립을 통해 영원한 '신의 나라'가 실현된다고 주장했다. 이 두
작품과『삼위일체론』을 그의 3대 명저로 꼽는다.

XVIII

새 잔에는 새 포도주를
• 아우구스티누스

◊   내가 고등학교에 다닐 때 학교에서는 그리스도교 라틴어 작품은 거의 다루지 않았다. 그리스도교 라틴어 문헌은 시대적으로 너무 늦고, 너무 단조롭다. 하지만 적임자의 손에서는 종교적인 문장 또한 아름다울 수 있다. 나는 복음서들과 아우구스티누스의 자서전 『고백록』의 몇몇 구절을 읽었는데, 시험을 준비하기 위해서이기도 했지만, 라틴어가 어떻게 변화했는지 알아보려는 것이기도 했다.

그리스도교가 로마에 전파되고 자리를 잡으면서 라틴어도 격변하게 된다. civis Romanus로마 시민의 이상과는 다른 새로운 종교가 부상하자, 가치 체계가 근본적으로 변했고 표현의 모든 부분에서 실질적이고 광범위한 변화가 이루어질 수밖에 없었다. 아우구스티누스는 『고백록』 서두에서 라틴어 학습을 신과 연결 짓는다.(I.14.23) 알파벳 공부는 어린이를 진리로 이끈다는 점에서 종교적 행위가 된다. 신은 문법이고,(I.13.22) 윤리는 운율이다.(III.7.14)

아우구스티누스에 따르면, 지금까지 글은 거짓 이미지와 타락한 (그리고 너무나 인간적인) 신들을 퍼뜨리는 데 일조했다. 하지만 잘못은 글에 있지 않다. 글은 잔盞일 뿐이고, 잘못은 우리가 그 안에 따른 포도주에 있으며, 그릇된 교사들이 심어놓은 의미에 있다.

Non accuso verba quasi vasa electa atque pretiosa, sed vinum erroris, quod in eis nobis propinabatur ab ebriis doctoribus, et nisi biberemus, caedebamur nec appellare ad aliquem iudicem sobrium licebat.(I.16.26)

•

나는 귀중한 고급 잔이 되었다고 말을 탓하지 않고, 그 잔을 채우는 오류의 포도주를 탓한다. 술 취한 교사들이 그 포도주를 우리에게 강요했고, 그것을 마시지 않으면 우리는 두들겨 맞았으며, 우리에게는 호소할 맑은 정신의 판사가 없었다.

이 인용문에서도 라틴어의 변화가 아주 명확하게 눈에 띈다. 통사는 단순해졌고, 종속절과 논리적 순서가 없어졌으며, 구어적인 어조, 설교나 고백의 어조가 선호된다. 어휘 면에서는 scandalum과 그 동사형 scandalizo, angelus천사, diabolus악마, baptizo세례 주다, ecclesia교회, apostolus사도 등 그리스어 어휘가 수입되고 드물게 사용되던 단어들이 되살아나거나(고어체 포함) 문어文語 전통에서 오랫동안 확립되었던 단어의 뜻이 바뀌었다. 성 히에로니무스(347~419 또는 420)의 다음 구절은 이러한 변화를 더 분명하게 보여준다.

Avaritiae quoque tibi vitandum est malum, non quo aliena non adpetas—hoc enim et publicae leges puniunt—, sed quo tua, quae sunt aliena, non serves.

•

그대는 탐욕이라는 악덕 또한 피해야 하는데, 다른 이들이 가진 것을 원하면 안 된다는 의미에서가 아니라(이는 시민법에 의해 처벌되므로), 자신에게 속한 것들에 너무 단단히 집착하지 않는다는 의미에서 그러해야 한다. [실제로] 그것들은 다른 이들에게[혹은 참으로 하느님께] 속한 것이다.

이 구절은 히에로니무스가 에우스토키움에게 보낸 편지(XII.31)에서 발췌한 것으로, 일명 '동정童貞 편지'라고도 한다. avaritia라는 용어는 고전 라틴어에서도 사용되었고 탐욕(다른 이가 가진 것을 원함)과 욕심(자신이 가진 것에 대한 집착)을 모두 의미했다. 첫 번째 의미로 쓰이는 경우가 더 많지만, 여기서 저자는 두 번째 의미를 강조한다. 아우구스티누스 말을 인용하자면, 그는 잔에 '더 나은' 음료, 즉 새로운 그리스도교의 윤리를 따라서, 마지막 말이 암시하듯 지상의 법률을 넘어서는 것을 채운다.

은유 또한 변한다. 그리스도교 라틴어는 군사 용어처럼 특화된 어휘들을 차용했다. 이를테면 miles군인는 그리스도의 이름으로 싸우는 그리스도인을 의미하게 되고, sacramentum군인의 서약은 종교적 신심이 된다. 그리스도교 라틴어는 새로운 이미지를 만들어내기도 했다. 그 상황에서는 절대 사용되지 않던 단어들이 사용되고, 새로운 의미로 연결되며, 상징체계는 더욱 복잡해지고, 비유가 확산된다. 과장이 많아지고, 역설도 풍부해진다. 이는 불가해한 텍스트가 많은 성경의 영향 때문이기도 하다. 아우구스티누스가 인정하듯이, 어렵게 이해한 것이 더 큰 만족을 가져온다.(『그리스도교 교양』 I.6.8)

역설에 관해서는, 그리스도교를 옹호하는 초기 논고 『호교론Apologeticum』의 저자 테르툴리아누스가 쓴 구절을 살펴보도록 하자. 이교도의 시각을 전복하려는 목적으로 쓰인 이 작품은 역설과 모순어법으로 가득 차 있다.

Invisibilis est, etsi videatur; incomprehensibilis, etsi per gratiam repraesentetur; inaestimabilis, etsi humanis sensibus aestimetur; ideo verus et tantus est. Ceterum quod videri communiter, quod comprehendi, quod aestimari potest, minus est et oculis, quibus occupatur, et manibus, quibus contaminatur, et sensibus, quibus invenitur, quod vero inmensum est, soli sibi notum est. (『Apologeticum』 XVII.2)

•

[우리 하느님은] 보이지 않지만, 우리는 그분을 본다. 그분은 이해될 수 없지만, 은총을 통해 자신을 계시한다. 그분은 가늠될 수 없지만, 인간의 감각으

로 가늠된다. 그러므로 그분은 참되고 강력한 하느님이다. 그러나 일반적으로, 보이고 이해되고 가늠될 수 있는 것은, 그것을 보는 눈과 그것을 오염시키는 손과 그것을 발견하는 감각보다 가치가 덜하다. 측정될 수 없는 것은 오직 그 자신에게만 알려진다.

비슷한 주장을 성경에서도 찾을 수 있다.

Tollite iugum meum super vos ⋯ et invenietis requiem animabus vestris; iugum enim meum suave, et onus meum leve est. (「Evangelicum secundum Matthaeum」 XI.29~30)

•

내 멍에를 메라. ⋯ 그러면 너희가 영혼을 위한 안식을 얻을 것이다. 내 멍에는 편하고 내 짐은 가볍다.(「마태오복음」 11장 29~30절)

그리스도교 라틴어와 고전 라틴어 사이의 가장 큰 간극은, 베르길리우스와 키케로에게서 볼 수 있는 유비적 요소들 사이의 조화가 연상으로 대치되는 데서 발견된다. 이런 표현은 전위적이고 탈선적이며, 심지어 환시적이기까지 하다. 앞의 포도주 예시에서 보았듯이, 아우구스티누스는 유비를 발전시켜 은유를 형성할 수 있음에도, 익숙하지 않은 비유들을 곧잘 도입한다.

이렇게 해서 손에 잡히지 않는 세계와 현실 세계, 도덕적 차원과 물리적 차원이 연결된다. 『고백록』 전반부에서 찾을 수 있는 예만 해도 다음과 같다. 'palmitem cordis mei내 마음의 햇순',(I.17.27) 베르길리우스와 오비디우스처럼 시적 형용사가 두드러지는 'in affectu tenebroso 어두운 기분에',(I.18.28) 'voragine turpitudinis수치의 구렁',(I.19.30) 'vepres libidinum욕정의 덤불',(II.3.6) profunditas라는 새로운 단어가 쓰인 'mortis profunditas죽음의 심원',(II.6.14) 'sartago flagitiosorum amorum수치스러운 사랑의 번철',(III.1.1) 'anima … ulcerosa상처투성이 영혼'.(III.1.1) 다음 인용구에서 볼 수 있듯이 아우구스티누스의 은유는 매우 독창적이다.

Exarsi enim aliquando **satiari** inferis in adulscentia et **silvescere** ausus sum variis et umbrosis amoribus, et **contabuit** species mea et computrui oculis tuis.(『Confessiones』 II.1.1)

•

젊었을 때 나는 저열함으로 포식하고, 그늘진 사랑으로 우거지려는 욕망에 불탔습니다. 그래서 나의 아름다움은 시들고 나는 당신 눈앞에서 썩어갔습니다.

이 짧은 문장 안에 서로 다른 맥락이 무척이나 많이 들어 있다. 불(새로운 동사인 exardeo타다), 음식(satior포식하다), 식물(silvesco우거지다, 이 단어는 이전에 키케로도 사용했으나 도덕적 의미는 아니었다), 물리적 퇴락(contabesco시들다, computresco썩다). 『고백록』 뒷부분에는 다음과 같은 예도 있다.

Sic **aegrotabam** et **excruciabar** accusans memet ipsum solito acerbius
nimis ac volvens et versans me in vinculo meo.(『Confessiones』
VIII.11.25)

•

그래서 나는 아팠고 괴로웠으며, 나 자신을 평소보다 더 심하게 비난하면서
나의 사슬 안에서 몸을 비틀며 몸부림쳤습니다.

아우구스티누스는 이 짧은 문장 안에 아픔, 괴로움(excrutior는 고
대 희극에서 나온 동사로, 사랑과 증오에 관한 카툴루스의 시 85에서도 볼 수
있다), 감옥을 채워 넣어 죄인의 상태를 강조한다.

이러한 문장들은 내적 자아에 관한 탐구가 얼마나 진전되었는지
보여준다. 이제 라틴어를 이용한 더욱 깊은 내면 탐구가 가능해졌으
며, 더 많은 성찰이 이루어지게 되었다. 이는 감정과 영혼에 대한 새로
운 접근을 가능하게 했다. 옳고 그름을 가릴 수 있는 심리분석적 언어
로서 불분명한 마음의 법칙과 조건을 구술하는 것이다.

이렇게 나온 정신의 지형학은 대담한 지적 탐험을 통해 진화한다.
그렇게 해서 'abyssi심연'(II.4.9, 그리스어 어원에서 비롯한 단어로서 많은
현대어에 자리를 차지하게 된다)와 'celsitudinem최고의 높이'(II.6.13) 같은
단어들이나, 'gurgite flagitorum악덕들의 협곡'(II.2.2)과 이교도의 단어를
재사용한 'Tartaro libidinis욕정의 지옥'(III.1.1) 같은 표현들이 생겨난다.

또한 기억에 대한 은유들이 풍성해졌다. 여기에서도 공간적 묘
사가 두드러진다. 'campos et lata praetoria들판과 광대한 왕궁',(X.8.12)

'aula ingenti커다란 궁전',(X.8.14) 'ingenti sinu커다란 자궁',(X.8.14) 'the-sauro방주',(X.8.14) 'penetrale amplum et infinitum넓고 무한한 비밀의 방',(X.8.15) 'fundum기초',(X.8.15) 'interior loco, non loco장소가 아닌 내면의 장소',(X.9.16) 'campis et antris et cavernis innumerabilibus들판과 작은 동굴들과 수없이 많은 큰 동굴'.(X.17.26)

아우구스티누스에게 기억이란 주로 감각적 경험에서 얻은 이미지들로 이루어진다(키케로의 저술이라고 알려지기도 했으나, 정확한 저자가 밝혀지지 않은『헤렌니우스를 위한 수사학Rhetorica ad Herennium』부터 기억은 수사학의 인기 있는 주제였다는 사실은 주목할 만하다. 기억은 웅변술 교육의 기초이며, 아우구스티누스 역시 수사학에서 논의를 시작했다). 그 이미지들이 어디서 발생했는지는 이제 아무도 알 수 없다. 하지만 그 이미지들은 우리의 머릿속 어딘가에 분명히 존재하며, 더는 현재적이지 않아도 필요에 따라 전면으로 끌려 나온다. 그 덕에(그리고 이제는 그 자체로 직관적인 힘을 발휘하는 일련의 역설과 모순어법 덕분에) 우리는 어둠 속에도 색깔을 보거나, 입을 열지 않고도 노래를 부르거나, 냄새 맡지 않고도 제비꽃과 백합의 향기를 구별할 수 있다.(X.8.13)

기억은 또한 추상적인 개념들로 구성되곤 한다. 예를 들면 숫자, 선線, 설득력, 문법litteratura(X.9.11, 주요 유럽 언어들에 서로 다른 의미로 퍼져나간 단어로, 이렇게 '문법'을 뜻하는 경우는 퀸틸리아누스의『웅변술 교육』II.1.4와 세네카의『루킬리우스에게 보내는 도덕 서한』38.20에서 찾아볼 수 있다) 등이 있다. 이러한 개념들을 기술하면서도 아우구스티누스는 공간적 은유에 의지한다. "miris tamquam cellis reponuntur그것들은 경이로운 벽장 속에 저장된다", 그리고 필요할 때면 "proferuntur다시 끌려 나온다"(X.9.16) 하지만 추상적인 표현들이 육체를 통해 전달되는 것은 아니다("ianuas … carnis", X.10.17).

다시 말해, 그것들은 우리의 기억 속에서, 가장 깊은 구석들에 이미 존재한다. 그렇다면 그 개념들을 소유하는 것은 추출과 수집의 행위인 셈이다. 때문에 아우구스티누스는 생각을 나타내는 동사가 '수집하다' '모으다'라는 cogo의 반복 동사 cogito로 표현되어야 한다고 했다.(X.11.18)

기억은 또한 과거에 대한 회상으로 이루어져 있다. 하지만 행복한 순간의 기억이 반드시 즐거움을 주는 것도 아니고 슬픈 순간의 기억이 반드시 고통을 일으키는 것도 아니다. 기억은 정신에 속한 것으로, 육체에서 떨어져 있다.(X.14.21) 하지만 아우구스티누스는 육체적 은유(그의 가장 대담한 은유 중 하나)로 기억을 묘사한다.

memoria quasi venter est animi, laetitia vero atque tristitia quasi cibus dulcis et amarus.(X.14.21)

•

기억은 영혼의 위장 같다. 기쁨과 슬픔은 단 음식과 쓴 음식 같다.

그런데 이런 혁신에는 대가가 있었다. 그중에서도 가장 큰 손실은 고전주의의 elegantia우아미, 즉 소리와 의미와 통사의 음악적 혼합이 사라진 것이다. 이에 대한 완벽한 예는 새로운 라틴어의 옹호자 히에로니무스가 보여준다.

히에로니무스는 아우구스티누스처럼 위대한 비非그리스도교 전통을 토대로 성장한 성인이다. 동정에 관한 그의 편지에는, 젊은 시절의 학생 신분을 포기할 때 얼마나 괴로워했던지 기록되어 있다. 로마의 시인들은 그에게 예언자들보다 훨씬 큰 기쁨을 선사했다. 예언자들의 거친 언어는 그를 질겁하게 했다("sermo horrebat incultus거친 말은 끔찍하다").

아우구스티누스 또한 키케로의 우아한 문장에 익숙해서 성경을 읽는 것이 힘들었다고 말한다.(『고백록』 III.5) 그러나 아우구스티누스는 최선을 다해서 타협점을 찾고자 했다. 그래서 키케로는 더는 문체의 대가가 아니며 자신은 그의 작품, 특히 철학으로 초대하는 『호르텐시우스』(안타깝게도 유실되었다)에서 그리스도교 개종을 촉발하는 결정적인 주장을 발견했다고 선언한다.[1] 이것은 로마와 그리스도교라는 두 문화를 융합하고자 하는 그의 노력이었다. 그보다 앞서 테르툴리아누스가 보여줬던 것처럼(『호교론』은 솔론에게 예언자 같은 특성을 부여한다), 아우구스티누스는 결국 성공하고 여러 세기 뒤에는 단테의 인문주의와 더불어 승리한다. 단테의 목적은 베르길리우스, 오비디우스, 스타티우스, 루카누스 같은 위대한 작가들에게서 그리스도교의 전조를 발견하는 것이었다.

아우구스티누스의 영향은 르네상스 인문주의의 아버지인 페트라르카에게도 미친다. 페트라르카는 『서한집』(II.9)에서 아우구스티누스가 키케로에게 진 빚을 떠올리며 이런 말을 남겼다. "nemo dux spernendus est qui viam salutis ostendit구원에 이르는 길을 보여주는 어떠한 안내자도 물리치지 말지어다."

히에로니무스는 앞서 언급한 에우스토키움에게 보낸 편지에서 자신이 꾼 꿈을 이야기한다.(XII.30) 이 꿈에서 그는 하느님 발아래서 심판을 기다리고 있었다. 그런데 상황이 그에게 좋지 않은 방향으로 흘러갔다. 하느님은 그리스도보다 키케로를 추종했다며 그를 책망한다. 꿈속에서 매를 맞고 깨어보니 정말로 매 자국이 남아 있었다. 그는 다시 한 번 기회가 주어졌음을 깨닫는다. 그리고 죄를 멀리하며 지낸다.

히에로니무스는 동정에 관한 편지를 쓰던 때에, 다른 문학적 이력에서 엄청난 과업을 쌓고 있었다. 그는 성경을 번역하여 불가타Vulgata라고 불리게 되는 라틴어 성경을 내놓았다. 이로써 그는 번역자의 수호성인이 되었다. 히에로니무스가 성경을 번역한 최초의 인물은 아니지만, 그의 번역본은 가장 권위 있는 번역본이 되었다. 아우구스티누스가 『그리스도교 교양』 제2권에서 지적하듯이, 이전의 라틴어 성경 번역본들은 온갖 오류가 가득했다.

히에로니무스는 395년에서 396년 사이에(그가 성경 번역을 시작한 것은 390년경이며 마친 것은 405년경이다) 팜마키우스에게 보내는 서한 57에서 자신의 번역 원칙을 설명했다. 그의 번역 원칙은 단어를 하나씩 옮기기보다 의미를 포착하는 것으로, 언어와 언어 사이의 어휘 및 통사의 차이를 생각하면 단어를 하나씩 옮기는 것은 어리석다고 보았다.

히에로니무스가 성경을 번역하며 의지한 사람은 바로 키케로였
다. 키케로는 그리스 웅변의 번역자였다. 그는 또한 그리스어 희극을
라틴어로 번역하고 각색한 이들을 언급한다. 번역 방법은 접어두더
라도, 이 편지는 그리스도교 라틴어 문학의 새롭고 중요한 원칙을 밝
혀준다. simplicitas단순성(키케로가 아니라 세네카와 결부된 용어), 아니
sancta simplicitas거룩한 단순성라고 하는 편이 나을 텐데, 이는 사도들의
언어를 가리키는 말이다. 그들처럼 말하는 것은 곧 그들처럼 사는 것
이고, 그렇게 한다면 모든 이가 이해하고 그리스도를 따를 수 있기 때
문이다. 다음은 「루카복음」에서 가져온 예다.

Et postquam venerunt in locum, qui vocatur Calvariae, ibi
crucifixerunt eum **et** latrones, unum a dextris **et** alterum a
sinistris. Iesus autem dicebat: "Pater, dimitte illis, non enim
sciunt quid faciunt." Dividentes vero vestimenta eius, miserunt
sortes. **Et** stabat populus exspectans. **Et** deridebant illum **et**
principes dicentes: "Alios salvos fecit; se salvum faciat, si hic est
Christus Dei electus!" Illudebant autem ei **et** milites accedentes,
et acetum offerentes illi **et** dicentes: "Si tu es rex Iudaeorum,
salvum te fac!" Erat autem **et** superscriptio super illum: "Hic est
rex Iudaeorum." Unus autem de his, qui pendebant, latronibus,
blasphemabat eum, dicens: "Nonne tu es Christus? Salvum fac
temetipsum **et** nos!" Respondens autem alter increpabat illum

dicens: "Neque tu times Deum, quod in eadem damnatione es? **Et** nos quidem iuste, nam digna factis recipimus! Hic vero nihil mali gessit." **Et** dicebat: "Iesu, memento mei, cum veneris in regnum tuum." **Et** dixit illi Jesus: "Amen dico tibi: Hodie mecum eris in paradiso." **Et** erat iam fere hora sexta, **et** tenebrae factae sunt in universa terra usque in horam nonam, **et** obscuratus est sol, **et** velum templi scissum est medium. **Et** clamans voce magna Iesus ait: "Pater, in manus tuas commendo spiritum meum"; **et** haec dicens exspiravit. Videns autem centurio, quod factum **fuerat**, glorificavit Deum dicens: "Vere hic homo iustus erat!" (23.33~47)

이 인용문은 예수의 죽음에 관한 구절이다. 숭고하고 탁월하게 묘사된 비극은 복음서 서사의 절정이며 종교적 신비의 정점이다. 이 구절에서는 복음서 전반에서 드러나는 통사적 직선성과 진지함도 엿볼 수 있다.

사건의 각 단계는 병렬적으로 이어지는데, 라틴어의 가장 기초적 접속사로 어디에서나 쓰일 수 있는 et그리고가 여기저기에서 흐름을 끊고 있다. 동사들은 전통적인 통사를 따르지 않는다(quid로 시작되는 의문문은 어떠한 접속사도 없고, 수동태 과거완료 시제에서는 조동사로 erat보다 fuerat를 사용한다). 주격 형태의 현재분사는 고전 산문에서는 매우 드문데, 여기에서는 대중적 구어에서 끌어온 듯한 정형화된 구문에 반복적으로 등장한다. 일상 어휘들이 쓰였고, 어순은 이미 토속어와 매우 비슷하다. 번역해보면 다음과 같다.

칼바리아라고 불리는 곳에 와서 그들은 그와 도둑들을 십자가에 매달았는데, 도둑 하나는 그의 오른쪽에, 다른 하나는 왼쪽에 매달았다. 그리고 예수가 말했다. "아버지, 저들을 용서하십시오, 그들은 자신이 하는 것을 알지 못합니다." 그리고 그들은 그의 옷을 찢고 제비를 뽑았다. 그리고 사람들은 지켜보았다. 그리고 통치자들까지도 그를 조롱하며 말했다. "그가 다른 이들을 구원했으니, 진짜 하느님의 선택된 그리스도라면 그 자신도 구하게 두어라." 그리고 병사들도 그를 놀려대고, 그에게 다가와 식초를 꺼내 들고 말했다. "유대인들의 왕이라면, 너 자신을 구원하여라." 그리고 그의 위에는 새겨진 글이 있었다. '이 자는 유대인들의 왕이다.' 매달린 도둑들 중 하나가 그를 모욕하며 말했다. "너는 그리스도가 아니냐? 너 자신과 우리를 구원하여라!" 그러나 다른 도둑이 그를 꾸짖으며 말했다. "너 또한 하느님이 두렵지 않으냐? 너도 똑같은 형벌을 선고받았으니까! 우리는 정당하게 그리 되었다. 우리는 우리 행실 때문에 마땅한 형벌을 받고 있다. 하지만 그분은 악을 전혀 행하지 않으셨다." 그리고 말했다. "예수님, 당신의 나라에 들어가실 때 저를 기억해주십시오." 그리고 예수가 대답했다. "내가 참으로 너에게 말한다. 오늘 너는 나와 함께 낙원에 있을 것이다." 그리고 이미 6시 [정오]가 가까워지고 있었다. 그리고 9시[오후 3시]에 어둠이 땅을 덮고 태양이 자신을 숨겼다. 신전의 장막이 반으로 갈라졌다. 그리고 예수가 목소리를 높여 말했다. "아버지, 내 영을 당신 손에 맡깁니다." 그리고 이 말과 함께 그가 죽었다. 그리고 일어난 일을 보았을 때 백인대장은 하느님을 찬미하며 말했다. "이 사람은 참으로 의로웠다." (「루카복음」 23장 33~47절)

그리스도교 라틴어 문헌 연구에 중요한 텍스트인 『그리스도교 교양』에서, 아우구스티누스는 투박하고 심지어 문법에 맞지 않는 글이 이해를 방해하는 유려한 능변보다 낫다고 주장한다. 사실, 그리스도교에서 라틴어는 교훈을 주는 도구였다. 라틴어는 성경의 진리를 설명하고, 선악을 구별하며, 신자들을 설득하기 위한 것이었다. 키케로가 보여준 것처럼 음절 마지막에 음악적 울림을 주어 변론을 마감하는 것 (아우구스티누스는 이 습관을 견딜 수 없어 했다)이 아니라 명확하게 요점을 설명하고, 독자가 쉽게 이해할 수 있도록 주제에 따라 어조를 바로 바꾸어야 하는 것이다.

그러나 아우구스티누스의 언어 개혁은 어디까지나 키케로를 본보기로 삼은 것임을 잊지 말아야 한다. 아우구스티누스는 키케로에 반대한다고 고백하면서도 키케로를 추종했다.

evidentia명징와 varietas변화는 로마 웅변술의 근본 요소였으며, 르네상스 시대 미학과 언어학 담론에서도 등장한다.[2] 이러한 사실은 키케로가 서구 언어문화 전체에 끼친 지대한 영향을 상기시킨다. 아우구스티누스도 옹호한 상·중·하의 문체 사용역은 그가 인정하듯이 키케로(『웅변가』 21.69ff)에게서 온 것이다. 낮은 사용역은 설명에 사용하고, 중간 사용역은 판단에 사용하며, 높은 사용역은 설득에 사용한다(이것이 키케로와 구분되는 핵심이며, 이 점이 토착어 형성에 일조했다). 그러나

각 사용역은 다른 두 사용역과 겹치고, 다른 두 사용역의 그늘에서 발전하며, 대립을 통해 정의되고 강화된다.[3] 이 세 사용역 모두에서 언제나 가장 중요한 것은 명징성이다. 한 사용역이 다른 사용역보다 높은 것은 이미지가 풍부한 은유를 사용하거나 어려운 어휘를 사용하기 때문이 아니라, 주장이 열렬하기 때문이다. 다른 무엇보다도, 개종이 목적일 때 뜨겁게 타오르는 것이 바로 영적 열기('pectoris ardorem가슴의 불꽃', 『그리스도교 교양』 IV.20.42)이다.

difficile est saturam non scribere

디피킬레 에스트 사투람 논 스크리베레

✛

풍자를 쓰지 않기가 어렵다

유베날리스

이름	◦◦◦◦	데키무스 유니우스 유베날리스Decimus Iunius Iuvenalis
생물 연대	◦◦◦◦	기원후 55년에서 60년 사이~기원후 127년 이후
활동 분야	◦◦◦◦	문학(시)
특징	◦◦◦◦	라틴어 풍자시의 전형이자 달인
		예리한 철학적 감각으로 사회 비판
		단테가 지옥 묘사에 참고한 작가

풍자시로 유명한 로마의 시인이다. 생애에 관해서는 알려진 것이 많지 않다. 트라야누스 황제와 하드리아누스 황제의 시대에 로마에서 활약하며 황제와 귀족들, 사회에 대해 날카로운 비판을 했다. 말년에는 도미티아누스 황제의 노여움을 사서 추방당했다고 한다. 총 16편의 풍자시를 썼는데, 이는 총 다섯 권으로 구성된 시집 『풍자』로 남아 있다.

XIX

어떻게 살 것인가
· 유베날리스

> 이제 라틴어는 유행에 뒤떨어졌다.
> 하지만 그를 대신해 말하자면
> 그는 라틴어 교육을 충분히 받았으므로
> 대화할 때 유베날리스를 인용할 수 있다.[1]
>
> 알렉산드르 푸시킨

◊   라틴어 문학의 가장 큰 특징 중 하나는 사회 비평이다. 이 기능은 내가 더없이 자랑스럽게 여기는 로마적인 장르인 '풍자satura'에서 두드러진다. 풍자에는 다양한 어휘와 자유로운 통사, 이목을 끄는 수사법이 필요하다. 관찰하고, 고발하고, 비웃고, 모욕하고, 부풀리고, 비난하는 것이 목적이기 때문이다. 물론 풍자에도 다양한 종류가 있다. 호라티우스의 풍자는 공격성이 거의 없다. 남을 깎아내리기보다는 격려하며, 미술로 비교하자면 캐리커처보다는 실사화처럼 느껴진다. 하지만 이러한 호라티우스의 풍자조차 현실에 대한 혐오와 동시대인에 대한 경멸에서 태어났다.

사실, 모든 라틴어 문학은 이상적 과거에 대한 향수에 젖어 있고, 장르에 상관없이 약간의 풍자를 담고 있다. 키케로도 카틸리나나 베레스의 결점을 묘사할 때는 풍자 작가가 됐다. 에피그램으로 사람들의 악덕을 공격했던 카툴루스도, 사회의 방탕과 무지를 조명한 페트로니우스도 마찬가지다. 살루스티우스나 타키투스처럼 과거를 찬양하고 현재를 비판한다는 점에서는 역사서도 풍자다. 심지어 꿈꾸는 듯한 목가 역시 순수한 기원을 향한 한탄 사이에서 풍자적인 경향을 보인다.

하지만 여기서는 대표적인 풍자 작가인 유베날리스와 함께 풍자의 언어적인 면에 초점을 맞추려고 한다. 유베날리스는 출신을 비롯해 알려진 것이 거의 없다. 알려진 것은 그가 네로부터 하드리아누스까지 몇 명의 황제를 거치며 살았다는 것과, 그의 시에서 볼 수 있는 것처럼 만연한 부패를 목격했다는 것밖에 없다.

그의 작품 중 현재까지 전해지는 것은 풍자시 열여섯 편이다. 당대 사회의 어느 구석도 그의 규탄을 피하지 못했다. 심지어는 노화처럼 자연스러운 현상조차 조소의 대상이 된다.(『풍자』 X.190~209) 모든 것이 잘못되었고, 모든 것이 최악이다. "**difficile est saturam non scribere**풍자를 쓰지 않기가 어렵다."(I.30)

Nil erit ulterius quod nostris moribus addat
posteritas, eadem facient cupientque minores,
omne in praecipiti vitium stetit. Utere velis,
totos pande sinus. Dices hic forsitan "unde
ingenium par materiae? Unde **illa** priorum
scribendi quodcumque animo flagrante liberet
simplicitas?" (I.147~153)

후대가 우리 습관들에 더할 새로운 것이 없으리라.

우리 아이들도 같은 짓을 하고 원하리라.

모든 악덕이 뿌리내렸구나. 그대의 돛을 올려라,

돛을 모두 펼쳐라. 아마도 그대는 말하리라:

정신이 그 주체에 어떻게 들어맞을까?

어디에 있을까? 고대인들이 모든 글에서 보여주었던 그들의 타오르는 정신은?

그 소박함은?

여기에서 유베날리스는 풍자에서 가장 흔하게 쓰이는 통사적 장치인 직접 의문문을 사용한다. 또한 명사 simplicitas는 시행의 초입에 놓여 있는데, 두 줄 위에 있는 지시사 illa에 의해 영리하게 설정되어 있다. 우리는 simplicitas라는 단어를 앞서 그리스도교 저자들의 글에서 보았다. 유베날리스도 같은 의미로 이 단어를 사용하고 있다. 그 또한 그리스도교인들과 마찬가지로 진리를 추구하고 이웃을 가르치기 위해 이 단어를 사용한다. 유베날리스의 또 다른 특징은, 정확한 이미지들을 모아서 창의적인 과장법을 쓴다는 점이다.

Egregium sanctumque virum si cerno, bimembri

hoc monstrum puero et mirandis sub aratro

piscibus inventis et fetae comparo mulae,

sollicitus, tamquam lapides effuderit imber

examemque apium longa consederit uva

culmine delubri, tamquam in mare fluxerit amnis

gurgitibus miris et lactis vertice torrens. (XIII.64~70)

·

정직하고 존경스러운 사람을 보면, 나는 이 기적을 비유하네,

사지가 둘뿐인 아기에게

쟁기 밑에서 발견한 물고기에게, 새끼 밴 노새에게,

실망에 가득 찼구나, 마치 돌이 비처럼 쏟아지기라도 하듯이

혹은 벌떼가 거대한 무리를 이루기라도 한 듯이

신전 위로, 마치 요동치는 강이

소용돌이치는 우유와 빙빙 돌면서 바다로 흘러가듯이.

유베날리스는 자신의 시행詩行에 부정적인 예를 떼로 몰아넣고, 역사를 한 조각씩 쌓아 올린다. 과거의 인물 수백 명이 이름만 남아 악덕과 도착倒錯의 상징으로 축소된다.

하지만 유베날리스의 글은 추상화로 빠지지 않는다. 오히려 먹고 마시고 생활하는 당대의 평범한 일상을 구체적으로 묘사한다. 때문에 독자들은 그들의 온갖 수치스러운 짓까지도 지켜보게 된다. 고주망태가 되도록 취하고, 오줌 싸고, 토하고, 기절할 때까지 붙어먹고(심지어는 가까운 친척이나 부모하고도), 으스대고, 화장을 떡칠하고, 자신에게도 손해가 되는 위증죄를 범하고, 공문서를 위조하고, 심지어 사람 고기를 먹는다.

표현의 기본 단위(문장이나 시행)는 끊임없이 세계를 돌리고 뒤섞으며 만화경처럼 수많은 장면을 여러 가지 색조로 채색한다. 유베날리스가 구체적인 이미지들과 수상쩍은 본성에 대한 암시들, 크고 작은 우연을 동원하는 방식에는 어딘지 사육제 또는 지옥 같은 부분이 있다(단테는 유베날리스에 익숙했고, 그를 인용하기도 했다). 유베날리스는 글을 쓸 때 영적이고 정신적인 상태를 나타내는 이러저러한 것들을 시행에 욱여넣곤 했다.

quidquid agunt homines, votum, timor, ira, voluptas, 0

gaudia, **discursus**, nostri **farrago** libelli est.(I.85~86)

•

사람들이 경험하는 모든 것, 욕망, 공포, 분노, 쾌락,

기쁨, 방황이 다 내 책을 위한 사료라네.

이 두 줄의 시행이야말로 세부 사실을 욱여넣은 라틴어 풍자시의 전형이다. 나는 farrago를 본래 의미인 '사료飼料'라고 번역했다. 하지만 여기서 farrago는 여러 가지를 뒤섞어놓은 것을 의미하기도 하며, 후대에는 이 의미가 더 우세하게 쓰이게 된다. 이탈리아어 farragine('마구 모아놓은 것', 혹은 '잡동사니'를 뜻하는 영어의 farrago)에 와서는 완전히 부정적인 의미가 된다.

위 인용문에서 가장 도발적이고 강력한 단어는 discursus다. 이 단어는 어근 curro달리다에, 영어 단어 disruption붕괴, 혼란에 쓰인 것과 같

은 접두사 dis-가 붙어서 목적 없이 이리저리 뛰어다니는 것을 뜻한다. 이 단어는 유베날리스의 글을 잘 대변해준다.

하지만 유베날리스는 이따금 글의 진행 속도를 늦추고 어떤 장면이나 인물을 자세히 검토하거나, 글의 주제를 끌어당겨 확대하거나 왜곡한다. 다양한 여성들이 나오는 풍자시 제6편의 클로즈업 장면은 기괴할 정도다. 한 여자는 자신의 뱃멀미는 생각하지 못한 채 연인을 따라 고통스러운 항해를 하게 된다. 다른 여자는 마구 먹고 마시는 축제를 연장하려고 손님들에게는 단식을 강요하고선, 겁에 질린 남편의 눈앞에서 포도주를 마셔댄다. 또 다른 여자는 그리스어를 혹평하고, 또 다른 여자는 자신이 시에 관한 전문가라고 주장한다.

유베날리스는 이 슬로모션 기술을 사용해, 내면 상태를 생생하게 묘사하기도 한다. 이를테면 범죄자의 죄책감을 다루면서(XIII.211~244) 도스토옙스키나 프로이트 같은 심리 분석을 하기도 하고, 타인의 슬픔에 연대나 위로를 표현하기도 한다. 그의 천재적 재능은 인간의 내면을 들여다보며 실제 환경, 물리적 반응, 경험적 사실을 묘사하는 데서 잘 드러난다. 범죄자는 anxietas불안으로 가득 차 침대에서 뒤척이고, 좋은 포도주가 있는데도 식욕을 잃고, 악몽에 시달리고, 평범한 날씨 변화마저 파멸의 징조로 오인하고, 빠지지 않아도 될 함정에 빠진 끝에야 선과 악을 구별하는 법을 배운다.

사람이 다른 사람을 위로할 능력이 있다면, 또한 영혼을 지닌 존재로서 짐승보다 우월하다면, 그래서 사회를 형성하고 연대할 수 있다면,(XV.147~158) 어떻게 모든 시대가 결국 몰락하고 마는 것일까? 유베날리스는 그 원인으로 '돈'을 지목한다. 돈이 모든 관계를 지배하기 때문이다. 돈에 따라 기쁨을 느끼기도 하고 비참함을 느끼기도 한다. 돈 앞에서는 정신도 가치가 없어지고, 성스러운 것을 향한 사랑도 흐려지며, 인간의 품위도 상실된다. 카르타고의 한니발이 로마의 문 앞에 다다랐을 때처럼 궁핍한 것이 차라리 낫다.

Nunc patimur longae pacis mala, saevior armis
luxuria incubuit victumque ulciscitur orbem.
Nullum crimen abest facinusque libidinis ex quo
paupertas Romana perit.(VI.292~295)
.

이제 우리는 전쟁보다 더 나쁜 오랜 평화의 병을 앓는구나
사치가 뿌리내려 정복된 세상에 복수하네.
어떤 범죄나 방자한 비행도 부족하지 않으니
로마의 청빈이 죽은 이래로 그러하구나.

유베날리스는 대강 읽고 파악할 수 있는 시시하고 동어반복적인 도덕주의자가 아니다. 그는 당대 사회를 깊이 숙고하고 시민의 삶에 대한 예리한 감각을 가진 작가다. 영어 단어 pauper빈민과 poverty 가난의 어원이 되는 paupertas청빈은 재산이 부족한 상황(형용사 paucus의 pau는 이탈리아어 poco적은에 해당하는 의미다), 돈이 없는 상태를 말할

뿐 심각하게 곤궁한 것을 의미하진 않는다.

simplicitas와 마찬가지로 paupertas는 핵심 용어다. 유베날리스가 디오게네스를 본보기로 삼은 것은 놀라운 일이 아니다. 탁월한 철학자면서 가난하게 살았던 디오게네스는 알렉산드로스 대왕의 존경을 받은 것으로 유명하다.(XIV.308~314) 유베날리스는 작은 정원에서 행복을 찾은 에피쿠로스나 소박한 가정에 만족한 소크라테스도 빼놓지 않는다.(XVI.319~321) 그는 또한 고대의 단조롭고 원시적인 식단을 예찬한다. 고대의 식단은 텃밭과 주변 들판에서 찾을 수 있는 것들로 이루어졌으므로 비용이 많이 들지 않았다. 염소, 아스파라거스, 계란, 닭, 포도, 사과, 콩, 돼지비계에 때때로 희생 제물에서 얻는 고기가 더해질 뿐이었다.(XI.64~85)

유베날리스는 참된 부富는 내면, 무엇보다도 영혼의 고귀함에서 온다고 보았다. 그에 비하면 가문은 전혀 중요하지 않다. "Stemmata quid faciunt혈통이 무슨 소용인가?"(VIII.1) stemma는 그리스어로 화환을 뜻하는데, 조상의 동상을 장식하는 화환을 나타내기 때문에 은유적으로 혈통을 가리킨다. "nobilitas sola est atque unica virtus오직 고귀함만이 미덕이다."(VIII.20) 무엇보다 귀중한 것은 "animi bona영혼의 부유함"이다.(VIII.24) 그리스도교 교회의 가르침이라고 해도 그리 놀랍지 않은 문장들이다. 유베날리스와 그리스도교의 접점은 쉽게 간과해서는 안 된다. 유베날리스는 (그리스도교 입장에서는) 이교도이긴 하지만, 도덕적 개혁을 제시하며 순교를 옹호하는 데까지 나아간다.

Esto bonus miles, tutor bonus, arbiter idem

integer; ambiguae si quando citabere testis

incertaeque rei, Phalaris licet imperet ut sis

falsus et admoto dictet periuria tauro,

summum crede nefas animam praeferre pudori

et propter vitam vivendi perdere causas. (VIII.79~84)

　•

좋은 병사, 좋은 수호자, 건전한 정신의 판관이 되어라

그대가 불분명한 소송에서 증언을 요청받았는데,

팔라리스가 황소를 가까이에 두고 그대에게 거짓을 말하라 하고

그대의 선입견을 인정하라 한다 해도,

명예보다 목숨을 택하고

살고자 이성을 죽게 하는 것은 더 큰 악이라.

　팔라리스는 시칠리아의 고대 도시 아크라가스의 폭군이다. 그는 커다란 청동 황소 안에 적을 가둔 다음 아래에 불을 때서 죽였다(안에서 죽어가는 이들의 울부짖는 소리가 황소 울음처럼 들렸다고 한다). 이 글은 진리를 위해 죽음을 불사하고 기꺼운 마음으로 고문을 견디라는 메시지를 담고 있다.

　이런 확신은 대부분 종교적인 신념에서 나온다. 하지만 조롱하는 듯한 유베날리스의 풍자는 그런 신념을 모호하게 흐리는 경향이 있다. 그럼에도 이상이 관통하는 풍자는 확실히 현자의 조언이 된다. 소란은

가라앉고 양심의 속삭임이 들려온다. 도덕적 조언의 종합이라 평가받는 풍자시 10의 끝부분을 읽어보자. 이 풍자시에는 명징한 언어, 신성에 대한 믿음, 합리주의가 조화롭게 어우러져 있다.

Nil ⋯ optabunt homines? si consilium vis,

permittes ipsis expendere numinibus quid

conveniat nobis rebusque sit utile nostris;

nam pro iucundis aptissima quaeque dabunt di.

Carior est illis homo quam sibi. Nos animorum

inpulsu et caeca magnaque cupidine ducti

coniugium petimus partumque uxoris, at illis

notum qui pueri qualisque futura sit uxor.

Ut tamen et poscas aliquid voveasque sacellis

exta et **candiduli** divina **tomacula** porci,

orandum est ut sit **mens sana in corpore sano**.

Fortem posce animum mortis terrore carentem,

qui spatium vitae extremum inter munera ponat

naturae, qui ferre queat quoscumque labores,

nesciat irasci, cupiat nihil et potiores

Herculis aerumnas credat saevosque labores

et venere et cenis et pluma Sardanapalli.

Monstro quod ipse tibi possis dare; semita certe

tranquillae per virtutem patet unica vitae.

Nullum numen habes, si sit **prudentia**: nos te,

nos facimus, **Fortuna**, deam caeloque locamus.(X.346~366)

•

그래서 사람은 아무것도 바라지 말아야 하는가? 그대가 조언을 원한다면

신들이 판단하게 하라, 우리에게 필요한 것을,

우리의 조건에 가장 도움 되는 것을

실로 신들은 적합한 것을 기쁘게 주리니.

사람은 자신에게보다 신들에게 더 소중하니라

우리는 마음의 충동과 눈멀고 힘센 욕구에 이끌려

결혼과 출산을 좇으나 우리가 갖게 될 자식과 아내를

신들은 알고 있노라.

그러나 그대는 신전에서 기도하라

새하얀 새끼 돼지의 신성한 내장과 순대를 바쳐라

그대는 건강한 몸에 건강한 정신을 얻도록 기도하여야 하느니,

단호한 영혼, 죽음을 두려워하지 않는 영혼을 얻도록 기도하라.

자연의 선물 중에서도 수명이 길고

어떠한 짐도 짊어질 수 있는 영혼

분노를 모르고, 부족한 것이 없는 영혼

사르다나팔루스의 성애性愛와 잔치와 폭신한 베개 모두보다

헤라클레스의 수고와 노력을 떠받드는 영혼

내가 제안하는 것을 그대 스스로 가질 수 있으니

그 길은 미덕이 이끌어 평화로운 삶으로 향하는 길이니라.

그대에게 지혜가 있을 때 다른 신들은 존재하지 않는다. 포르투나여, 우리로

구나,

당신을 여신으로 만들고 하늘로 떠받치는 것은.

이 시에는 플라톤에서 스토아와 에피쿠로스에 이르는 철학의 정
수가 담겨 있다. 철학적인 내용 가운데 순대, 즉 tomacula라는 말이 눈
에 띄는데, 이 말은 본래 그리스어 tomé자르다에서 비롯되었다. 돼지를
수식하는 지소사 형용사 candiduli도 놓칠 수 없다. 이는 마치 '가장 순
수한 흰색'의 돼지라고 부르는 것과 같다(우리는 앞서 루크레티우스에게
서 이러한 의례에 대한 멸시를 보았다. 여기서도 죽음의 공포에 관한 시행들
에서 루크레티우스의 흔적을 찾을 수 있다).

이 시에는 반어법과 함께 실제적인 것과 이론적인 것이 혼재되어
있다. 이건 그가 모든 행동에서, 심지어는 생선을 사는 일에서조차 절
제를 권장할 때도 마찬가지다.(XI.35~36) 사르다나팔루스는 고대 아시
리아의 왕인데, 여기서는 무력無力과 퇴폐를 상징한다. 반면 헤라클레
스는 자기희생과 영적 고양을 나타낸다(그러한 까닭에 그리스도교에서
는 그리스도의 상징으로 되살아났다). 또한 여기에는, 본래 맥락과는 상
당히 다른 의미로 사용되곤 하지만, 가장 유명한 라틴어 경구 중 하나
인 "mens sana in corpore sano건강한 육체에 건강한 정신"도 제시되어 있다.

특히 마지막 시행에는 유베날리스가 활동하던 시대도 이미 오랜
전통이었을 뿐 아니라, 이후에도 서구 문화 전체에 스며들게 되는 윤

리적 원칙의 핵심이 담겨 있다. 그것은 prudentia지혜를 이용하여 for-tuna운수의 변덕을 이겨내는 것이다.

solus ero, quoniam non licet esse tuum

솔루스 에로, 쿼니암 논 리케트 에세 투움

✛

그대의 것이 될 수 없기에, 나는 홀로 될 것이라

프로페르티우스

❖

이름	∞∞∞	섹스투스 프로페르티우스Sextus Propertius
생몰 연대	∞∞∞	기원전 약 50년~기원전 약 16년
활동 분야	∞∞∞	문학(시)
특징	∞∞∞	라틴어 사랑시의 달인
		'거창한' 서사시보다 개인적인 감정을 중시

로마의 시인으로, 그 생애는 알려진 것이 많지 않다. 총 92편의 시가 담긴
네 권의 『비가』를 남겼다. 이 책에서 그는 열정, 질투 등 인간의 감정을
노래하며, 풍부한 상상력과 암시, 우아한 문체를 특징으로 하는 독특한
언어를 사용했다.

XX

사랑의 외로움
• 프로페르티우스

◊ 라틴어가 아름답다면, 그건 아마 라틴어가 에로스eros의 언어이기 때문일 것이다. 에로스는 인간의 삶과 문화의 기본 요소다. 에로스는 육체적이고 심리적이며 문화적인 모든 형태의 사랑을 정의하고 분류하는 은유와 용어와 이미지의 체계다.

라틴어 문학에서 전적으로 사랑에 바쳐진 장르가 하나 있으니, 바로 비가elegia다. 현전하는 작품 중에는 티불루스, 프로페르티우스, 오비디우스의 작품을 꼽을 수 있는데, 이들은 모두 아우구스투스 시대의 작가다. 베르길리우스의 친구인 코르넬리우스 갈루스도 찬사를 받았다고 하나, 그의 작품은 거의 남아 있지 않다. 베르길리우스는 마지막 목가(존 밀턴이 이 시에서 영감을 얻어 「리시다스Lycidas」를 썼다)에서 그를 회상한다. 사실 목가와 비가 사이에는 강한 연관성이 있다. 티불루스는 첫 비가에서 두 장르를 창의적으로 혼합했으며, 베르길리우스 역시 『목가』에서 사랑 이야기를 한다. 심지어 『농경시』는 고대 세계의 가장 유명한 사랑 이야기 가운데 하나(오르페우스와 에우리디케의 이야기)로 끝이 난다.

카툴루스와 호라티우스의 시에서도 사랑을 찾을 수 있고, 오비디우스의 『변신 이야기』, 아풀레이우스의 소설에도 사랑이 등장한다. 루크레티우스는 첫 시행에서 사랑에 관한 어휘들로 성교를 나눈 마르스와 베누스를 묘사한다. 간단히 말해 사랑은 모든 곳에 있다. 사랑은 감각적 행복이고, 동경이며, 기다림이고, 이성을 벗어나는 것이다.

그런데 라틴어 문학에서는 사랑이 불가피하게 고통으로 이어진다. 카툴루스는 사랑을 인간이 추구할 수 있는 가장 높은 이상으로 제시했다. 그래서 그는 약혼자를 기리는 작품에서 결혼으로 축성되는 조화의 한 형태로 사랑을 보여주지만, 한편으로는 사랑의 성가시고 실망스러우며 파괴적인 측면, 그중에서도 특히 연인의 부정不貞을 보여주었다. 사랑은 정말로 vulnus상처이기 때문이다.

『사물의 본성에 관하여』 제4권에서 루크레티우스는 사랑에 대한 반反이상주의적 묘사를 제시한다. 연인이란 절대 하나가 될 수 없는 둘이 아니면 무엇이겠는가? 격렬하게 상대를 가지려 애쓰며 하나가 되고자 하지만 모두 헛될 뿐이지 않은가? 결국은 좌절하게 될 뿐이다.

··· etenim potiundi tempore in ipso
fluctuat incertis erroribus ardor amantum
nec constat quid primum oculis manibusque fruantur.
Quod petiere, premunt arte faciuntque dolorem

corporis et dentes inlidunt saepe labellis

osculaque adfigunt, quia non est pura **voluptas**

et stimuli subsunt, qui instigant laedere id ipsum,

quod cumque est, rabies unde illaec germine surgunt.(IV.1076~
1083)

•

… 소유하는 바로 그 순간,

연인들의 사랑은 사방으로 요동치고

손과 눈은 무슨 쾌락을 먼저 찾아야 할지 더는 알지 못하네.

그들은 찾은 것을 강하게 누르며 육체에 고통을 일으키고

입 맞추며 이빨로 입술을 파고드네.

쾌락은 순수하지 않으므로,

상처 입히려는 열망이 도사리고 있어

우리 광기의 새싹이 돋아나는 그것을 해하는구나.

병적인 사랑은 쾌락voluptas의 추구일 뿐이다. 처음에는 달콤함이
한 방울 떨어지지만, 곧이어 차가운 고뇌에 붙들린다. 하지만 루크레
티우스는 (특히 남자들에게) 사랑이란 피할 수 없는 것임을 상기시킨다.
사랑은 생리적 현상이며, 사정하려는 충동이고, 무시하면 오히려 고통
을 악화시키고 병이 나게 하기 때문이다.

수천 가지 환상과 끝도 없이 되풀이되는 환영simulacra이 어떠한 평
화나 안정도 허락하지 않고, 다만 사람의 욕정에 불을 지를 뿐이다. 욕

망의 대상이 사람일 때는 음식처럼 취할 수 없다. 취할 수 있는 것은 그저 추상적인 이미지뿐이다. 루크레티우스는 페트라르카나 프루스트보다 먼저 고뇌에 찬 연인의 상상을 표현했다.

ex hominis vero facie pulchroque colore
nil datur in corpus praeter simulacra fruendum
tenuia; quae vento spes raptast saepe **misella**.
Ut bibere in somnis sitiens quom quaerit et umor
non datur, ardorem qui membris stinguere possit,
sed laticum simulacra petit frustraque laborat
in medioque sitit torrenti flumine potans,
sic in amore Venus simulacris ludit amantis,
nec satiare queunt spectando corpora coram
nec manibus quicquam teneris abradere membris
possunt errantes incerti corpore toto. (IV.1094~1104)

•

사람의 얼굴과 아름다운 살빛에서
육체로 즐길 수 있게 주어지는 것은 떠도는 유령뿐
가련한 희망마저 바람이 꺾어버리네
꿈에 목마른 이가 물을 청하지만
팔다리의 타는 갈증을 해갈할 물을 구하지 못하네
하지만 물방울의 환영을 애타게 바라며 헛되이 고생하고

차오르는 강물에서 목을 축여도 목마르듯이
사랑에서도 베누스는 유령으로 연인들을 조롱하고
연인들은 서로 가까이 있어도 바라보는 것으로 몸을 채울 수 없고
덧없이 서로의 온몸을 더듬어도
나긋한 팔다리에서는 아무것도 끌어낼 수 없네.

루크레티우스는 사랑을 잡을 수 없는 인간 지각의 한계를 절묘하게 포착했다. 바라보지만 보이지 않고, 만지지만 잡히지 않는다. 그는 흔히 쓰이지 않는 지소사(misella가련한)를 이용해 희망을 묘사하면서 희망을 공격하지만, 그 공격마저 서정적이다. 우리는 희망을 꺾는 바람의 소리를 들을 수 있다. 그리고 앞선 인용문에서도 봤던 오류 개념을 다시 보게 된다. 다른 이의 몸을 더듬어봤자 얻는 것은 없고, 기만적인 결과만 남을 뿐이다.

이제 프로페르티우스를 살펴보자. 그는 아우구스투스 치세에서 활동한 비가 시인 중 가장 뛰어나며 가장 깊이 있는 시인으로, 사랑의 언어를 우아하고 정열적으로 표현했다. 카툴루스에게 레스비아◇가 있었듯이, 프로페르티우스에게는 킨티아가 있었다(오비디우스에게는 코린나와 다른 많은 연인이 있었다).[1]

프로페르티우스는 사랑의 달콤한 측면을 노래하지만, 그도 한편으로는 사랑을 furor광기, morbus병, servitum노예 상태, militia전쟁, toxium독이라고 이야기한다. 사랑에 빠진 사람은 꿀 먹은 벙어리가 되고,

◇ 레스비아는 카툴루스의 시에서 애증의 대
상이 되는 여인이다. 실제로 카툴루스는 클라
우디아라는 연상의 귀부인을 사랑했다가 버림
받았다고 하며, 레스비아는 작품에서 클라우
디아를 부르는 이름이라고 알려져 있다.

생기를 잃고, 힘을 잃는다. 그런데 그러한 고통의 근원을 찾아서 해결할 수 없다.

omnis humanos sanat medicina dolores:
solus amor morbi non amat artificem. (『Elegiae』 II.1.57~58)

•

의학은 인간의 모든 고통을 치유하지만
사랑만이 질병의 달인을 사랑하지 않는구나.

사랑에 있어 고통의 원인은 아름답고, 변덕스러우며, 믿을 수 없는 연인이다. 연인은 당신을 원한다고 했다가 다음 날이면 다른 사람과 달아나버리고 당신의 세계는 뒤집힌다. 프로페르티우스는 사랑을 역사적 부침에 비유하기도 한다.

omnia vertuntur: certe vertuntur amores:
vinceris aut vincis, haec in amore rota est. (II.8.7~8)

•

모든 것이 변한다: 확실히 사랑도 변한다:
그대는 정복하거나 정복당하고, 그렇게 사랑의 바퀴는 돌아간다.

한편, 사랑의 노래는 공화정의 자유가 쇠퇴하는 현실을 조망하는 렌즈가 되기도 했다. 비가는 한 시대의 종말을 그려냈으며, 고대의 위대한 담론들이 타버린 잿더미에서 태어났다. 비가는 더 중대한 신념에 대한 논쟁을 포기한 것이며, 정치(군사적 정치)와 제국의 목적으로 대변되는 문학의 역할에 대한 회피다.

Pacis Amor deus est, pacem veneramur amantes:
stant mihi cum domina proelia dura mea. (III.5.1~2)

•

사랑은 평화의 신이다: 우리 연인들이 숭배하는 평화다:
나는 나의 여인과 힘든 전투를 벌인다.

로마 제국의 대변인이라 할 수 있는 베르길리우스는 서사시를 썼다. 오비디우스는 『변신 이야기』로 지속되는 위기에 대한 기념비를 세웠다. 프로페르티우스는 그렇게 거창한 시들에 대한 멸시를 의도적으로 드러내며 반反정치적 의도를 가지고, 개인적인 이데올로기로써 베르길리우스의 서사시에 맞선다.

nec mea convenient duro praecordia versu
Caesaris in Phrygios condere nomen avos.
Navita de ventis, de tauris narrat arator,
enumerate miles vulnera, pastor ovis;
nos contra angusto versamus proelia lecto;
qua pote quisque, in ea conterat arte diem. (II.1.41~46)

•

프리기아의 조상들에 이르기까지 카이사르의 이름을 찬양하며
힘든 시행들을 쓰는 일이 나의 마음에는 들지 않네.
선원은 바람을 말하고 농부는 황소를 말하고
병사는 상처를 세고 목자는 양을 세고
나는 좁은 침대에서의 분투를 말하니,
사람은 잘하는 일을 하며 하루를 보낼 수 있네.

프로페르티우스는 베르길리우스에 대한 반감을 제2권의 마지막
비가에서도 분출한다.

me iuvet hesternis positum languere corollis,
quem tetigit iactu certus ad ossa deus;
Actia Vergilium custodis litora Phoebi,
Caesaris et fortis dicere posse ratis,
qui nunc Aeneae Troiani suscitat arma
iactaque Lavinis moenia litoribus.
Cedite Romani scriptores, cedite Grai!
nescio quid maius nascitur Iliade. (II.34.59~66)
•

내게는 어제의 화환 사이에 늘어져 힘없이 번민하는 것이 좋으니
신이 나를 단호하게 내리쳤음이라.

베르길리우스로 하여금 악티움 해안에서 노래하게 하라,

그들의 수호자 포이부스와 카이사르의 견고한 함정들과 함께

이제 베르길리우스가 트로이의 아이네이아스의 무기들과

라비니움의 해안을 따라 늘어선 성벽을 일으키니,

로마의 작가들이여! 항복하라, 항복하라! 그리스의 작가들이여!

『일리아스』보다 더 훌륭한 것이 탄생한다.

프로페르티우스는 이 문장에 이어 바로, 카툴루스, 칼부스, 갈루스를 언급한다. 물론 그는 엔니우스와 같은 초기 로마 시인에게 영향을 끼친 그리스 시인 알렉산드리아의 칼리마코스도 빠뜨리지 않는다.

프로페르티우스는 제3권의 첫 비가에서 그의 스승 필레타스◇와 함께 칼리마코스를 언급하며 간결하고 정제된 시에 대한 믿음을 다시 확인한다. "non datur ad Musas currere lata via무사이에 이르는 길은 넓지 않다."(III.I~I4) 제3권의 아홉 번째 비가에서 시인은 바다에 나와 있으나 강이 더 좋다고 이야기하며, 다시 한 번 칼리마코스와 필레타스를 언급한다.(III.9.35~44) 나는 이 지점에서 미국 시인 에즈라 파운드의 「섹스투스 프로페르티우스에게 바치는 헌사Homage to Sextus Propertius」의 서두를 인용하지 않을 수 없다. 이는 모더니즘에 남긴 고대 유산의 멋진 본보기다.

칼리마코스의 망령들이여, 필레타스의 코스 유령들이여,

내가 거닐곤 했던 곳은 그대들의 숲이었으니

◇ 초기 헬레니즘 시대를 대표하는 학자이자 시인. 코스 출신으로 알렉산드리아에서 주로 활동했다. 학자로서 명망이 높아 프톨레마이오스 2세를 가르치기도 했다. 호메로스의 작품에 등장하는 어휘에 관한 사전을 집필했으며, 비가 작품을 남겨 후대 시인들에게 영향을 끼쳤다.

그 맑은 샘에서 처음 나온 나는

그리스의 주연酒宴을 이탈리아로,

그 춤을 이탈리아로 가져온다.

파운드는 여기서 칼리마코스와 필레타스를 언급하며 단순히 프로페르티우스를 해석하는 것이 아니라 그를 그리스와 로마 유산에 포함시키겠다는 의지를 보인다.

프로페르티우스는 폰티쿠스◇를 언급하면서 자신의 문학적 전통을 옹호한다. 이는 그에게 부족하지 않은 영광을 가져다주었다.(I.7) 그는 또한 라틴어 서사시의 아버지로 칭송되는 엔니우스와 관계 깊은 '입문 의례'에 관한 꿈을 되살린다.(III.3.6)

프로페르티우스는 무사이의 고향인 헬리콘산의 그늘에 누워 알바 롱가◇◇의 옛 왕들에 대한 꿈을 꾸고 있는데, 갑자기 아폴론이 나타난다(베르길리우스의 전원시에서 발견되는 두 단어 recubans기대는와 umbra 그늘, 그림자가 이 시의 첫 행에 쓰였다는 점을 눈여겨볼 필요가 있다). 아폴론은 그에게 초점을 옮기고 그의 지성에 더 잘 맞는 주제를 찾아서 다른 길을 가라고 권고한다. 그리고 아홉 무사이 가운데 하나인 칼리오페가 나타나 아폴론의 권고(전쟁에 대해 쓰는 것을 중단하라는 충고)를 반복한다. 그런 다음 그의 입술에 성수를 적셔줌으로써 입문 의례가 끝났음을 알린다.

우리가 기억해야 할 것은, 프로페르티우스가 로마의 과거에 관한 멋진 비가들도 썼다는 사실(제4권에 모아놓았다)이다. 그럼에도 그의

◇ 오이디푸스의 두 아들에 관한 서사시를 쓴 시인으로 프로페르티우스의 비가에 언급될 뿐, 누구인지 정확히 알 수 없는 인물이다. 프로페르티우스는 그가 감히 호메로스에 도전한다며 빈정댄다. 같은 내용을 다룬 작자 미상의 그리스어 서사시『테바이스Thebais』가 호메로스의 작품으로 여겨졌기 때문이다. 프로페르티우스의 목적은 비가를 쓰는 자신을 정당화하는 것이다.

시는 대체로 사랑을 다룬다. 역사와 계보에 맞서, 말하자면 반反로마적
으로 사랑을 노래한 것이다.

이러한 사실은 프로페르티우스가 카툴루스와 같은 선배 시인에
게서 근본적으로 벗어났음을 의미한다. 카툴루스는 한 여성과의 관
계 때문에 그 모든 어려움을 겪으면서도, 사랑 안에서 개인과 사회, 지
방(자신의 성장 배경)과 도시의 완벽한 결합을 보았다. 그는 사랑이 파
국으로 빠지는 것, 유대와 약속이 깨지는 것을 비난하지만 사랑 자
체를 깊이 신뢰한다. 하지만 프로페르티우스는 다르다. 그가 보기에
모든 사랑은 고통 그 자체다. "omnis … timetur amor모든 사랑은 공포
다."(I.11.18) 불륜은 예외가 아니라 법칙이다. "nemo est in amore fedelis
어떠한 사랑도 충직하지 않다."(II.34.3)

프로페르티우스의 고통은 단지 불만이나 실망스러운 상황 때문
이 아니다. 물론 그가 그런 주제를 다루는 것처럼 보이지만, 그 아래에
는 깊은 당혹감이나 근본적인 불신이 자리하고 있다. 카툴루스의 시에
나오는 레스비아는 성취할 수 있었던 놓쳐버린 기회를 의미한다. 놓쳤
지만 그 이상은 그대로 남아 있다. 킨티아는 전혀 다르다. 킨티아는 단
지 고통을 주는 아름다운 여성이며, 프로페르티우스는 그 관계에서 벗
어나야 했다. 두 경우 모두 고통스럽지만, 고통의 역사적 의미는 다르
다. 부패에 맞선 저항을 의미하던 것이 운명으로 지워진 고독을 수용
하는 것이 되었다.

그러한 수용은 향수를 자극하는데(앞서 살펴보았듯이 향수야말로
로마 문화의 근본적 특성이며, 로마 문화의 유산 가운데 가장 오래 지속되는

◇◇ 알바 롱가는 로마의 건국신화에 언급되
는 지명이다. 트로이 멸망 후 이탈리아로 피신
한 아이네이아스가 원주민 부족장 라티누스
의 딸 라비니아와 결혼하여 아들 아스카니우
스를 낳았는데, 그는 아이네이아스 사후에 로
마 남동쪽에 위치한 알바산 기슭으로 옮겨가
새 도시를 건설하고 알바 롱가라고 불렀다.

것이기도 하다). 제4권의 비가 중 이제는 존재하지 않는 로마를 애석해하는 비가는 제1~3권과 함께 보면 '이상의 죽음에 대한 웅장한 만가挽歌'로 읽을 수 있다.

행복의 기원에 바치는 송가, 즉 사랑에서 나온 행복이 제3권의 비가 13에도 등장한다. 프로페르티우스는 욕정, 경박한 여자들, 아내들의 부정을 비난한 뒤, 옛 농촌 생활의 고요함을 노래한다. 옛날 아가씨들은 구애자들에게 꽃과 과일을 받고 만족했다. 우리는 나무 그늘이 드리운 풀밭에 누울 자리를 만들었다. 이제 자연은 연인과 헤어진 시인의 슬픈 한탄만 받아들인다. 페트라르카가 「홀로 생각에 잠겨Solo et penso-so…」◇를 쓰면서 염두에 두었을, 경이로운 시행을 소개하고자 한다.

Haec certe deserta loca et taciturna querenti,
et vacuum Zephyri possidet aura nemus. (I.18.1~2)

이와 같은 곳들은 황량하고, 비탄을 들을 줄 모르니
제피로스의 숨결이 텅 빈 숲을 채우네.

같은 비가의 끝부분에서는 그는 마음의 황량함과 전원의 황량함을 노래한다.

pro quo, divini fontes, et frigida rupes
et datur inculto tramite dura quies;

◇ 'Solo et pensoso'는 '홀로 생각에 잠겨'라는 뜻으로 페트라르카가 쓴 유명한 시의 첫 구절이다. 이 시의 첫 시행은 "Solo et pensoso i più deserti campi홀로 생각에 잠겨 가장 황량한 벌판을 찾아가네"이다. 사랑으로 인한 고독을 토로하면서도 여전한 사랑의 감정을 절묘하게 표현하고 있다. 여러 음악가가 이 시에 곡을 붙여 노래를 작곡했다.

et quodcumque meae possunt narrare querelae,

cogor ad argutas dicere **solus** aves. (I.18.27~30)

•

그 대신 나는 신성한 샘과 차가운 바위와

어떤 황량한 산길 곁에서 잠깐의 휴식을 얻게 되니

나의 비탄이 말하는 것이 무엇이든

나는 그것을 지저귀는 새들 앞에서 **홀로** 말해야 하리라.

solus홀로라는 형용사 하나에 소외, 소격疏隔, 배제, 듣는 이 없는 한 탄이 들어 있다. 프로페르티우스의 비가에서 solus는 인간의 정체성을 선포하는 'principium individuationis개체화의 원리'◇ 선언처럼 울려 퍼진 다. 정말 멋진 구절로 이 장을 끝맺으려 한다.

solus ero, quoniam non licet esse tuum. (II.9.46)

•

그대의 것이 될 수 없기에, 나는 **홀로** 될 것이라.

◇ 개체가 그 개체일 수 있도록 하는 원리.   303

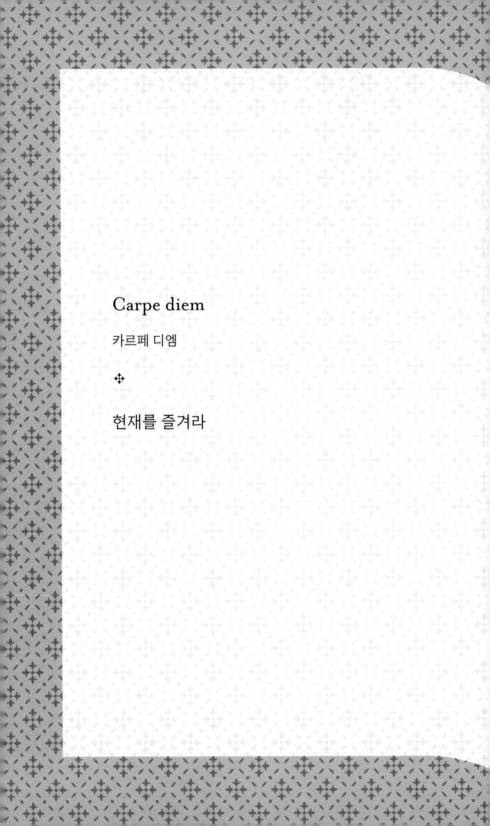

Carpe diem

카르페 디엠

✛

현재를 즐겨라

호라티우스

이름	∞∞∞	호라티우스 플라쿠스Quintus Horatius Flaccus
생몰 연대	∞∞∞	기원전 65년~기원전 8년
활동 분야	∞∞∞	문학(시), 정치
특징	∞∞∞	아우구스투스 시대 3대 시인 중 하나
		시인들의 시인, 타고난 시인

로마의 서정시인이다. 이탈리아 남부의 삼니테스에서 해방 노예의 아들로
태어났으나, 아테네에서 교육을 받아 아카데미아에 등록했다. 군 복무 시
필리피 전투에서 패했지만 사면을 받았으며 아우구스투스 황제의 대변인
역할을 하면서 공화정을 지지했다. 베르길리우스의 소개로 권세 있는
예술 후원자 마이케나스와 친분을 쌓기도 했다. 우아하고 세련된 문체를
구사했으며 간결하고 냉소적인 운문을 통한 풍자에도 능했다.

XXI

다시 행복에 관하여
• 호라티우스

◊   이제 우리는 호라티우스를 살펴보려 한다. 호라티우스는 베르길리우스와 함께 아우구스투스 시대의 가장 위대한 시인이며, 언어의 아름다움과 동의어이고, 오늘날까지도 시인의 상징으로 이야기된다.

호라티우스는 서사시보다는 단시短詩를 좋아했고(그리스 서정시인들의 발자취를 따라서), 사회 관습에 관한 간결한 묘사, 즉 앞서 살펴본 것과 같은 풍자를 선호했다. 여기에서는 그의 서정시에 초점을 맞추려고 한다.

호라티우스는 머나먼 고대의 시인이고 근본적으로 고전적이지만, 언제 읽어도 동시대 시인처럼 느껴진다. 그의 목소리는 아주 멀리에서 들려오지만 놀랍도록 또렷하며, 독자들을 대화로 초대한다. 어느 세기에나 그에게 팬레터를 보내는 이들이 있었다.

인문주의 여명기에는 페트라르카가 호라티우스에게 동경 가득한 편지를 보냈다.(『서한집』 XXIV.10) 그가 고대 저자들에게 보낸 편지 중에 가장 아름다운 이 편지는 호라티우스의 서정시에 초점을 맞추고 있다(단테에게 호라티우스는 단지 풍자 작가일 뿐이다.「지옥편」IV.89). 20세기에는 프리모 레비가 현대를 돌아보면서 호라티우스의 이름을 소환했다. 러시아 시인 조지프 브로드스키는 오비디우스를 더 좋아한 듯 보이지만 현대시의 약동을 표현하고자 호라티우스를 이용했다.[1] 앞서 살루스티우스에게 바치는 헌사 때문에 살펴봤던 『우상의 황혼』의 결론부에서 니체는 호라티우스에게 경의를 표한다.

> 처음 호라티우스를 접했을 때도 똑같은 경험을 했다. 그날부터 오늘까지 내가 호라티우스의 송가에서 처음 느꼈던 것과 똑같은 기쁨을 선사한 시인은 아무도 없다. 여기에서 성취된 것이 어떤 언어들에서는 심지어 바람직하지 못한 것이기도 하다. 이 말의 모자이크에서는 모든 단어가 소리, 위치, 개념으로서 그 힘을 좌우 전체에 방출한다. 범위와 수량에서 최소한의 기호들이 최대한의 에너지를 성취한다. 이 모두가 로마적이며, 나를 믿겠다면, **뛰어나게** 귀족적이다. 이에 비해 다른 모든 시는 다소 지나치게 대중적인 것, 순전한 감정적 수다에 불과한 것이 되고 만다.[2]

호라티우스 시의 오랜 영향력은 특히 영어에서 두드러진다. 제3천년기가 시작될 때 미국 시인 J.D.매클라치가 흥미로운 실험을 했다. 그는 영어로 시를 쓰는 시인들에게 호라티우스의 시를 한 편씩 번역해달라고 요청해서 호라티우스의 송가 전집을 완성했다.[3]

이탈리아의 사랑받는 시인 에우제니오 몬탈레의 그 유명한 첫 시행 "Non chiderci 우리에게 묻지 말라…"[4]에서도 호라티우스의 메아리가 들려온다. 호라티우스의 첫 시행 "Tu ne quaesieris 그대는 묻지 말라"에서 시학을 도출한 것이다. 사실, 호라티우스는 몬탈레의 작품 전체에 영향을 미쳤다. 만년에 나온 시집 『풍자』는 그 제목 자체가 피소 일가(피소 삼부자)에게 보낸 호라티우스의 편지에서 따온 것이다. 이 편지는 조금 뒤에 살펴보도록 하겠다.[5]

호라티우스는 이 모든 일을 예견하고, 심지어는 의도했다. 그의 가장 열정적인 송가 가운데 하나로, 제3권 마지막에 실린 작품에서 호라티우스는 자신의 명성이 피라미드보다 오래갈 것이라고 선언한다.

호라티우스는 서정시를 별로 좋아하지 않는 사람들에게도 호소력을 발휘한다. 2013년 영국 작가 해리 에어스는 『호라티우스와 나 Horace and Me』라는 책을 출간했다. 현대문학에서 호라티우스의 위치를 찾으려는 노력이 돋보이는 책이다.[6]

내가 만약 '호라티우스와 나'라는 제목의 책을 쓴다면, 호라티우스는 자랑, 경솔, 험담, 물질주의, 탐닉, 어리석음, 군중심리 등 모든 저속함에 맞선 최고의 시인이라는 말로 책을 시작할 것이다. 군중에 대한 경멸은 그가 귀족 출신이기 때문이 아니라(그의 아버지는 해방 노예였다), 당시 사회와 세상의 악에 대한 인식에서 비롯한 것이다. 그의 가장 상징적인 시행 가운데 하나인 **"Odi profanum vulgus et arceo 나는 불경한 군중을 혐오하며 멀리하네"**(『시가』 III.I.I)는 단순히 우월감에 찬 지식인의 대중 멸시가 아니라, 인간 존재에 관한 그의 관념을 드러낸다. 형용사 profanus불경한는 sacer성스러운와 정반대다. 이 단어는 '앞에'를 나타내는 접두사 pro-와 '신전'을 뜻하는 fanum이 결합된 것이다. 불경한 사람은 의례에서 제외되며 신성한 세계에 들어올 수 없다.

호라티우스의 아버지는 해방 노예였지만 아들은 좋은 교육을 받게 해주려고 애썼다. 호라티우스는 그 교육 덕분에 자신이 성공할 수 있었다고 말한다.(『풍자』 I.6.76~80) 좋은 교육을 받은 호라티우스는 교양 있는 사람들과 친구가 되었고, 마침내는 마이케나스◇의 모임에 들어갈 수 있었다. 호라티우스는 몇몇 작품을 마이케나스에게 헌정했으며, 그중에는 제I권의 풍자시 6도 포함된다. 이 시에는 아버지에 대한 헌사와 함께 베르길리우스와 바루스의 격려 덕분에 성사되었던 마이케나스와의 첫 만남에 대한 기억도 담겨 있다.

ut veni coram, singultim **pauca locutus**
infans namque pudor prohibebat plura **profari**,
non ego me claro natum patre, non ego circum
me Satureiano vectari rura caballo,
sed quod eram **narro. Respondes**, ut tuus est mos,
pauca; abeo, et revocas nono post mense iubesque
esse in amicorum numero. Magnum hoc ego duco,
quod placui tibi, qui turpi secernis honestum
non patre praeclaro, sed vita et pectore puro.(『Saturae』 I.6.56~64)

•

◇ 가이우스 마이케나스는 옥타비아누스의 친구이자 정치 고문이다. 옥타비아누스가 내전에서 승리하여 황제 아우구스투스로 등극하는 데 기여했다. 베르길리우스와 호라티우스 등 당대의 많은 시인을 후원한 것으로 유명한데, 그의 예술 후원은 단순히 개인적인 취향에서 비롯한 것이기보다는 제국의 융성과 원활한 통치를 위한 것이었다.

당신을 직접 만나 뵈었을 때 나는 몇 마디 말만 우물거렸으니
어린아이 같은 부끄러움이 말문을 막았음이라.
나는 유명한 아버지에게서 났다고 하지도 않고
타란토의 준마를 타고 들판을 달린다고 하지도 않고
그저 내가 누구인지를 말하였을 뿐.
당신은 늘 그러하듯 몇 마디 말로 답하시고
내가 떠난 뒤 아홉 달이 지나 나를 다시 부르시어
당신 친구들 사이에 들게 하셨네.
나는 이를 커다란 특권으로 여기니 내가 당신의 마음에 들었음이라.
당신은 사람을 그의 아버지가 아니라 생활과 마음의 순수함으로 판단하시
는 분.

여기서 호라티우스는 계층 이동의 드라마를 기술하면서, 하나의
원형적인 장면을 주조해낸다. 이 장면은 아주 빈번하게, 그래서 아주
문제가 되는 방식으로 서구만이 아니라 모든 문화를 관통하며 반복된
다. 바로 시(문학)와 권력의 조우다. 첫 만남부터 호라티우스가 마이케
나스에게 깊은 인상을 주었던 것 같지는 않다. 마이케나스 또한 호라
티우스를 자기 무리에 서둘러 끼워주지 않았다. 그럼에도 상당한 시간
이 흐른 후 '축성의 순간'이 찾아왔다. 결국 그 결정권자는 시인의 진가
를 알아봤다.
    앞의 인용문에서 드러나는 언어에 대한 다양한 표현을 살펴보자.
locutus말한, infans아기(in못하는＋fans말하는＝말하지 못하는), profari발화,

narro이야기하다, respondes응답하다. 이 인용문의 핵심은 '말하는 동시에 말하지 않는 것'이다. pauca몇 마디 말라는 단어가 두 가지 모두를 가리키는 뜻으로 사용되었다. 두 사람이 그렇게 말을 적게 한 이유가 있었다. 시인은 자신이 열등하다고 느꼈고, 마이케나스는 말수가 적은 것으로 유명했다. 그런데 두 사람은 그렇게 말을 많이 하지 않고도 어떻게 서로를 이해할 수 있었을까? 두 사람은 자신의 역할을 충실하게 이행했다. 시인은 실제로 말을 하지 않고도 권력자에게 자기 마음을 전달할 수 있었다.

고대부터 키케로와 베르길리우스는 문학의 모범으로 꼽혔으며 한 사람은 산문에서, 다른 한 사람은 운문에서 라틴어 문체의 화신化身으로 여겨졌다(이런 평가는 르네상스를 거치면 공고해졌다). 호라티우스 역시 그들 못지않은 언어의 대가였고(니체의 평가를 떠올려보라), 두려움 없이 자신의 성취를 드러냈다. 심지어 이른바 호라티우스주의Hor-atianism를 제창한다. 그것은 언어의 한계를 확장하는 정신적 범주이며, 베르길리우스나 키케로조차 성취하지 못한 것이다. 호라티우스는 자신을 하나의 '유형'으로 제시했다. 삶이 자연스러운 경로를 따라 흘러가도록 두고자 하는 사람, 자신을 뒷공론의 장에서 지키는 사람, 어떠한 순간도 당연히 여기지 않고 청춘과 노년의 차이를 아는 사람이다.
　호라티우스 '유형'은 세네카나 루크레티우스 같은 직업적 철학자가 아니다. 그보다는 자기 교육이 먼저인 사람이고, 힘들지만 근본적인 수단을 통해 배우는 사람이다. 호라티우스는 단어가 입에서 흘러나

오듯이, 단어를 배열하여 문장을 이루는 것과 같이, 한 줄의 시를 쓰는 것과 같이 정성스럽게 삶을 배우고자 했다. 내가 여기에 은유를 사용하는 것은 절대 우연이 아니다. 단어의 배열과 정확한 의미에서 호라티우스는 인생의 톱니바퀴와 톱니를 본다. 플로루스에게 보낸 편지◇에서 그는 글을 짓는 참된 기술은 언어의 기술이 아니라 삶의 기술이라고 선언한다.

> ac non verba sequi fidibus modulanda Latinis,
> sed verae numerosque modosque **ediscere** vitae.(『Epistolae』
> II.2.143~144)
>
> •
>
> 그리고 [얇은] 라틴 리라에 변조되는 말을 따르는 것이 아니라
> 삶의 마디와 리듬을 배우는 것이다.

여기에서도 자기 교육이란 주제가 ediscere배우다라는 단어를 통해 등장하는데, 이 단어는 discere(영어 단어 disciple제자의 어원)에서 나왔다. 살아가는 법을 배우려면 일종의 도제살이를 해야 한다. 시인이란 제대로 사는 사람이다. 다른 어떤 저자도 호라티우스 같은 글과 삶의 일치를 보여주지 못했다. 교육과 타고난 천성, 즉 예절과 자발自發이 이토록 완벽하게 상응하는 작가는 없다. 이것이 바로 호라티우스의 라틴어가 위대한 이유다.

후대의 페트라르카도 그러하듯이, 호라티우스의 모든 글에서 드

◇ 호라티우스가 쓴 여러 편의 편지가 현전한다. 이 편지들은 호라티우스의 생활은 물론 그의 세계관, 인생관, 문학관을 잘 드러내준다. 플로루스는 호라티우스의 몇몇 작품에 등장하지만, 그의 친구였고 역사서를 집필했다 는 것 외에는 알려진 바가 없다. 호라티우스는 플로루스에게 보낸 편지에서 삶과 학문과 문학을 대하는 자세에 대해 조언한다.

러나는 문체적 특징은 일정한 양의 시간이다. 그것은 시간을 취하기 때문이며, 그것은 순간이기 때문이다. 자신의 경험을 자주 이야기하는 이토록 '자전적인' 시인이 예술에 대한 기술적인 이해는 물론 깊은 역사적 이해를 가지고 있으며, 작문 이론에도 탁월하다는 것은 전혀 놀랄 일이 아니다. 몇몇 송가에서 엿볼 수 있듯이, 그는 시의 역사적 역할을 정확히 알고 있었다. 그리고 시인에게 얼마나 큰 책임이 있는지, 시인에게 왜 깨어 있는 양식良識이 필요한지 잘 알고 있었다. 플로루스에게 보내는 편지의 대목 하나를 더 살펴보자.

> vemens et liquidus puroque simillimus amni
> fundet opes Latiumque beabit divite lingua;
> luxuriantia compescet, nimis aspera sano
> levabit cultu, virtute carentia tollet,
> ludentis speciem dabit et torquebitur, ut qui
> nunc Satyrum, nunc agrestem Cyclopa movetur.(II.120~125)
>
> •
>
> 가장 순수한 강물처럼 강하고 맑은 그는
> 풍요를 펼치리니, 풍부한 언어로 라티움을 부유하게 하리라.
> 그는 모든 과잉을 살피고 어떤 조악粗惡도 손질하리라.
> 세심한 손길로, 힘을 잃은 것은 모두 버리고
> 놀이하듯이, 실은 괴로워 몸부림할 때에도, 춤을 추듯이
> 이제는 사티로스처럼, 이제는 미개한 키클롭스처럼.

호라티우스는 작문 기술에 관한 논고도 남겼다. 보통 '피소 일가에게 보낸(헌정한) 편지'라고 불리며 『시의 기술』로 알려져 르네상스 시대에 높게 평가받았다. 이 작품은 언어학적 합리주의의 선언문이며, 오늘날에도 여전히 유용하다.

호라티우스가 시인에게 권고하는 바는 다음과 같다. 질서, 통일성, 응집성, 자기 인식을 잃지 말 것, 특이하고 기이한 것은 피할 것, 스스로 만족하지 말 것, 본능을 자극하지 말 것, 수정을 게을리 하지말 것, 비평가들의 충고를 경청할 것. 그리고 책으로 나오지 않은 글은 언제든 폐기할 수 있지만, 한번 인쇄되고 나면 오래도록 없어지지 않으므로 절대 출간을 서두르지 말 것.

시를 쓰려면 타고난 재능이 있어야 한다. 하지만 시를 쓰는 일은 하나의 기획이기도 하다. 시인은 영감이 얼마나 넘치든 자신이 왜 이 시를 쓰는지 명확히 알고 있어야 한다. 『시의 기술』에는 시인의 도그마라 할 수 있는 문장들로 가득하다. 예를 들면 다음과 같은 것들이다. 'lucidus ordo부분들의 선명한 배치',(41) 'callida··· iunctura색다른 단어 조합',(47~48) 'limae labor교정의 노고',(291) 'ut pictura, poesis그림과 같이 시도 그러하게'.(361) 이 중 'ut pictura, poesis'가 등장하는 대목은 다음과 같다.

Ut pictura, poesis: erit quae, si propius stes,

te capiat magis, et quaedam, si longius abstes.

Haec amat obscurum, volet haec sub luce videri,

iudicis argutum quae non formidat acumen;

haec placuit semel, haec deciens repetita placebit.(vv. 361~365)

‌

시는 그림과 같으니, 어떤 것들은 그대를 붙잡되

가까이 있으면 더욱 그러하고, 어떤 것들은 멀리 있을 때 더욱 그러하네.

어떤 것은 어둠을 좋아하고, 어떤 것은 선명한 빛에서 보이기를 원하니

비판하는 이들의 날카로운 판단을 두려워하지 않네.

어떤 것들은 한 번 즐겁고, 어떤 것들은 열 번도 더 즐겁네.

이 글은 호라티우스의 비평적이고 미학적인 재능을 잘 보여준다.
『시의 기술』은 지성과 표현의 결작이다. 그가 언어에 대해 말하면서
드러내는 역사적 감각은 또 얼마나 훌륭한가! 말은 나뭇잎처럼, 인간
의 모든 것처럼, 오고 또 간다.(60~62) 우리는 말을 뱉고, 다시 주워 올
리며, 새로운 말을 만들어낸다.

시인은 전통에 기댈 때조차 시대의 관찰자라는 근본적인 자세를
잊어서는 안 된다. 그는 삶을 포착하고 시대의 현재 관행들, 즉 usus를
절대 놓치지 않는다.(71) 시인은 시대에 대한 감각으로 모든 것을 알맞
은 시간에, 제자리에 배치한다. 완벽한 조화를 이루도록 질서를 부여
하는 것이다.

호라티우스의 라틴어는 경제적이다. 그는 샛길로 새지 않고, 더하
지도, 부풀리지도 않는다. 호라티우스는 엔니우스와 베르길리우스가
풍부하게 사용하는 의고체를 잘 사용하지 않는다(플로루스에게 보내는
편지와 『시의 기술』에는 의고체를 사용한 사례가 몇 건 있긴 하다).

호라티우스의 라틴어에는 '쉬운' 것이 전혀 없다. 『송가』처럼 받아쓴 듯 보일 때조차 그러하다. 『송가』에서 그의 글은 타키투스가 산문에서 이룬 것에 비견될 만한 경지에 도달했으며, 고금의 어떤 작가가 쓴 것보다 아름다운 문장을 남겼다. 그의 라틴어는 섬세하게 직조되었음에도 즉각적으로 와닿고, 두고 인용할 문장을 남긴다. 그것은 언어로 짠 레이스 중에서도 가장 정교한 레이스로, 우리의 눈을 사로잡아 진리를 전한다.

vitae summa brevis spem nos vetat incohare longam (I.4.15)

•

인생은 짧아서 우리에게 긴 희망을 허락하지 않는다.

quid sit futurum cras fuge quaerere. (I.9.13)

•

내일 일어날 일은 묻지 말라.

compesce mentem. (I.16.22)

•

정신을 제어하라[감정을 단속하라].

valet ima summis / mutare et insignem attenuat deus, / obscura promens. (I.34.12~14)

•

신은 가장 높은 자를 가장 낮은 자로 바꾸고, 뛰어난 사람을 자리에서 내쫓고, 비천한 이를 들어 올릴 수 있네.

Aequam memento rebus in arduis / servare mentem. (II.3.1~2)

•

기억하라, 어려운 때에 정신을 지키는 법을.

rebus angustis animosus atque / fortis appare. (II.10.21~22)

•

힘든 상황에서 그대의 용기와 힘을 보여주라.

dona praesentis cape laetus hora. (III.8.27)

•

이 순간의 선물을 행복하게 받으라.

nil cupientium / nudus castra peto et transfuga divitum / partis linquere gestio. (III.16.22~24)

•

벌거벗은 채 나는 아무것도 원하지 않는 이들의 야영지를 찾고, 도망자가 되어 부자들의 무리를 떠나길 간절히 바라네.

multa petentibus / desunt multa. (III.16.42~43)

•

많이 바라는 이에게는 부족한 게 많고.

ille potens sui / laetusque deget, cui licet in diem / dixisse: "Vixi".
(III.29.41~43)

•

하루하루 '나는 살았노라'고 말할 수 있는 이는 자신의 주인으로 행복하게 산다.

pulvis et umbra sumus. (IV.7.16)

•

우리는 먼지요 그림자다.

이 외에도 더 많은 구절이 있으나, 이 모든 진리를 관통하는 것은 흐르는 시간에 대한 한탄이다. 하루가 지나면 다시 하루가 오고 초승달은 차고 또 기운다. 청춘은 시들고 세월은 흐른다. 이런 시간에 대한 고뇌가 없었다면, 호라티우스는 단지 훌륭한 도덕가에 지나지 않았을 것이다.

호라티우스의 『송가』는 행복에 관한 안내서다. 몇몇 구절만으로도 독자를 행복의 길로 이끈다. 그의 비결을 한마디로 정리하면 '삶을 충실히 사는 것'이다. 그러려면 뭐든 과하지 않아야 한다. 과잉은 충만과는 다르다. 과잉은 오산誤算이며 지나침은 모자람보다 나을 바가 없다.

XXII

사랑을 전하며
• 라틴어 만세!

◊ 나는 이 책을 통해 라틴어의 아름다움을 알리고, 이 고대 언어가 오늘날 여전히 필수적인 여러 이유(역사, 언어학, 정치, 철학)를 전달하고자 노력했다. 나는 라틴어를 공부하는 게 모두에게 이롭다고 생각한다. 하지만 라틴어를 공부하는 방법이 하나뿐이라고 생각하지는 않는다. 자신의 성향을 따라 마음에 드는 라틴어를 선택하라.

나는 특별히 마음에 와닿는 작가의 작품부터 시작하길 권한다. 카툴루스의 시든, 아풀레이우스의 소설이든, 오비디우스의 신화 이야기든 무엇이든 좋다. 번역본과 라틴어 원문이 나란히 실려 있는 책이면 더 좋다. 두 언어를 비교해보고, 흥미로워 보이는 라틴어 단어에 표시한 다음에 사전에서 뜻을 찾아보라. 그러다 보면 영어를 비롯해 수많은 현대 언어가 이 고대 언어에 얼마나 많은 빚을 지고 있는지 알게 될 것이다.

무엇보다도 라틴어라는 언어를 공부하는 것 자체를 즐기기를 바란다. 라틴어는 단지 어휘를 늘리거나, 사고를 자극하거나, 정신을 확장하는 데만 그치지 않는다. 이제까지 내가 암시적으로만 이야기했던 것을 분명히 말해야겠다. 라틴어를 공부하는 것은 놀라울 만큼 보람 있고, 무엇보다 재미있다.

내가 '재미있다'고 하는 것은, 웃긴 영상이나 단순한 농담을 즐길 때의 복잡할 것 없고 순간적인 즐거움을 말하는 것이 아니다. 그보다 훨씬 깊이 있는 것이다. 그것은 의미를 향한 여정이며, 소여所與로서가 아니라 과정으로서 의미를 이해하는 것이다. 어쩌면 그건 하나의 게임처럼 보일 수 있다. 하지만 이 게임에서는 규칙과 보상이 미리 제시되지 않는다. 참가자가 규칙을 알아내야 하며, 보상은 오랜 노력을 기울여야 드러난다. 하지만 그 보상은 더없이 즐거울 것이다.

라틴어를 공부한다는 것은 의미가 만들어지는 과정에 몰두하는 것이다. 그러려면 모호한 문장 구조와 각 단어의 풍부한 의미에 초점을 맞추고 주의를 기울이며 기민하게 반응해야 한다. 그것은 흥미진진한 선택과 결정의 과정이다. 물론 논리에 따르지만 논리만으로는 충분하지 않다. 라틴어를 공부할 때는 직관과 상상을 사용해야 하며, 때로는 대범한 시도도 해야 한다.

'의미'란 이미 만들어져 고정된 것이 아니다. 의미는 개인들 사이에서 일어나는 일종의 협상을 통해 발생하며, 맥락(사회·문화·심리)에 따라 변화한다. 그래서 우리는 다른 사람의 글을 읽거나 말을 들을 때 쉽게 오류에 빠진다. 너무 많이 추정하기도 하도, 충분히 주의를 기울이지 않기도 한다. 언어를 통한 의사소통이 얼마나 복잡하고 모호해질 수 있는지를 잊기도 한다.

라틴어는 우리에게 의미를 당연한 것으로 여겨서는 안 된다는 사실을 상기시킨다. 단어는 살아 있는 생물과도 같아서 자신만의 기억과 의도를 지니고 있다. 하나의 문장은 과거의 경험과 현재의 욕구가 수렴되는 공적 공간이다. 라틴어를 공부할 때 우리는 독자이자 학습자로서 이 공적 공간에 들어가게 된다. 여기에서는 강한 책임감이 필요하다. 진리가 걸려 있기 때문이다!

라틴어를 읽거나 번역한다는 것은 진리를 이해하고 추적하는 것이며, 과거의 진리를 재발견하는 것이다. 해석을 통해 발견과 복원의 기쁨을 느끼게 되며, 이는 인간이 누릴 수 있는 가장 만족스러운 경험 중 하나다.

라틴어는 매우 문학적인 언어로, 현대 언어들과는 다른 방식으로 메시지를 전달한다. 라틴어는 직선성, 직접성, 즉각성이 결여되어 있으며 암시성과 다중성을 추구한다. 라틴어의 통사는 복잡할 수도 있고 느슨할 수도 있으며, 특이한 방식을 취하기도 한다.

라틴어의 형태론은 변화무쌍하다. 어휘는 다양한 의미와 다채로운 뉘앙스로 가득해 문장의 맥락 안에서만 분명하게 이해될 수 있다. 여기에서도 중요한 것은 맥락이다! 라틴어를 읽을 때는 각 부분 사이의 차이(심지어 충돌하기도 한다)를 고려하면서 각 부분을 서로 연결지어 전체의 모습을 보아야 한다. 이것이야말로 사회를 작동시키기 위해 우리가 매일 하는 일이 아닌가?

라틴어는 이렇게 우리에게 값진 교훈을 준다. 가장 작거나 흔한

1음절의 차이나, 아주 미세한 철자의 차이까지 포함해 모든 요소를 따져보게 하고, 단어들의 복잡한 관계를 인식하게 한다. 라틴어 문장을 다룰 때는 표면적인 발화만이 아니라 감각, 리듬, 미학적 기량을 모두 결합한 예술적이고 다면적인 언어 수행으로 이해해야 한다. 우리는 라틴어를 공부하면서 이러한 복합성을 경험하며 특별한 만족감을 얻게 된다. 이는 인간 존재가 꿈꿀 수 있는 가장 높은 염원 중 하나다.

　라틴어는 어렵다. 하지만 걱정할 필요 없다. 모든 예술은 어렵다. 피카소의 그림, 모차르트의 음악, 아인슈타인의 이론처럼 라틴어는 언어 예술이다. 사실, 창조력과 직관이 필요한 모든 분야에서 쉬운 것이란 없다. 위대한 문학작품이 쉽게 느껴진다면 의심해야 한다. 지금 무언가를 놓치고 있지는 않은가? 이해해야 할 것을 이해하지 못하고 있지 않나? 표면 아래 무엇이 놓여 있나? 함정은 어디에 있나? 게임은 어려워야 한다. 어려울수록 보상도 만족스러워진다.

　하지만 열정이 있다면 그렇게 힘들지 않다. 예를 들어 우리가 클래식 음악이나 물리학에 열정이 있다면, 거기에 마음껏 몰두할 것이다. 몰두하는 것 자체를 즐기게 하는 것이 바로 열정이다. 클래식 음악에 열정적이면서 물리학에는 열정적이지 않을 수 있다(물론 그 반대도 가능하다). 이 경우에 클래식 음악을 공부하는 것이 물리학을 공부하는 것보다 더 즐겁고 덜 지겨울 것이다. 달리 말하자면, 더 쉽게 느껴질 것이다. 자신이 어느 분야에 열정이 있는지는 다른 누가 가르쳐주지 않는다. 스스로 발견해야 한다.

지금 필요한 질문은 이것이다. "나는 어떻게 열정을 갖게 되는 가?" 이 물음에 답하기란 훨씬 더 어렵다. 이 책의 시작 부분에서 나는 내가 왜 라틴어를 좋아하게 되었는지 모르겠다고 이야기했다. 아마도 열정이란 행복을 추구하는 데서 시작되는 것 같다. 우리는 행복을 찾는다. 그리고 행복해 보이거나, 행복을 찾을 수 있을 것 같은 무언가가 있다.

인간은 호기심 많은 동물이다. 호기심 있는 사람은 늙지 않는다. 호기심이 있으면 어떤 것도 당연하게 여기지 않기 때문이다. 호기심이란 우리가 사랑에 빠졌거나, 아니면 사랑에서 빠져나온 것처럼 무언가 바뀌었음을 깨달을 때까지 묻고 또 묻는 것을 의미한다. 다른 말로는 경이驚異라고 할 수도 있다. 현실의 여러 가능태에 대한 믿음을 확장하는 바로 그 감탄의 느낌 말이다.

한 가지는 확실하다. 내가 무엇에 열정이 있는지 알려면 일단 그 것의 존재를 알고 그것에 노출되고, 시도해보거나, 옹호하는 주장을 들어봐야 한다. 나는 다른 사람이 라틴어를 사랑하게 만들 수는 없다. 누구라도 그건 불가능할 것이다. 하지만 라틴어에 대한 열정을 전하고, 내가 라틴어를 사랑하는 이유를 설명하며, 비슷한 흥미를 일으키려고 노력할 수는 있다. 라틴어를 배우고자 한다면 방법은 얼마든지 찾을 수 있다. 필요한 것은 호기심과 행복을 추구하는 노력뿐이다.

라틴어 학습에는 집중력과 기억력이 요구된다. 집중력과 기억력을 향상시키는 일은 즐겁다. 새로운 문법과 새로운 단어를 알게 되면, 단어들을 가지고 노는 즐거움을 발견할 수 있을 것이다. 또한 사람들이 얼마나 다르게 생각하는지, 얼마나 많은 생각과 문장이 떠오를 수 있는지 발견하는 즐거움이 있다.

번역은 단지 원문을 해석하는 일이 아니다. 번역을 통해 우리는 자신의 언어 구조를 인식하는 기술을 갖게 된다. 이 기술은 사람들이 쉽게 파악하지 못하는 감추어진 의미, 어원, 은유로 향하는 길을 알려줄 것이다. 또한 번역의 경험은 언어의 정확성, 지적 정밀성, 사고의 깊이를 함양하도록 우리를 추동한다.

라틴어는 우리의 눈을 틔워 언어에 숨은 비밀을 깨닫게 하고, 언어의 역사는 하나의 직선이 아니라 확장하는 기억의 모험이라는 것을 깨닫게 한다. 언어의 역사에서는 새로운 말이 생겨났다고 해서 과거의 표현이 갑자기 사라지지 않는다. 단어의 의미는 시간이 흐름에 따라 서로 경쟁하는 표현들 사이에서 타협과 협상을 하며 예측하지 못한 방향으로 변해간다. 한 가지 간단한 예를 살펴보자. 라틴어를 모른다면 총리를 뜻하는 prime minister의 minister가 사실은 그렇게 대단한 직함이 아니란 걸 알아챌 수 없을 것이다. 라틴어에서 이 단어는 하인을 뜻한다. 이 단어가 낮은 지위를 가리킨다는 사실은 minus(영어에서도 그대로 사용되는)를 뜻하는 단어 앞부분에서 드러난다.

라틴어는 수많은 현대 어휘의 본래 의미를 보여주며, 같은 라틴어 단어가 각 언어에서 유사점과 차이점을 갖게 되었는지 알려준다. 예를 들어, 라틴어 parentes는 영어와 프랑스어에서 parents, 이탈리아어에서 parenti가 되었는데, parents는 부모라는 본래 의미를 유지한 반면, parenti는 친척이라는 의미로 변했다(프랑스어에서 parents은 친척을 의미하기도 하지만, 친척을 나타낼 때는 라틴어 proximi가까운에서 비롯한 proche가 더 흔하게 쓰인다). 그러나 이러한 차이가 있음에도, 로망스어군 언어들은 우리가 인식하는 것보다 많은 것을 공유하고 있다.

마지막으로 우리가 염두에 두어야 할 것은 라틴어가 인류, 곧 우리 자신에 관한 이미지와 표현을 풍부하게 제공한다는 사실이다. 이 풍부함이야말로 라틴어를 공부하는 궁극적인 목적이다. 나는 고대의 작가들이 오늘날의 우리에게 해줄 말이 있다고 믿어 의심치 않는다.

그러나 고대의 글을 시대에 맞게 길들이려는 충동은 위험하다. 라틴어를 공부하며 고대 작품을 읽을 때는 '역사적 거리'에 유의해야 한다. 이 역사적 거리가 없다면 우리는 시간과 문화에 관한 감각을 잃게 될 것이다. 과거의 역사적 경험과 현재의 나 사이의 거리를 측정하고자 시도할 때, 고대 작품을 제대로 읽고 번역할 수 있다. 그 사이에는 신기루와 시점들이 가득해, 고대 작품은 마치 기차를 타고 가며 관찰하는 먼 거리의 풍경처럼 보인다.

우리는 고대 작품을 해석하고, 거기에서 지금 필요한 답을 찾을 수도 있지만, 이러한 해석과 응답은 근본적으로 다른 시대와 다른 문화적 맥락에서 나온 것임을 잊지 말아야 한다. 고대 작가들이 고대인을 향해 쓴 글을 읽는 순간 우리 또한 조금은 고대인이 되는 셈이다. 라틴어를 배우고, 읽고 쓰고, 사랑함으로써 우리는 역사의 강물로 들어가, 우리가 어디에서 시작했고 어디로 가는지 더 깊이 이해하게 된다.

옮긴이의 말

✜

이 책은 라틴어 학습을 권하는 책이다. 누군가는 그럴지도 모르겠다. AI
가 번역까지 해주는 세상에 다른 외국어도 아니고 케케묵은 라틴어 공부
가 웬 말이냐고. 사실 맞는 말이다. 외국어 중에서도 실제로 사용할 일 없
는 라틴어를 공부한다는 건 정말 쓸모없는 일이다. 더구나 요즘 사람들이
말하는 쓸모란 돈 버는 일에 관련 있어야 하니 더욱 그러하다. 돈과 별로
상관없는 수도회에 몸담고 있을 때도 라틴어를 배우려고 하는 내게 선배
수사들이 비슷한 이야기를 했었다. 대부분의 교회 문헌이 우리말이나 영
어로 번역되어 있는데 굳이 라틴어를 배우려고 하느냐는 것이었다.

하지만 생각해보면, 요즘같이 실용성이 강조되는 세상에서도 사람
들이 꼭 쓸모 있는 일만 하고 사는 것은 아니다. 이를테면 그림을 그리거
나 악기를 연주하는 등 취미 활동을 열심히 하는 사람도 많다. 그 사람들
이 화가가 돼서 그림을 팔아 돈을 벌려고 한다든가, 연주회를 열어 티켓
을 팔아 돈을 벌려고 하는 것은 절대 아니다. 화원을 차리려는 것도 아닌
데 식물을 열심히 돌보는 사람들도 있고, 딱히 어떤 목적 없이 강아지를
열심히 키우는 사람들도 있다.

사람들이 이런 쓸모없는 일들에 시간과 비용을 들이고 노력까지 쏟
는 까닭은 그런 일들을 통해서만 삶을 더욱 온전하게 누릴 수 있기 때문

이다. 삶에는 물질적인 조건만으로 채워지지 않는 영역들이 존재하고, 그 영역들을 채우려면 바로 이런 쓸모없는 일들이 필요하다. 이 책의 저자 니콜라 가르디니는 이렇게 쓸모없으나 필수적인 활동으로 라틴어 학습을 제시한다.

대다수 한국 사람에게 외국어 학습은 스트레스나 트라우마로 다가온다. 입시를 위한 필수 과목이거나 취업을 위한 스펙으로 남들보다 높은 '점수'를 따야 했기 때문이다. 외국어를 배우는 것은 언제나 꼬아놓은 문제를 빨리빨리 파악해서 정답을 고르기 위한 고통스러운 과정이었을 뿐, 정작 그 언어의 꽃이랄 수 있는 문학작품을 읽는 데까지 나아간 적이 없고 나아갈 생각조차 하지 못했다.

가르디니는 라틴어를 소개하는 다른 책들처럼 기초적인 단어나 문법을 나열하는 대신, 라틴어로 쓰인 문학작품을 우리 눈앞에 펼쳐놓는다. 그건 마치 설악산이나 북한산처럼 각기 다른 봉우리와 골짜기가 늘어선 자세한 등산 안내 지도를 보는 것 같다. 거기에는 단순하고 우직한 카이사르라는 봉우리가 있는가 하면, 완벽하게 조화를 이룬 키케로라는 봉우리도 있고, 기기묘묘한 오비디우스라는 골짜기도 있다. 이 모두를 종합하는 듯한 베르길리우스라는 최고봉을 넘어서면 그에 버금가지만 색깔이 전혀 다른 호라티우스라는 봉우리를 만날 수 있다. 그리고 저 너머 멀리에는 아우구스티누스라는 소박하고 경건한 봉우리가 넓게 펼쳐진다.

지도를 전체적으로 훑고 설명을 찬찬히 읽어본 뒤 마음에 든다면 직접 여행을 떠날 수 있을 것이다. 깊고 높고 아름다운 산일수록 오르는 과정이 만만치 않게 어려울 수 있다. 하지만 그 과정에서 누리는 기쁨 또한 크고 오래 남을 것이다.

이 책은 라틴어를 공부해본 적 없는 사람에게나, 이미 라틴어를 어느 정도 공부하고 라틴어 문학에 대해서도 이러저러한 이야기들을 들어본 사람에게도 라틴어가 펼쳐 보일 아름다운 세계에 대한 맛보기 같은 책이 될 것이다. 그냥 여기저기에서 귀동냥으로 들어는 봤으나 감히 접근하지 못했던 거장들의 작품을 한자리에 펼쳐두고 비교해가면서 어느 작가에게 먼저 도전하면 좋을지 가늠할 수 있기 때문이다.

저자의 설명을 따라가다 보면, 사람들이 라틴어나 라틴어 문학에 대해 가지고 있는 선입견도 타파할 수 있다. 흔히 라틴어를 가톨릭교회에서 사용하는 신성한 언어로 여기거나, 라틴어 문학을 만고불변의 지혜를 담은 고전으로 떠받들지만, 알고 보면 라틴어 또한 본래는 로마인들의 일상 언어였고, 오랜 시간을 거쳐 다듬어졌으며, 특히 그 과정에 이 책에서 소개하는 작가들이 큰 역할을 했다.

이 책에서 소개하는 작가들은 본질적으로 우리와 같은 인간이면서 우리와 다른 시대의 다른 사회에 살았던 사람들이다. 그들은 근본적으로 우리와 같은 문제를 겪고 비슷한 고민을 하면서도 다른 방식으로 사유하고 새로운 가능성을 우리에게 열어 보인다는 점에서 큰 의미가 있다. 물론 라틴어 문학에 접근하는 길은 우리말 문학에 접근하는 것보다 훨씬 어렵지만, 그런 만큼 우리말 문학에 없는 의미와 아름다움을 체험할 수 있을 것이다. 그리고 그 과정에서 우리 자신이 누구인지, 인류는 어떤 존재인지 조금은 더 깨닫는 즐거움을 누릴 것이다.

번역자는 번역한 책이 출간될 때마다 자신에 대한 아쉬움과 독자들에 대한 미안함이 남기 마련이지만, 이번 책은 더욱 그러하다. 저자가 발췌해서 실은 라틴어 원문의 느낌을 충분히 전하고 싶었지만, 운문을 번역하는 일은 언제나 난감하다. 운율을 살리지 못하는 것은 어찌할 수 없는 일이지만, 통사를 어지럽히지 않으면서 시행을 맞추는 일조차 쉽지 않다. 그러나 프랑스어 문학을 전공했고, 이러저러한 이유로 여러 가지 외국어를 접했던 사람으로서 언어에 관한 책을 번역한 경험은 특별하고 소중했다.

하이데거의 말대로 언어가 존재의 집이라고까지 할 만한 것인지는 잘 모르겠지만, 새로운 언어를 배울 때마다 새로운 세계로 들어가는 기쁨을 느껴왔다. 적어도 언어가 우리의 인식 속에서 세상을 구성하는 중요한 도구인 것은 분명하다. 모두가 실용성만을 이야기하는 요즘 세상에서 라틴어라는 오래되고 쓸모없는 언어에 관심을 가지고 그 세계를 엿보려고 하는 소중한 독자들에게 이 책이 조금이나마 도움이 되길 바란다.

좋은 책을 써준 니콜라 가르디니에게 무척 고마운 마음이 든다. 내게 번역을 맡겨준 윌북에 감사의 인사를 전한다. 부족한 점이 많겠으나 그건 모두 번역한 이의 탓이다. 진지한 독자들의 교정을 받는다면 번역자로서 그만한 영광이 없을 것이다.

2023년 푸른 5월에
번역자 전경훈

쓸모없는 언어에 바치는 찬가

I 나의 이 책을 보라. *Rinascimento*(Torino: Einaudi, 2010).

✤

I. 라틴어로 지은 집

I Jorge Luis Borges, "Funes the Memorious," in *Labyrinths: Selected Stories & Other Writings*, ed. Donald A. Yates and James E. Irby(New York: New Directions, 1964), 61.

2 몇 년 전에 나는 간단한 문법책을 저술했다. *Latino*(Milano: Alphatest, 1999).

✤

III. 어느 라틴어인가?

I 라틴어 역사에 관한 참고 문헌 목록은 방대하다. 여기에서는 다만 독일인 저자 위르겐 레온하르트Jürgen Leonhardt의 탁월한 저서만을 언급하고자 한다. *Letein: Geschichte einer Weltsprache*(Munich: Verlag C. H. Beck, 2008). 이 책에 유용한 참고 문헌 목록이 포함되어 있다(English trans. Kenneth Kronenberg, *Latin: Story of a World Language*, Cambridge, MA, and London: Belknap Press of Harvard University Press, 2013).

2 다음을 보라. Luciano Canfora, *Ideologie del classicismo*(Torino: Einaudi, 1980).

IV. 라틴어의 시작과 신성한 알파벳

1 라틴어 발전사에 관한 훌륭한 참고 자료로는 다음 두 가지가 있다. Leonard R. Palmer, *The Latin Language*(London: Faber and Faber, 1954); James Clackson and Geoffrey Harrocks, *The Blackwell History of the Latin Language*(Chichester: Wiley-Blackwell, 2011).

2 "The I Tatti Renaissance Library," in *On Famous Women*, ed. and trans. Virginia Brown(Cambridge, MA, and London: Harvard University Press, 2001), 54~55.

3 인도유럽어족에 관한 훌륭한 개론서로는 다음을 추천한다. James Clackson, *Indo-European Linguistics: An Introduction*(Cambridge: Cambridge University Press, 2007). 같은 주제에 관한 이탈리아어 자료가 필요하다면 다음을 보라. Vittore Pisani, *Glottologia indoeuropea*(Torino: Rosenberg & Sellier, 1984[I ediz, 1949]).

✢

V. 참새와 첫사랑의 시 · 카툴루스

1 Catullus, *Carmina: il libro delle poesie*(Milano: Feltrinelli, 2014, 내가 쓴 서문 포함).

✢

VI. 별들이 빛나는 하늘 · 키케로

1 intervalla는 '간격' '휴식'이나 '거리'를 의미할 수 있고, distinctio는 '종지終止'나 '차이'를, conversio는 '회전'이나 절 끝에서 같은 단어의 반복을 의미할 수 있다.

2 사회에서 민간인 사이에서 이루어지는 화합은 우주적 조화의 연장이다(『국가론』 제2권 끝부분).

3 고대 수사학에서 발화되지 않았거나 불완전하게 기술된 부분들의 중요성에

관해서는 내가 쓴 이 책을 보라. *Lacuna*(Torino: Einaudi, 2014).

❖

VII. 기억과 연결 · 엔니우스

1 호라티우스의 『서한집』 I.19.7과 앞으로 보게 될 프로페르티우스의 『비가』
   III.3.6.

2 출처는 다음과 같다. *Poeti latini arcaici. Livio Andronico, Nevio, Ennio*, ed. An-
   tonio Tragila(Torino: UTET, 1986), 436.

3 같은 책, 394.

4 여기에서 eam 대신 더 예스러운 sam이 쓰인 것을 주목할 필요가 있다(이는
   의고체로 후대의 독자들은 이를 보고 눈썹을 치켜올리겠지만, 그렇다고 엔니우스를
   멀리하지는 못할 것이다). 그리스풍의 단어 sopiam도 눈여겨보아야 한다. 부정
   사 형태의 동사 reserare열다에는 목적어가 빠져 있지만, 무사이의 샘이나 문
   을 열고 있음을 충분히 상상할 수 있다(『아이네이스』 VII.613에서 베르길리우스
   는 보호받는 한 지역을 열어젖힌다는 의미에서 이 동사를 사용한다). 만약 그게 아
   닐 경우, 호메로스가 시인에게 허락한 비밀의 지식을 열어 보인다는 의미일
   것이다. 오비디우스는 『변신 이야기』 XV.145의 비슷한 맥락에서 reserare 동
   사를 '드러내다' '계시하다'라는 의미로 사용한다.

5 *Poeti latini arcaici*, 446.

❖

VIII. 현실의 척도 · 카이사르

1 Bertolt Brecht, *The Business Affairs of Mr. Julius Caesar*, trans. Charles Osborne,
   ed. Tony Phelan and Tom Kuhn(London: Bloomsbury Methuen Drama, 2016), 23.

IX. 명확성의 힘 · 루크레티우스

1 Primo Levi, *The Search for Roots: A Personal Anthology*, trans. Peter Forbes(Chicago: Ivan R. Dee, 2002), 136.

2 더 많은 정보를 찾는다면 내가 쓴 이 책을 보라. *Lacuna*(Torino: Einaudi, 2014).

✤

XI. 영원한 사랑과 감동 · 베르길리우스

1 Gian Biagio Conte, *Anatomia di una stile: L'enallage e il nuovo sublime*, in Gian Biagio Conte, *Virgilio: L'epica del sentimento*(Torino: Einaudi, 2002), 59(complete essay, 5~63).

2 20세기의 위대한 고전문학자 중 하나인 조르지오 파스콸리는 '암시적 예술'에 대해 말했다. 이 책을 보라. Giorgio Pasquali, *Arte allusiva, in Pagine stravaganti di un filologo*, vol. II, ed. Carlo Ferdinando Russo(Firenze: Le Lettere, 1994), 275~282.

3 imitatio는 르네상스 시기에 다시 인기를 얻는다. 나의 이 책들을 보라. *Umane parole*(Milano: Bruno Mondadori, 1997); *Rinascimento* (Torino: Einaudi, 2010), 224~253.

4 Seamus Heaney, *Aeneid Book VI*(London: Faber & Faber, 2016), 16.

5 다음을 보라. E. L. Harrison, "Cleverness in Virgilian Imitation," in *Classical Philology* 65, no.4(October 1970), 241~243. 매우 다른 시각을 보고 싶다면 다음 이 책을 보라. Gian Biagio Conte, *Memoria dei poeti e sistema letterario*(Palermo: Sellerio, 2012[I ediz, Torino: Einaudi, 1971]), 106~110.

6 이 책에 실린 나의 서문을 참조하라. Catullus, *Carmina: il libro delle poesie*(Milano: Feltrinelli, 2014).

✢

XII. 라틴어의 정수를 만나다 · 타키투스와 살루스티우스

1   나는 타키투스의 문제에 관해서도 다루었다. *Lacuna*(Torino: Einaudi, 2014), 83~85 and passim.

2   이 책을 보라. *Lacuna*, 87.

3   Friedrich Nietzsche, *Twilight of the Idols; and, the Anti-Christ*, trans. R.J. Hollingdale(London: Penguin, 1990), 116.

✢

XIII. 거부할 수 없는 가벼움 · 오비디우스

1   Giacomo Leopardi, *Zibaldone*, ed. Michael Caesar and Franco D'Intino(New York: Farrar, Straus and Giroux, 2013), 1422~1423.

2   Robert Lowell, *Ovid's Metamorphoses*, in *Collected Prose*, ed. Robert Giroux(New York: The Noonday Press, 1987), 157.

3   Italo Calvino, *Ovidio e la contiguità universale*, in *Saggi 1945-1985*, ed. Mario Barenghi(Milano: Meridiani Mondadori, 1995), vol.I, 912(전체 에세이는 904~916).

4   나는 이 논문에서 노년기 오비디우스의 문제를 다루었다. *Con Ovidio. La felicità di leggere un classico*(Milano: Garzanti, 2017), 98~100.

5   육체적 변신에 관해서는 이를 참조하라. *Con Ovidio*, 149~182.

✢

XIV. 에피소드의 예술가 · 리비우스

1   다음을 보라. Giuseppe Billanovich, "Petrarch and the Textual Tradition of Livy," in *Journal of the Warburg and Courtauld Institutes* 14, no.3/4(1951), 137~208.

✢

XV. 유토피아가 시작된 곳 · 다시 베르길리우스

1 Giacomo Leopardi, *Canti*, trans. Jonathan Galassi(New York: Farrar, Straus and Giroux, 2010), 107.

2 나의 책 *Rinascimento*(Torino: Einaudi, 2010), 제1장을 보라.

✢

XVI. 행복을 가르쳐줄 수 있다면 · 세네카

1 James Ker, *The Deaths of Seneca*(New York and Oxford: Oxford University Press, 2009).

2 한 편지에서 재탄생을 주제로 다룬다. 『루킬리우스에게 보내는 도덕 서한』 36.10~11.

✢

XVII. 라틴어 소설의 열정과 상상력 · 아풀레이우스와 페트로니우스

1 John F. D'Amico, "The Progress of Renaissance Latin Prose: The Case of Apuleianism," in *Renaissance Quarterly* 37, no.3(Fall 1984). 이 책도 보라. Julia Haig Gaisser, *The Fortunes of Apuleius & the Golden Ass: A Study in Transmission and Reception*(Princeton and Oxford: Princeton University Press, 2008).

2 *Letter to Louise Colet*, June 27~28, 1852.

3 Walter Pater, *Marius the Epicurean*, ed. Michael Levey(London: Penguin Books, 1986), 40.

4 이것이야말로 페트로니우스의 특징이다. 위스망스는 이렇게 말한다. "이 모두가 놀라울 만큼 정력적이고, 색채 표현이 정확하고, 모든 방언에서 끌어오고 로마가 아는 모든 언어에서 표현을 빌려 오는 문체로 이야기된다. 이 문체

는 모든 경계를 밀어내고 소위 황금시대의 구속을 모두 무시하며 각 사람에게 자기 모국어를 말하게 허락한다." J.K. Huysmans, *Against Nature(À rebours)*, trans. Margaret Mauldon, ed. Nicholas White(Oxford: Oxford University Press, 1998), 25.

5 카툴루스의 시 39에 대한 암시.

✣

XVIII. 새 잔에는 새 포도주를 · 아우구스티누스

1 다음을 보라. Marco Tullio Cicerone, *Ortensio*, critical text, introduction, translation, and commentary by Alberto Grilli(Bologna: Patron, 2010).

2 varietas에 관해서는 다음을 보라. Cicero, *De oratore*, III.25.98~100. 나는 『르네상스*Rinascimento*』의 마지막 장에서 varietas를 다루었다. 언어를 사용하여 하나의 대상을 사람의 눈앞에 제시하는 것을 말하는 evidentia에 관해서는 다음을 보라. Cicero, *De partitione oratoria*, VI.20; *Academica*, II.17; *De oratore*, III.53.202; *Orator*, XL.139.

3 그리스도교 라틴어의 소박한 문체에 관해서는 다음을 보라. Erich Auerbach's classic essay *Sermo humilis*, in Erich Auerbach, *Literary Language and Its Public in the Late Latin Antiquity and in the Middle Ages*, trans. Ralph Manheim(Princeton: Princeton University Press, 1993), 25~66.

✣

XIX. 어떻게 살 것인가 · 유베날리스

1 Alexander Pushkin, *Eugene Onegin: A Novel in Verse*, trans. James E. Falen(Oxford: Oxford University Press, 2009), 7.

XX. 사랑의 외로움 · 프로페르티우스

1 오비디우스가 한때 사랑받았던 패러다임을 혁명적으로 탈피한 것에 대해
서는 나의 이 책을 보라. Con Ovidio. *La felicità di leggere un classico*(Milano:
Garzanti, 2017), 73~89.

✤

XXI. 다시 행복에 관하여 · 호라티우스

1 Primo Levi, *The Complete Works of Primo Levi*, ed. Ann Goldstein(New York:
Liveright, 2015), page 2355; Joseph Brodsky, "Letter to Horace," in *On Grief
and Reason: Essays*(New York: Farrar, Straus and Giroux, 1998), 428~458.

2 Friedrich Nietzsche, *Twilight of the Idols; and, the Anti-Christ*, trans. R.J.
Hollingdale(London: Penguin, 1990), 116.

3 Horace, *The Odes: New Translations by Contemporary Poets*, ed. J.D. Mc-
Clatchy(Oxford and Princeton: Princeton University Press, 2002).

4 "Non chiederci la parola che squadri da ogni lato/l'animo nostro informe 우리에
게 틀 지을 말을 요청하지 마라/사방으로 형체 없는 우리의 영을"(translation from Eugenio
Montale, *Collected Poems 1920–1954*, trans. Jonathan Galassi(New York: Farrar, Straus
and Giroux, 1998).

5 다음을 보라. Corrado Confalonieri, *Satura—titoli di un titolo. Montale dal recto
al verso nel segno dei classici*(Parma: Uninova, 2012).

6 Harry Eyres, *Horace and Me: Life Lessons from an Ancient Poet*(New York: Farrar,
Straus and Giroux, 2013).

찾아보기

95, 182~197

ㅁ

마누치오, 알도Manuzio, Aldo 16

마르쿠스 안토니우스Marcus Antonius 59, 63, 71

마르티니, 시모네Martini, Simone 132

마리네티, 필리포 토마소Marinetti, Filippo Tommaso 142

마이케나스(가이우스 마이케나스)Gaius Maecenas 305, 310~312

마키아벨리, 니콜로Machiavelli, Niccolò 14~15, 17, 153, 186

매클라치, J.D.McClatchy, J. D. 308

말루프, 데이비드Malouf, David 176

모어, 토머스More, Thomas 36

모차르트, 볼프강 아마데우스Mozart, Wolfgang Amadeus 324

몬탈레, 에우제니오Montale, Eugenio 308~309

몬테베르디, 클라우디오Monteverdi, Claudio 221

몽테뉴, 미셸 에켐 드Montaigne, Michel Eyquem de 26, 229

무키아누스(가이우스 리키니우스 무키아누스)Gaius Licinius Mucianus 157~158

밀턴, 존Milton, John 14, 36, 129, 199, 291

ㅂ

바로(가이우스 테렌티우스 바로)Gaius Terentius

Varro 39, 43, 299

바루스(푸블리우스 퀸틸리우스 바루스)Publius Quinctilius Varus 310

바르동, 앙리Bardon, Henry 80

반디니, 페르난도Bandini, Fernando 36

발라, 로렌초Valla, Lorenzo 62

베네딕토 16세Benedictus XVI 18

베레스(가이우스 리키니우스 베레스)Gaius Licinius Verres 67, 275

베로알도, 필리포Beroaldo, Filippo 238

베르길리우스(푸블리우스 베르길리우스 마로) Publius Vergilius Maro 15~17, 29, 38, 40, 43, 47, 61, 80, 81, 86, 106, 107, 113, 119, 128~150, 158, 167, 170, 171, 173, 191~192, 198~214, 219, 240, 260, 264, 291, 297~300, 305, 307, 310, 312, 316, 329

『농경시Georgica』 16, 129, 199, 210, 291

『목가Eclogae』 129, 147, 198~214, 291

『아이네이스Aeneis』 14, 38, 40, 86, 88, 106, 113, 129~150, 188, 191, 199, 204, 210, 211

베토리, 프란체스코Vettori, Francesco 14, 17

베토벤, 루트비히 판Beethoven, Ludwig van 19

벰보, 피에트로Bembo, Pietro 36

보르헤스, 호르헤 루이스Borges, Jorge Luís 23

보이아르도, 마테오 마리아Boiardo, Matteo

341

지은이

니콜라 가르디니Nicola Gardini

옥스퍼드대학교의 이탈리아문학 및 비교문학 교수다. 소설가, 시인, 비평가, 번역가, 화가로서 수많은 책을 저술했다. 소설 『아멜리아 린드의 잃어버린 말Le parole perdute di Amelia Lynd』은 비아레조상과 체릴리마리모/로마상Zerilli-Marimò/City of Rome Prize for Italian Fiction을 받았다. 『인생의 언어가 필요한 순간』은 출간 즉시 이탈리아에서 베스트셀러가 되었으며 여러 언어로 번역되었다.

✛

옮긴이

전경훈

서울대학교에서 불문학을 전공했다. 젊은 시절 가톨릭교회의 수사로 살면서 철학과 신학을 공부했다. 지금은 다양한 책들을 우리말로 옮기는 일을 하며 산다. 옮긴 책으로는 『농경의 배신』『20세기 이데올로기』『페미사이드』『가톨리시즘』 등이 있다.

인생의 언어가 필요한 순간

흔들리는 · 나를 위한 · 라틴어 문장들

펴낸날 초판 1쇄 2023년 9월 5일

지은이 니콜라 가르디니

옮긴이 전경훈

펴낸이 이주애, 홍영완

편집장 최혜리

편집2팀 박효주, 문주영, 홍은비, 이정미

편집 양혜영, 장종철, 강민우, 김하영, 김혜원, 이소연

마케팅 김태윤, 김철, 정혜인, 김준영

디자인 박아형, 김주연, 기조숙, 윤소정

해외기획 정미현

경영지원 박소현

도움교정 김경아

펴낸곳 (주)윌북

출판등록 제2006-000017호

주소 10881 경기도 파주시 광인사길 217

전화 031-955-3777 **팩스** 031-955-3778

홈페이지 willbookspub.com

블로그 blog.naver.com/willbooks **포스트** post.naver.com/willbooks

트위터 @onwillbooks **인스타그램** @willbooks_pub

ISBN 979-11-5581-636-3 03790